Barcelona

Zeit für das Beste

Highlights – Geheimtipps – Wohlfühladressen

Barcelona! Solch ein wunderschöner Horizont

Barcelona! Wie ein Juwel in der Sonne

Für dich werde ich die Möwe auf deinem hübschen Meer

Barcelona! Die Glocken läuten

Barcelona! Öffne deine Tore für die Welt

So Gott will, so Gott will, so Gott will

Freunde bis ans Ende

Lebe! Barcelona!

Freddie Mercury 1988, Hymne zur Olympiade 1992

BRU

Barcelona

Zeit für das Beste

Andrea Hoffmann
Stefan Mitsch
Alexander Minkoff

BRUCKMANN

Vorangehende Doppelseite: Blick auf Barcelonas Zentrum
Oben: Gaudís Hospital de la Santa Creu i Sant Pau
Mitte: Feinste Süßigkeiten
Unten: Viele individuelle Boutiquen und Geschäfte machen die Stadt zum Einkaufsparadies.

INHALT

MONTJUÏC

AM MEER: HAFEN, STRAND UND NACHTLEBEN

AUSFLÜGE

REISEINFOS

Oben: Beim Verlassen der Metro an der Station Glories sieht man den Torre Agbar.
Unten: Viele Kilometer Sandstrand laden zum Baden und Entspannen ein.

DIE TOP TEN

RUNDGANG BARRI GÒTIC UND LA RIBERA (S. 32)

Das Barri Gòtic ist der älteste Teil von Barcelona. Hier stößt man sogar auf Ruinen aus der Antike. Heute noch ist das Viertel geprägt von engen Gassen und kleinen Plätzen. Hier finden Sie die wichtigsten Sehenswürdigkeiten, können umherschlendern und immer wieder Neues entdecken. Sie befinden sich im schlagenden Herzen der Stadt!

PALAU DE LA MÚSICA CATALANA (S. 62)

Er ist der beliebteste Konzertsaal in Barcelona, ein Meilenstein des katalanischen Jugendstils und in jeder Hinsicht bemerkenswert. Seit 1997 zählt er zum Weltkulturerbe der UNESCO.

SANTA MARIA DEL MAR (S. 72)

Ein Beispiel für katalanische Gotik in Reinkultur und eines der Wahrzeichen der Stadt. Von Wohnhäusern umgeben, steht die Kirche inmitten der Altstadt und erscheint mit ihren monumentalen Türmen wie eine Festung. Um sie herum pulsiert das Leben und man wundert sich fast, dass die Menschen moderne Kleidung tragen.

CARRER MONTCADA (S. 82)

Die vornehmste Adresse der Stadt! Hier lebten die oberen Zehntausend aus Adel und Großbürgertum. Sie schufen sich Paläste, die durchaus eines Königs würdig sind. Hier liegt auch das berühmte Picasso-Museum, ebenfalls in einem Ensemble aus gotischer Profan-Architektur vom Feinsten. Besonders angenehm ist die Verbindung zwischen Alt und Neu. In fast allen Palästen sind kleine und größere, sehr interessante Läden untergebracht.

MERCAT SAN JOSEP – DIE BOQUERÍA (S. 124)

Mit einer Fläche von über 6000 Quadratmetern der größte Markt Spaniens. Nicht zuletzt der Vielfalt und Qualität seiner Produkte verdankt Barcelona seinen Ruf als Stadt der Feinschmecker und hervorragenden Restaurants. Sehr touristisch, aber unbedingt einen Besuch wert!

RUNDGANG MODERNISME (S. 156)
Der Jugendstil, in Katalonien Modernisme genannt, ist noch heute einer der beliebtesten Kunststile der Welt. Muss man in Deutschland danach suchen, so stolpert man hier förmlich über Gebäude aus der Belle Époque.

SAGRADA FAMÍLIA (S. 172)
Noch vor ihrer Fertigstellung ein Wahrzeichen. Seit über 140 Jahren wird an der Sagrada Família gebaut. Sie ist längst zu einer der berühmtesten Kirchen der Weltgeschichte geworden und besticht durch ihre Schönheit und ihren großen Formenreichtum. Mit diesem Projekt hat Antoni Gaudí sich unsterblich gemacht!

FUNDACIÓ JOAN MIRÓ (S. 222)
Joan Miró ist wohl nach Pablo Picasso der bekannteste spanische Maler und Bildhauer. Seine Werke kennt jeder, selbst Flugzeuge wurden von ihm designt. Doch hatte er es in Barcelona nicht leicht mit seiner Kunst. Erst als er schon weltberühmt war, fand auch seine Heimatstadt Gefallen an seinen Werken. Miró selbst stiftete daraufhin dieses Museum, das nach seinen Wünschen entstand.

DER OLYMPISCHE HAFEN UND SEIN NACHTLEBEN (S. 250)
Barcelona wurde immer wieder verändert, umgebaut und erneuert. Was andernorts meist furchtbar schiefgegangen ist, fügt sich hier harmonisch ins Stadtbild. Und es wird von seinen Bewohnern angenommen. So trifft man sehr viele von ihnen am Wochenende beim Feiern im Olympischen Hafen!

DER NEUE TECHNOLOGIEBEZIRK 22@ (S. 256)
Erstaunlich an Barcelona ist, dass die Stadt und ihre Bewohner in der Lage sind, sich zu steigern. Wer glaubt, es geht nicht mehr besser und eindrucksvoller, der wird sich wundern, wenn er 22@ besucht. Ein ganzer Stadtteil, neu errichtet während der vergangenen zehn Jahre, wird zum Vorbild für Innovation.

Oben: Die Verwaltung der Handelsschiffahrt am Hafen
Mitte: Die Sagrada Familia, die Krönung des Schaffens von Antoni Gaudí – hier der Figurenschmuck.
Unten: Antike Schätze werden in Ausstellungen der Öffentlichkeit zugänglich gemacht.

Barcelona – beliebtes Ziel am Mittelmeer

Spanien ist die Nummer vier der weltweit beliebtesten Urlaubsländer. Besonders viele Touristen besuchen Katalonien und seine Hauptstadt Barcelona. 2012 kamen rund 14,5 Millionen Reisende, zehn Prozent mehr als im Vorjahr, in die Provinz am Mittelmeer. Das sind 25 Prozent aller Spanien-Touristen. Dabei belegen die Deutschen mit einem Plus von vier Prozent den zweiten Platz hinter den Briten, deren Besucherzahlen seit Jahren konstant bleiben.

In der gesamten Stadt findet man die Spuren einer 2000-jährigen Geschichte, angefangen beim römischen Barcino über das mittelalterliche Barcelona mit seinen gotischen Prachtbauten bis hin zum wahren Freilichtmuseum des Modernisme, des katalanischen Jugendstils. Doch Barcelona lebt nicht allein von seiner Vergangenheit. Die Stadt ist dynamisch und aktiv und befindet sich in einem stetigen Transformationsprozess. Im Zuge der Olympischen Spiele 1992, die man damals für die besten Spiele aller Zeiten hielt, hat sich die Stadt zum Meer hin geöffnet und seine Verkehrsinfrastruktur völlig überarbeitet und von Grund auf modernisiert. Anfang des Jahrtausends ging der Wandel mit dem neuen Stadtviertel 22@ weiter, das sich als Technologiezentrum mit modernem Wohnraum versteht.

Faszinierende Kultur

Mehr als 50 Museen und zahlreiche Kunstgalerien laden das ganze Jahr über zu permanenten und temporären Ausstellungen ein. Die bekanntesten sind das Picasso-Museum, der Fundació Joan Miró oder die Kulturstiftung CaixaForum. Doch es gibt

Metro
Transports Metropolitans de Barcelona
ATM
Mar Mediterrània
Santa Coloma de Gramenet
Badalona
Sant Adrià de Besòs
Cornellà de Llobregat
l'Hospitalet de Llobregat
L1 Hospital de Bellvitge
L1 Fondo
L2 Paral·lel
L2 Badalona Pompeu Fabra
L3 Zona Universitària
L3 Trinitat Nova
L4 Trinitat Nova
L4 La Pau
L5 Cornellà Centre
L5 Vall d'Hebron
L6 Reina Elisenda
L6 Catalunya
L7 Av. Tibidabo
L7 Catalunya
L8 Espanya
L8 Molí Nou-Ciutat Cooperativa
L9 La Sagrera
L9 Can Zam
L10 La Sagrera
L10 Gorg
L11 Trinitat Nova
L11 Can Cuiàs
T1 Bon Viatge
T2 Llevant | Les Planes
T3 Sant Feliu | Consell Comarcal
T1 T2 T3 Francesc Macià
T4 Ciutadella | Vila Olímpica
T4 T6 Estació de Sant Adrià
T5 Glòries
T5 T6 Gorg
R R2 Aeroport
R R2 Estació de França
Parc de Montjuïc
Paral·lel
Castell de Montjuïc
Mirador
Miramar
Jaume I
St. Sebastià
FGC
TRAM
Rodalies
Codi

Oben: Die Vielfältigkeit des Modernisme findet man in fast der ganzen Stadt. Hier das CaixaForum in einer alten Textilfabrik.
Mitte: Der Ticketschalter am Palau de la Música Catalana . . .
Unten: . . . und der prächtige Treppenaufgang im Inneren.

auch ganz neue Museen, die einen einzigartigen Reiz haben und mit modernen pädagogischen Konzepten aufwarten. Das Wissenschaftsmuseum und das Mammutmuseum sind Beispiele für innovative Ausstellungskonzepte. Über 17 Millionen Besuche verzeichnen die bekanntesten Museen Barcelonas jährlich. Diese Zahl wächst genauso stetig wie die der Übernachtungen. 2011 wurden 15,8 Millionen Übernachtungen gemeldet, Tendenz steigend.

Der glanzvolle Modernisme

Die Epoche des katalanischen Jugendstils reichte von 1878 bis etwa 1910. Neben der Gotik ist der Modernisme der prägende architektonische Stil Barcelonas. Die Stadt hinterließ ein einzigartiges Kulturerbe, das sich in neun Bauwerken auf der Liste des UNESCO-Weltkulturerbes niederschlägt. So viele Denkmäler gibt es sonst in keiner Stadt der Welt. Als sich in Barcelona der Modernisme in Architektur, Malerei, Skulptur und Design durchsetzte, fiel dies in eine Zeit, in der sich die Stadt über die Grenzen der alten Stadtmauern hinaus ausdehnte. Ein neues Stadtviertel, l'Eixample, entstand und wurde mit zahllosen Gebäuden im Jugendstil bebaut. Das ist der Grund, weshalb das Viertel Eixample die größte Jugendstil-Gebäudedichte der Welt aufweist. Natürlich gibt es auch in anderen Stadtteilen echte Modernisme-Gebäude, doch häufig sind sie erst lange nach dem Ende der Epoche umgebaut oder nachgebaut worden. Wundern Sie sich also nicht, wenn Sie vor einem vermeintlichen Jugendstilgebäude stehen, doch keine Informationen darüber verfügbar sind.

Stadt der schönen Künste

Das ganze Jahr über werden in Barcelona hochrangige Musik- Tanz- und Theaterveranstaltungen

Steckbrief Barcelona

Lage: Barcelona ist die Hauptstadt der autonomen Provinz Katalonien und die zweitgrößte Stadt Spaniens. Sie liegt in der Provinz Barcelona, im Nordosten der Iberischen Halbinsel.

Einwohner: Die Stadt hat rund 1,6 Millionen Einwohner, im gesamten Einzugsgebiet leben etwa 3,2 Millionen Menschen. Es ist ein Schmelztigel vieler Nationalitäten aus der ganzen Welt..

Fläche: 101,4 Quadratkilometer

Bevölkerungsdichte: 15 931,44 Einwohner pro Quadratkilometer

Amtssprache: Katalanisch, Kastilisch (Spanisch). 95 % der Einwohner verstehen Katalanisch, 75 % sprechen es.

Wappen:

Währung: Euro

Zeitzone: MEZ und MESZ von Frühsommer bis Herbst.

Geografie: Barcelona liegt im Nordosten der Iberischen Halbinsel am Mittelmeer auf einem 5 km breiten Plateau. Dieses wird von der Bergkette Serra de Collserola und den Flüssen Llobregat im Süden sowie Besòs im Norden begrenzt. Die Pyrenäen liegen ca. 120 km nördlich der Stadt. Im Norden grenzt Barcelona an die Gemeinden Santa Coloma de Gramenet und Sant Adrià de Besòs, im Süden an L'Hospitalet de Llobregat und Esplugues de Llobregat und im Westen an Montcada i Reixac, Sant Cugat del Vallès und Cerdanyola del Vallès.

Wirtschaft und Tourismus: Im Jahr 2010 verzeichnete Barcelona 7,13 Mio. Touristen und rund 14 Mio. Übernachtungen. 2011 stieg die Zahl der Besucher um 4,4 Prozent auf 7,45 Mio. Touristen und 15,8 Mio. Übernachtungen, was ein Plus von 12,5 Prozent bedeutet.

Stadtentwicklung: Einerseits gibt es zahlreiche Großprojekte, die eine Verbesserung der Infrastruktur und der Lebensqualität zum Ziel haben. Andererseits gibt es in Barcelona seit vielen Jahren eine der aktivsten Hausbesetzerszenen Europas. Denn über 80 Prozent der Wohneinheiten Barcelonas sind Eigentumswohnungen – und somit für viele unbezahlbar. Barcelona ist außerdem die einzige Stadt der Welt, in der neun Bauwerke zum Weltkulturerbe der UNESCO erklärt wurden: Casa Milà, Park Güell, Palau Güell, Palau de la Música Catalana, Hospital de la Santa Creu i Sant Pau, Sagrada Família, Casa Batlló, Casa Vicens und die Krypta der Colònia Güell.

Hafen: Er ist mit 2.000 000 Kreuzfahrtpassagieren Spaniens wichtigster Hafen.

Religion: Über 90 Prozent der Einwohner Barcelonas sind römisch-katholisch.

Der Spiegelsaal im Gran Teatro del Liceu ist einer der prunkvollsten des ganzen Hauses.

PLACER DE LOS SENTIDOS DEL CUAL NO PUEDE EL VICIO ABUSA

Isabell II. präsentiert ihren Sohn, Alfonso XII., vor dem Eingang des Palau Reial de Pedralbes.

angeboten. Ob klassisch, modern oder avantgardistisch, hier wird jeder fündig. Es gibt drei Konzerthäuser, von denen zwei sehr alt sind und auch zu den architektonischen Sehenswürdigkeiten zählen: das Gran Teatre del Liceu, das Opernhaus aus dem 18. Jahrhundert, der Palau de la Música Catalana, ein modernistisches Gebäude, das zu den schönsten Musikhallen der Welt gehört. Der jüngste Konzertsaal ist das L'Auditori, ein sehr imposantes, modernes Haus aus dem Jahr 1999, Sitz des Symphonieorchesters von Barcelona und Katalonien. Rockkonzerte finden meist im Palau Sant Jordi statt, der Mehrzweckhalle der Olympischen Spiele von 1992.

Musiktheater sind in den vergangenen Jahren immer beliebter geworden. Inzwischen gibt es sowohl internationale als auch nationale Produktionen zu sehen. Auf der Theaterstraße El Paral·lel finden Sie die Theater Teatro Musical, Tivoli, Victoria und El Molino. Es gibt in Barcelona auch einige Flamenco-Tablaos, die einen recht guten Ruf genießen. Allerdings hat Katalonien eigentlich so wenig mit Flamenco zu tun wie München oder Frankfurt. Es gibt dort diesbezüglich keine Tradition, selbst wenn die örtliche Flamencoszene oft

Der Treppenaufgang des Palau Reial de Pedralbes

Oben: Prunk und Pracht in allen Epochen: Spiegelsaal des Liceu
Mitte: Der Kaminsaal im Hotel Espanya
Unten: Säulen zieren die Balkone des Palau de la Música Catalana.

Oben: Balkon des Hauses Lleo Morera
Mitte: Restaurants und Cafés finden sich zuhauf in Barcelona …
Unten: … ihre Schilder laden zum Genießen ein.
Rechts: Einblicke in die Restaurantwelt

gelobt wird. Es ist allerdings fraglich, ob diese Szene ohne die ausländischen Touristen überhaupt existent wäre.

Barcelona hat eine lange Theatertradition mit vielen international bekannten Ensembles, darunter La Fura dels Baus, La Cubana oder Comediantes. Besonders die avantgardistischen Gruppen und die freien Theater sind von jeher sehr beliebt. Insgesamt gibt es 27 Theater in der Stadt, große und kleine. Die Ciutat del Teatre, erbaut für die Weltausstellung von 1929, beherbergt in wunderschönen Gebäuden mehrere Theater und Tanztheater. Weltruf hat inzwischen das Teatre Nacional de Catalunya aus dem Jahr 1996 erlangt, auch wegen seiner modernen Architektur. Sie finden es, ebenso wie das L'Auditori im Technologiebezirk 22@. Vielleicht planen Sie einen Besuch ein.

Kulinarisches Barcelona

Das kulinarische Angebot der Stadt ist längst zur Touristenattraktion geworden. Barcelona blickt auf mehr als 2000 Jahre Geschichte zurück und war aufgrund seiner geografischen Lage schon immer ein Land der Durchreise. Hier haben ver-

Vielfältig sind die Verführungen der Stadt …

Die Vila Viniteca lässt bei Weinen keine Wünsche offen.

Im Hotel Espanya speist man heute noch in zwei Sälen des Modernisme, unter anderem in der Sala de las Sirenas.

Blick in das Gewölbe der Sagrada Familia. Pfeiler, die sich wie Bäume verästeln, tragen die 60 Meter hohe Vierung.

Die Fußballarena Stadion Camp Nou, die Heimat des FC Barcelona.

schiedenste Völker und Kulturen ihre Spuren hinterlassen. Dies spiegelt sich auch in der Gastronomie wieder. Barcelona ist das kulinarische Aushängeschild Kataloniens. Im Jahr 2002 wurde die Stadt zur ersten Gourmande-Stadt außerhalb Frankreichs gekürt. Insgesamt können Barcelonas Restaurants 20 Michelin-Sterne vorweisen. Ein Baustein dieses Erfolges ist die große Zahl an Märkten und spezialisierten Lebensmittel- und Feinkosthändlern, die das gastronomische Angebot abrunden. Insgesamt gibt es mehr als 10 000 Lokale mit Bewirtungslizenzen in der Stadt. Sie haben die Qual der Wahl!

Der attraktive Hafen

In den vergangenen Jahren wurde Barcelona zu einem der beliebtesten Mittelmeerhäfen. Die neuen Kreuzfahrtterminals sind mit vorzüglichen Dienstleistungen ausgestattet und das Stadtzentrum ist schnell zu erreichen. Die Kreuzfahrtpassagiere können so das einzigartige Ambiente der Stadt genießen und gleichzeitig von dem großen Shoppingangebot Gebrauch machen. Eine Zwischenlandung hier bedeutet ein höchst attraktives Erlebnis, denn Barcelona ist zur Zeit einer der attraktivsten Häfen für Kreuzfahrtschiffe und Schifffahrtsgesellschaften. Nach Angaben von *Lloyd's Cruise Internacional* ist es für Kreuzfahrtschiffe der wichtigste Hafen in Europa und dem Mittelmeerraum und der viertwichtigste der Welt.

Zwei verschiedene Sprachen

In Barcelona spricht man Katalanisch, eine eigene Sprache, die auch auf den Balearen zu Hause ist. Zwar können alle Katalanen auch Kastilisch, also Spanisch, doch die Straßen- und Eigennamen gibt es nur in der Landessprache. Spanisch und Katalanisch unterscheiden sich grundlegend.

Shoppen – hier das reinste Vergnügen

Barcelona hat sich zu einer Einkaufsmetropole entwickelt und kann locker mit London und Rom Schritt halten. In der katalanischen Hauptstadt findet man neben den besten internationalen Marken typische einheimische Geschäfte mit qualitativ hervorragenden, preisgünstigen Erzeugnissen. Innerhalb Spaniens ist Barcelona die beliebteste Einkaufsstadt für ausländische Touristen. Mehr als 22 Prozent der Geschäftsoperationen mit Kreditkarten werden hier getätigt und an Bankautomaten werden an Geld fast 21 Prozent des Gesamtvolumens von Spanien abgehoben.

Wirtschaftliche Aspekte

Spanien ist in der Europäischen Union nach Griechenland das Land mit der höchsten Arbeitslosigkeit. Sie liegt Anfang 2013 bei über 25 Prozent. In Katalonien stieg sie auf 22 Prozent und ist damit nur noch unwesentlich geringer als in Gesamtspanien. Dabei ist die Industrie in Katalonien der Leistungsträger für das ganze Land. Sie stellt über 25 Prozent der gesamten spanischen Industrie-

Unter schattenspendenden Bäumen flaniert man gern – Passeig del Born

Oben: Das Design-Kaufhaus Vinçón am Passeig de Gràcia ist immer einen Besuch wert.
Mitte: Auch für Kinder hat die Stadt etliches zu bieten, wie eines der größten Aquarien Europas.
Unten: Noch immer gibt es eine Marktkultur in Barcelona.

Geschichte im Überblick

Etwa 15 000 v. Chr. Erste Siedlungsbelege durch Gräber und Höhlenmalereien in Nordspanien. Letztere gehören zu den ältesten menschlichen Zeichnungen, die je entdeckt wurden.

Etwa 5 000 v. Chr. Besiedelung der Ebene um Barcelona.

Etwa 600 v. Chr. Die Laietani, ein iberisches Volk, gründen Barkeno.

Etwa 10 v. Chr. Die Römer gründen die Kolonie »Iulia Augusta Paterna Faventia Barcino« in typisch römischer Manier. Um die Stadt herum verläuft eine Mauer mit vier Toren.

100–400 Blütezeit des römischen Barcino mit Wein- und Fischindustrie. Die Waren werden im gesamten Reich verkauft. Gegen Ende dieser Epoche wird die zweite Stadtmauer errichtet.

476 Die Westgoten übernehmen die Stadt.

717 Barcelona fällt an die Mauren. Sie nutzen die kirchlichen und zivilen Behörden weiter.

797 Kaiser Karl der Große unterstellt Barcelona seinem Reich.

801 Ludwig der Fromme erobert die Stadt. Er gründet die Grafschaft Barcelona, die Teil der Marca Hispanica wird. In der Folgezeit entziehen sich die Grafen von Barcelona immer mehr dem Einfluss der Franken.

985 Überfall der Mauren. Der fränkische König bietet keine Unterstützung an. Daraufhin erneuert Graf Borrell II. seinen Treueeid nicht. Beginn der Unabhängigkeit Barcelonas und Geburtsstunde des späteren Kataloniens. Jaume I. macht Barcelona zur größten Seemacht des Mittelalters. Das gotische Viertel entsteht.

1137 Ramon Berenguer IV., Graf von Barcelona, heiratet Petronila von Aragón. Der gemeinsame Sohn Alfons II. wird erster König von Aragon und Graf von Barcelona.

1265 Entstehung des Consell de Cent, dem Rat der Hundert, unter Jaume I. Der Consell, das erste Parlament Europas, besteht aus einem Querschnitt der Einwohner. Seine Mitglieder wählen einen Stadtrat mit drei Stadträten. Sie verwalten die Stadt. Auch die Generalitat, die Landesregierung, wird von Jaume I. eingerichtet.

1469 Ferdinand II. von Aragon heiratet Isabella I. von Kastilien. Damit vereinen sich die Königreiche, der Regierungssitz wird nach Madrid verlegt. Aragon und Katalonien verlieren an Bedeutung.

1492 Columbus entdeckt Amerika, für Spanien bricht das »Goldene Zeitalter« an. Barcelona muss dagegen, wie alle Häfen am Mittelmeer, einen gewaltigen Handelsrückgang verkraften.

1700–1714 Nach dem Tod von König Karl II. endet die Herrschaft der Habs-burger in Spanien. Der spanische Erbfolgekrieg beginnt, denn alle europäischen Herrscherhäuser wollen den Thron. Nach dem Frieden von Utrecht übernehmen die Bourbonen die Herrschaft. Damit endet die Unabhängigkeit Kataloniens und Barcelonas.

1808–1814 Napoleon I. lässt Spanien besetzen, zwingt König Karl IV. zum Thronverzicht und setzt seinen Bruder Joseph Bonaparte als König ein. Das spanische Volk kämpft um seine Freiheit. Napoleon wird vertrieben und Ferdinand VII., Sohn von Karl IV., kehrt auf den spanischen Thron zurück. Er installiert ein absolutistisches System und führt die Inquisition wieder ein.

Renaixença, die Wiedergeburt Nach zweihundertjähriger Fremdherrschaft besinnen sich die Katalanen im 19. Jahrhundert auf ihre Wurzeln und ihre Unabhängigkeit. Höhepunkt der kulturellen Bewegung ist die Weltausstellung 1888 und mit ihr der Modernisme. Er wird zum Nationalen Stil und schlägt sich vor allem in der Architektur nieder.

1898 Nach der Niederlage im Spanisch-Amerikanischen Krieg verliert Spanien seine letzten Kolonien.

1923–1930 Diktatur unter General Primo de Rivera.

1929 Weltausstellung in Barcelona, zeitgleich mit der Iberoamerikanischen Ausstellung in Sevilla, als Zeichen der Einheit des Landes.

1936–1939 Spanischer Bürgerkrieg. Der Krieg bricht wegen der Unterdrückung der Arbeiterschaft, Autonomiebestrebungen verschiedener Provinzen und Streitigkeiten um die Stellung der Kirche aus. Er endet mit dem Sieg der »Putschisten« um General Franco. Dieser führt Spanien in eine Diktatur, die erst 1975 mit seinem Tod endet. Nach seinem Willen wird Juan Carlos I. König von Spanien. Dieser macht Spanien zu einem demokratischen Land.

1992–2008 1992 wird ein Jahr der Superlativen. In Barcelona finden die Olympischen Spiele statt und in Sevilla die Weltausstellung. Beide Veranstaltungen werden Meilensteine bei der Entwicklung der Städte und geben den Startschuss für das spanische Wirtschaftswunder. Doch es wird versäumt, eine solide Basis für die aufstrebende Wirtschaft zu schaffen, der Erfolg beruht fast ausschließlich auf dem Baugewerbe. 2008 platzt die Immobilienblase und Spanien stürzt in eine tiefe Krise.

2011 Bei den Landtagswahlen am 22. Mai erleiden die regierenden Sozialisten eine historische Niederlage. Bei den vorgezogenen Neuwahlen siegt die konservative Volkspartei »PP« unter Führung von Mariano Rajoy. Rajoy wird am 20. Dezember zum neuen Ministerpräsidenten gewählt und versucht seither das Land durch massive Einsparungen aus der Krise führen.

2013 Ministerpräsident Artur Mas setzt sich mit Vehemenz für die Abspaltung Kataloniens von Spanien ein. 2014 soll es eine Volksabstimmung über die Unabhängigkeit geben.

Oben: Der Eingang zum Park des Palau Reial de Pedralbes an der Avinguda Diagonal
Mitte: Die Brauerei Mortiz ist unbedingt einen Besuch wert.
Unten: Das Bier gehört zu den beliebtesten Getränken in Barcelona.

struktur. In Katalonien werden etwa 27 Prozent der Exporte Gesamtspaniens erwirtschaftet, wobei es mit 6,8 Mio. Einwohnern nur etwa 16 Prozent der Gesamtbevölkerung Spaniens ausmacht. Die hauptsächlichen Zweige der Industrie sind Textilien, Pharmazeutika, Chemie und Automobilbau. Nach Frankreich ist Katalonien der wichtigste Exporteur von Sekt. Barcelona besitzt den größten Hafen Spaniens und lebt hauptsächlich von Handel und Tourismus.

Touristische Infrastruktur

Muten Sie sich nicht zu viel zu und nutzen Sie die Angebote der öffentlichen und touristischen Verkehrsmittel. Diese stehen in ausreichend großer Zahl zur Verfügung. Es gibt ein gut ausgebautes öffentliches Verkehrssystem mit Metro, Bus, Straßenbahn und Seilbahnen, so dass Sie eine entsprechende Haltestelle schnell erreichen und meist nicht lange warten müssen. Alle Busse sind behindertengerecht ausgelegt sowie auch die meisten Metro-Stationen – siehe Metroplan. Ein Blick auf den Fahrplan lohnt sich auch bei Touristenbussen und der Tramblau.

Hop on – Hop off Busse

Mit dem Bus Turístic kann man die Stadt ganz bequem auf drei Routen im Doppeldecker kennenlernen. Die Fahrgäste können beliebig oft aus- und zusteigen. Das Ticket gilt auf beiden Routen für einen oder zwei Tage und ist mit einem Gutscheinheft für die wichtigsten Sehenswürdigkeiten der Stadt verbunden. Das Begleitpersonal an Bord informiert und berät die Fahrgäste. Darüber hinaus gibt es einen Audio-Guide-Service in zehn Sprachen. Das Ein-Tages-Ticket kostet 26 Euro für Erwachsene und 15 Euro für Kinder. Zwei Tage kosten 34 Euro für Erwachsene und 19 Euro für Kinder. Tickets gibt es im Bus, in den Touristikbüros oder Online unter: www.barcelonabusturistic.cat. Fahrpläne und Zeiten finden Sie an den Haltestellen. Von Mai bis September gibt es auch einen Nachtbus, mit dem man die bekanntesten Gebäude der Stadt besuchen kann. Ein ganz besonderes Erlebnis ist es, in den lauen Sommernächten die beleuchteten Attraktionen zu sehen. Der Nachtbus ist von Freitag bis Sonntag unterwegs.

Immer einen Besuch wert

Grundsätzlich ist Barcelona immer eine Reise wert und durch seine hervorragende Verkehrsanbindung zu Wasser, zu Lande und per Flugzeug auch bestens für einen Kurztripp geeignet. Wer es ein-

Dach der Casa Batlló am Passeig de Gràcia

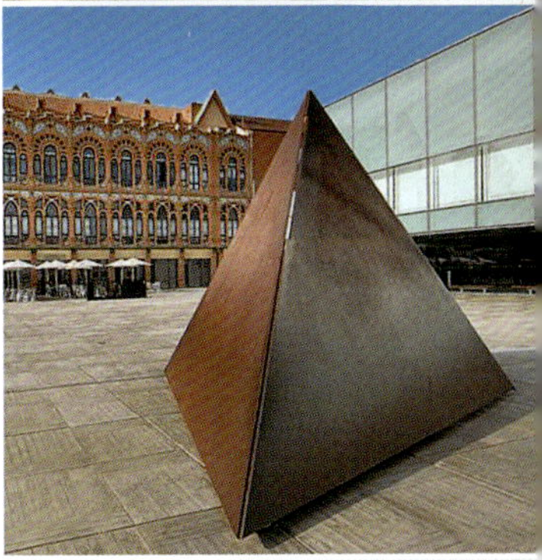

Oben: Das Dach der Casa Milà, der Pedrera am Passeig de Gràcia
Mitte: Der Parabellón Mies van der Rohe auf dem Gelände der Weltausstellung von 1929
Unten: Das CaixaForum auch auf dem Gelände der Weltausstellung

Oben: Der Lichthof der Casa Milà
Mitte: Casa Batlló
Unten: Eine der vielen Kunstausstellungen in Barcelona

richten kann, sollte die Hochsaison im Juli und August aber meiden, denn das sind die traditionellen Ferienmonate in Spanien. Dann gibt es neben Hitze und großer Luftfeuchtigkeit überall lange Warteschlangen, es fehlt an Parkmöglichkeiten und für Veranstaltungen muss man lange im Voraus Karten besorgen. Außerdem sind während des Hochsommers viele Restaurants geschlossen, was besonders schade ist, wenn man auch wegen des fantastischen kulinarischen Angebots nach Barcelona gekommen ist. Für Badeurlauber bieten sich Juni, September und meist auch der Oktober als Alternative für die Hochsaison an. Außerhalb in einem der schönen Seebäder Quartier beziehen und auf Tagestouren die Metropole zu erkunden, stellt eine wunderbare Verbindung zwischen Relaxen und Sightseeing dar. Besonders schön ist es in der Stadt im Dezember, denn sie ist so reich geschmückt wie keine andere in Spanien. Die Semana Santa, die Osterwoche, zählt zur Hochsaison – und der erste große Strom der Besucher entert die Stadt. In manchen Jahren kann man dann schon am Strand liegen und Unempfindliche gehen sogar baden. Doch es gibt keine Wettergarantie. Frühling und Herbst können recht verregnet sein, damit muss man rechnen.

Dach der Casa Milà bei Sonnenuntergang

Die Baustelle der Sagrada Família ist zu einem weiteren Wahrzeichen der Stadt geworden. 2025 soll der Bau endlich fertig sein.

BARRI GÒTIC UND LA RIBERA

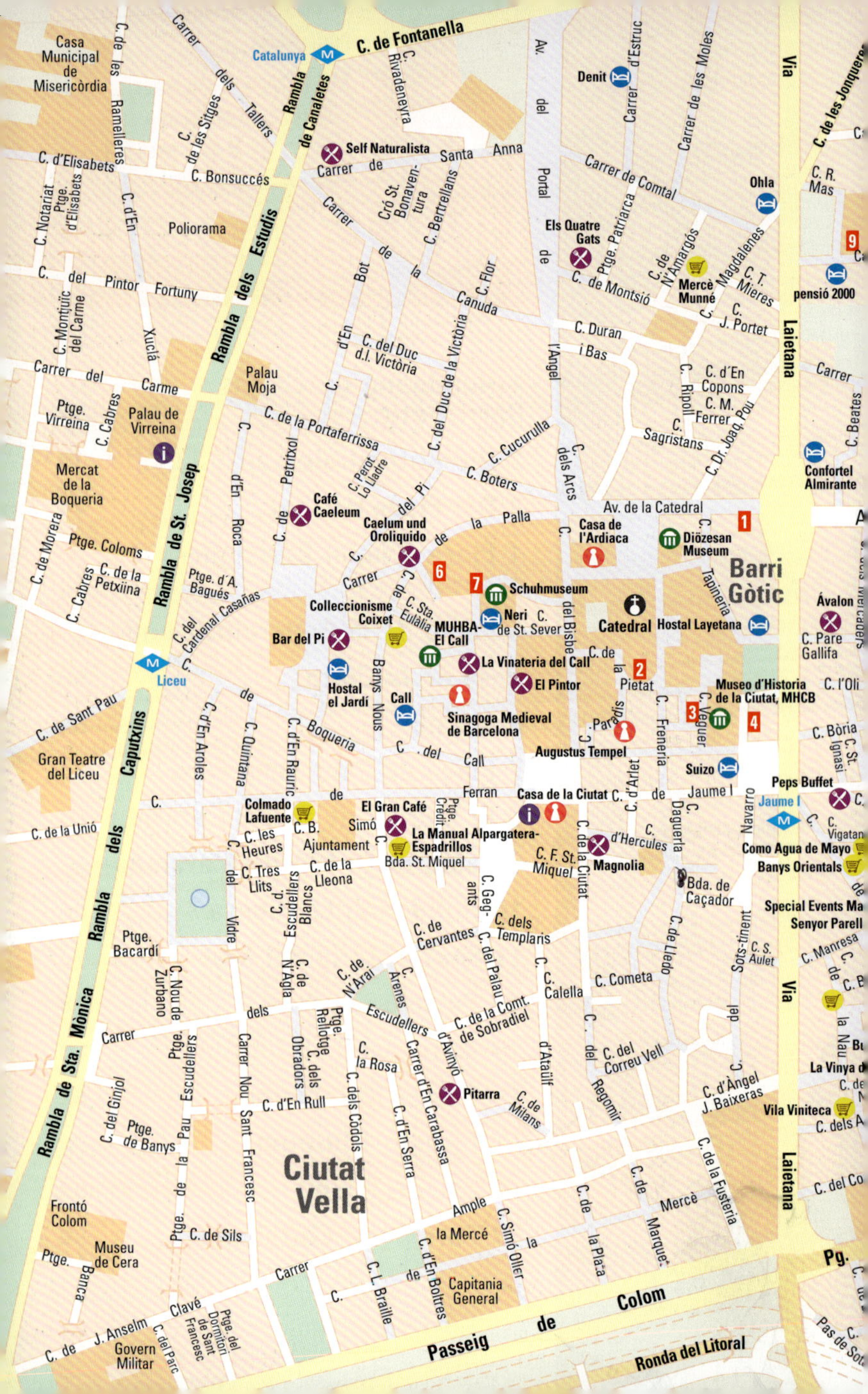

Casa Municipal de Misericòrdia
C. de les Ramelleres
Carrer dels Tallers
Catalunya
C. de Fontanella
C. Rivadeneyra
Av. del Portal de l'Angel
Denit
Carrer d'Estruc
Carrer de les Moles
Via Laietana
C. de les Jonqueres
C. de les Sitges
Rambla de Canaletes
Self Naturalista
Carrer de Santa Anna
Carrer de Comtal
Ohla
C. R. Mas
C. d'Elisabets
C. Bonsuccés
Cró St. Bonaventura
C. Bertrellans
C. Notariat
Ptge. d'Elisabets
C. d'En Xuclà
Poliorama
Rambla dels Estudis
Carrer de la Canuda
C. Bot
C. Flor
Els Quatre Gats
Ptge. Patriarca
C. de N'Amargós
Mercè Munné
C. Magdalenes
C. T. Mieres
pensió 2000
C. del Pintor Fortuny
C. de Montsió
C. Montjuïc del Carme
C. d'En
C. del Duc d.l. Victòria
C. Duran i Bas
C. J. Portet
Carrer del Carme
Palau Moja
C. Ripoll
C. d'En Copons
C. M. Ferrer
C. Dr. Joaq. Pou
C. Sagristans
Carrer
C. Beates
Ptge. Virreina
C. Cabres
Palau de Virreina
C. de la Portaferrissa
C. del Duc de la Victòria
C. Cucurulla
C. dels Arcs
Confortel Almirante
Mercat de la Boqueria
Rambla de St. Josep
C. d'En Roca
C. de Petritxol
C. Perot Lo Lladre
C. Boters
Av. de la Catedral
Café Caeleum
Caelum und Oroliquido
C. del Pi
Carrer de la Palla
Casa de l'Ardiaca
Diözesan Museum
Barri Gòtic
C. de Morera
Ptge. Coloms
C. de la Petxina
C. Cabres
Ptge. d'A. Bagués
C. del Cardenal Casañas
Collecionisme Coixet
C. de Sta. Eulàlia
Schuhmuseum
Neri
C. de St. Sever
C. del Bisbe
Catedral
Tapineria
Hostal Layetana
Àvalon
C. Pare Gallifa
Bar del Pi
MUHBA-El Call
La Vinateria del Call
C. de la Pietat
Liceu
Hostal el Jardí
C. Banys Nous
Call
El Pintor
Museo d'Historia de la Ciutat, MHCB
C. l'Oli
C. de Sant Pau
C. d'En Aroles
C. Quintana
C. d'En Rauric
C. de Boqueria
Sinagoga Medieval de Barcelona
C. Paradís
C. Freneria
C. Veguer
C. Bòria
C. St. Ignasi
Gran Teatre del Liceu
Rambla dels Caputxins
C. del Call
Augustus Tempel
Suizo
C. de Ferran
Casa de la Ciutat
C. d'Arlet
C. de Jaume I
C. Daguerria
Navarro
Peps Buffet
Jaume I
C. Vigatans
Colmado Lafuente
El Gran Café
Ptge. Credit
C. de la Unió
C. les Heures
C. B. Simó
Ajuntament
La Manual Alpargatera-Espadrillos
Bda. St. Miquel
C. F. St. Miquel
C. de la Ciutat
C. d'Hercules
Magnolia
Como Agua de Mayo
Banys Orientals
C. del Vidre
C. Tres Llits
C. d'Escudellers Blancs
C. de la Lleona
C. Gegants
Bda. de Caçador
Special Events Ma
Senyor Parell
C. de Cervantes
C. dels Templaris
C. de Lledó
Sots-tinent
C. S. Aulet
C. Manresa
Ptge. Bacardí
C. Nou de Zurbano
C. de N'Agla
C. de N'Arai
C. Arenes
C. del Palau
C. Calella
C. Cometa
Carrer dels Escudellers
C. de la Comt. de Sobradiel
C. d'Avinyó
Ptge. Escudellers
Carrer Nou de Sant Francesc
Ptge. Rellotge
C. dels Obradors
C. la Rosa
Carrer d'En Carabassa
C. d'Ataülf
C. del Regomir
C. del Correu Vell
C. de la Nau
La Vinya d
C. del Ginjol
Ptge. de Banys
Ptge. de la Pau
C. d'En Rull
C. dels Còdols
C. d'En Serra
Pitarra
C. de Milans
C. d'Àngel J. Baixeras
Vila Viniteca
C. dels A
Rambla de Sta. Mònica
Ciutat Vella
C. de la Fusteria
C. de la Plaça
C. de Marquet
C. de la Mercè
C. del Co
Frontó Colom
Museu de Cera
Ptge. de la Banca
Ptge. C. de Sils
Carrer Ample
la Mercé
C. Simó Oller
C. d'En Boltres
C. L. Braille
Capitania General
Pg.
Passeig de Colom
C. de J. Anselm Clavé
Govern Militar
C. del Parc
Ptge. del Dormitori de Sant Francesc
Ronda del Litoral
Pas de Sota
1
2
3
4
6
7
9

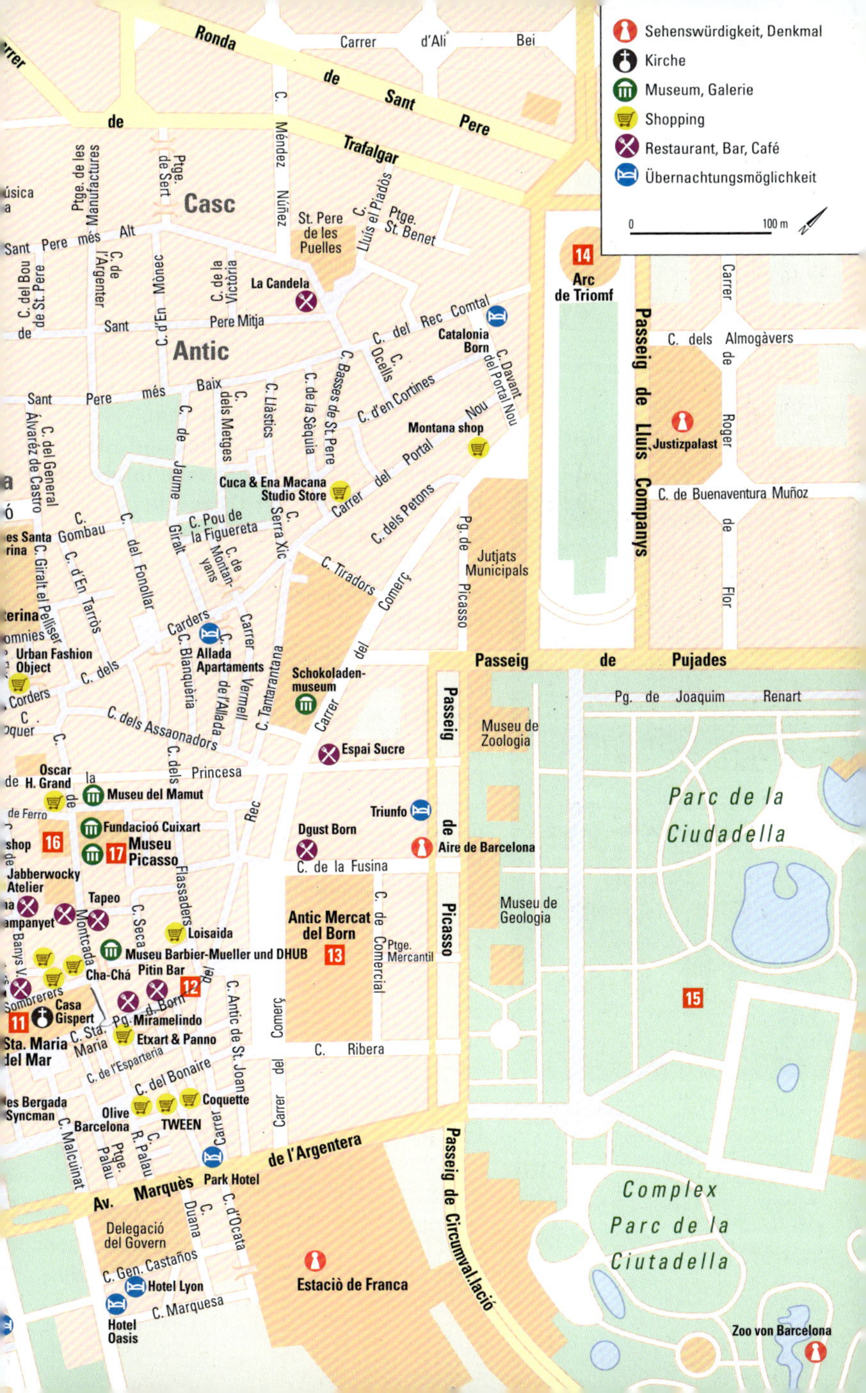
Sehenswürdigkeit, Denkmal
Kirche
Museum, Galerie
Shopping
Restaurant, Bar, Café
Übernachtungsmöglichkeit
0
100 m
Ronda de Sant Pere
Carrer d'Ali Bei
Trafalgar
Casc Antic
St. Pere de les Puelles
La Candela
Catalonia Born
Arc de Triomf
Passeig de Lluís Companys
C. dels Almogàvers
Justizpalast
C. de Buenaventura Muñoz
Roger de Flor
Montana shop
Cuca & Ena Macana Studio Store
Carrer del Portal Nou
C. dels Petons
C. Tiradors
Jutjats Municipals
Pg. de Picasso
Urban Fashion Object
Allada Apartaments
Schokoladen-museum
Passeig de Pujades
Pg. de Joaquim Renart
Museu de Zoologia
Espai Sucre
Parc de la Ciudadella
Oscar H. Grand
Museu del Mamut
Fundacioó Cuixart
Triunfo
Dgust Born
Aire de Barcelona
16
17
Museu Picasso
C. de la Fusina
Jabberwocky Atelier
Tapeo
Museu de Geologia
Antic Mercat del Born
13
Loisaida
Museu Barbier-Mueller und DHUB
Cha-Chá
Pitin Bar
12
Casa Gispert
Pg. Miramelindo
11
Sta. Maria del Mar
Etxart & Panno
C. Ribera
15
Coquette
Olive
TWEEN
Park Hotel
Av. Marquès de l'Argentera
Passeig de Circumval.lació
Delegació del Govern
Hotel Lyon
Hotel Oasis
Estaciò de Franca
Complex Parc de la Ciutadella
Zoo von Barcelona

Seite 28/29: Mitten in Barri Gòtic
Mitte: Direkt an der Rambla, aber noch im Barri Gòtic, liegt das Museu de Cera.
Unten: In den Gassen des Barri Gòtic steht das Leben nie still.

1 Rundgang durch das Barri Gòtic

Barcelonas ältester Stadtteil

Das Barri Gòtico ist heute noch geprägt von engen Gassen und kleinen Plätzen. Hier kann man stundenlang umherschlendern und immer wieder Außergewöhnliches entdecken. Neben dem alten Königspalast, der Kathedrale und dem Bischofspalast sowie den bekanntesten Museen findet man auch viele interessante Geschäfte. Auf der Carrer de la Portaferrissa und der Avinguda del Portal de l'Àngel präsentieren internationale Marken und einheimische Designer Mode vom Feinsten.

El Barri Gòtic, wie der Stadtteil auf Katalan heißt, liegt im Bezirk Ciutat Vella, zwischen der Plaça de Catalunya und dem Hafen. Im Osten markiert »La Rambla« die Grenze zum Nachbarstadtteil El Raval. Der ganze Stadtteil wurde während der letzten Jahre sorgfältig restauriert und hat auch heute noch eine immense Bedeutung im Gefüge der Stadt. Hier befinden sich das Rathaus von Barcelona und der Sitz der katalanischen Regierung. Auch das frühere Judenviertel »El Call«, das sich über ein Labyrinth von kleinen Gassen erstreckte, lag hier. Noch heute gibt es diese Gassen und man kann sich leicht darin verlaufen. Im Barri Gòtic schlägt das historische Herz der Stadt.

Gotische Architektur

In Barcelona, dem Zentrum des aragonisch-katalanischen Reiches, verlagerte sich die Architektur recht früh vom Sakralbau hin zum profanen und bürgerlichen Bereich. Zunächst wetteiferten die

Dort, wo das Barrí Gòtic an die Ramblas stößt, vermischen sich die Stile.

geistliche und die weltliche Macht beim Bau um die repräsentativsten Bauten, die sich innerhalb der Stadtmauer des Barri Gòtic drängten. Zu ihnen zählen der alte Königspalast, die Kathedrale sowie der Bischofspalast. Als Zeichen wachsenden Wohlstands prägten weltliche Paläste das Bild der Stadt: der Palast des Ständeparlaments, die Handelsliga, die Börse, Hospitäler, Adelspaläste und nicht zuletzt die königlichen Werften als Garant der Vormachtstellung auf See.

Rundgang

A Kirche Santa Maria del Pí an der Plaça del Pí: Die gotische Kirche aus dem 14. Jahrhundert, die über einer alten Kirche von 987 erbaut wurde, wirkt von außen sehr massiv und besitzt weder Schmuck noch Ornamentik, mit Ausnahme der Fensterrosette, die größte Barcelonas. Sie ist allerdings nur eine Kopie, weil das Original während des Bürgerkrieges durch einen Brand zerstört wurde. Hochaltar und Orgel verbrannten vollständig. Die Kirche wurde im neogotischen Stil restauriert.
C Plaça de Sant Felip Neri: Lädt zum Verweilen

AUTORENTIPP!

CARRER PETRITXOL

Der Name dieses kleinen Sträßchens geht auf den Begriff »pedritxol« zurück, was Stein bedeutet. Diese Steine waren vor den Eingängen der Häuser angebracht und sollten verhindern, dass Kutschen und Fuhrwerke hineinrollten. Der Name der Gasse wurde bereits 1340 urkundlich erwähnt, doch die heutigen Häuser stammen aus dem 17. bis 19. Jahrhundert. Die Straße wurde in den 1950er-Jahren als Erste von Barcelona komplett zur Fußgängerzone umgestaltet. Auch Montsserat Caballé, die berühmte Opernsängerin, liebt die Gasse. Sie hatte hier ihren Probenraum. Berühmt ist die Carrer Petritxol wegen ihrer Kunstgalerien und »Granjas«, kleine gemütliche Stuben, in denen man Nachspeisen und Süßigkeiten bekommt, die ihren Duft über die gesamte Straße verströmen. Das Xocoa ist ein Schokoladengeschäft mit einem sehr guten Ruf. Dies liegt vor allem an der Innenausstattung des Geschäftes und dem guten Kakao.

Xoxoa. Calle Petritxol 13, 08002 Barcelona, www.xocoa-bcn.com

Konditorkunst im *bubo.*

AUTORENTIPP!

TOLLE BACKWAREN UND JEDE MENGE OLIVENÖL

Das Café Caelum und das Geschäft Oroliquido liegen nebeneinander in der Carrer Palla 8.
»Caelum« bedeutet Himmel und genau dort befindet man sich, im siebten Süßigkeitenhimmel! Das ist ein wenig augenzwinkernd gemeint, denn all die Köstlichkeiten werden von Klosterbackstuben in ganz Spanien hergestellt. Das kleine Café befindet sich in einem gemütlichen Eckhaus. Im renovierten Kellergeschoss aus dem 14. Jahrhundert, der Krypta, wird Tee gereicht und Messwein verkostet.
Das Oroliquido ist ein Geschäft, das sich ausschließlich auf Olivenöl und Olivenölprodukte spezialisiert hat. Neben den bekannten katalanischen Ölen gibt es weitere Sorten aus ganz Spanien.

Café Caelum. Carrer Palla 8, www.caelumbarcelona.com
Geöffnet: Mo–Do 10.30–20.30 Uhr, Fr und Sa bis 23.30 Uhr
So 11.30–21.00 Uhr

Krypta im Keller. Geöffnet: Mo–Do 15.30–20.30, Fr, Sa und So 15.30–20.30 Uhr

Oroliquido. Geöffnet: Mo–Sa 10–20.30 Uhr, www.oroliquido.es (nur auf Spanisch)

Diese Brücke, die gar nicht so alt ist, wie sie scheint, verbindet den Regierungspalast mit der Casa dels Canonges.

und Ausruhen ein. Auf der Terrasse des Hotel Neri lässt sich die Zeit angenehm verbringen. Auf dem Platz steht die barocke Kirche Sant Felip Neri, die im Bürgerkrieg bombardiert wurde (siehe S. 58).

B Kirche Sant Sever: Die Kirche in der kleinen Straße Sant Sever liegt hinter der Kathedrale. Sie ist Sant Severus geweiht, der in Barcelona den Märtyrertod fand. Seine Statue befindet sich oberhalb des Portals. Erbaut wurde die Kirche mit Steinen vom Mountjuïc, dem Hausberg Barcelonas. Das schlichte Äußere des Gebäudes steht im Kontrast zu seinem Inneren. Der Innenraum besteht aus nur einem Schiff mit Seitenkapellen und einer polygonalen Apsis. Decke und Wände sind mit Sgraffitoarbeiten gestaltet, eine Technik, die auch »Kratzputz« genannt wird. Besonders schön sind die Gitterfenster und Schnitzarbeiten.

D Plaça Nova: Der Platz liegt dort, wo die Altstadt von Barcelona entstanden ist. Die Stadt hieß damals »Barcino«, ein Wort, das die Skulptur auf der Plaça aufgreift. Ferner stößt man auf Reste eines Aquädukts und alter römischer Bebauung. Die Tiefgarage unter dem Platz ist ein guter Ausgangspunkt für den Besuch der Sehenswürdigkeiten Barcelonas.

Rundgang Barri Gòtic

A Kirche Santa María del Pí an der Plaça del Pí – Die Kirche aus dem 14. Jahrhundert besitzt eine sehenswerte Fensterrosette.

B Kirche Sant Sever – Eine der wichtigsten Kirchen des Barceloneser Barock von 1705. Ihr schlichtes Äußeres steht im Kontrast zum Inneren.

C Plaça de Sant Felip Neri – Er liegt versteckt zwischen zwei schmalen Gassen und ist außergewöhnlich still. Auf dem Platz steht die gotische Kirche Sant Felip Neri, die im Bürgerkrieg bombardiert wurde.

D Plaça Nova – An ihrem Rand steht die Kathedrale von Barcelona. Der Platz heißt hier »Pla de la Seu« und ist ein guter Ausgangspunkt, um die Sehenswürdigkeiten von Barcelona zu besuchen.

E Museu Frederic Marès (MFM) – An der Plaça de Sant Iu, in einem Palast der Inquisition, befindet sich das bekannte Museum mit der bedeutendsten Skulpturensammlung Spaniens.

F Plaça del Rei – Der Platz des Königs mit dem Palau Reial Major. An der rechten Seite befinden sich die Capella de Santa Àgata sowie das Museum der Geschichte Barcelonas (MUHBA). Auf der linken Seite erhebt sich der Palau del Lloctinent.

G Plaça Ramón Berenguer – Hinter der Reiterstatue von Ramón Berenguer III. befindet sich ein Garten mit Blick auf das längste noch erhaltene Teilstück der römischen Stadtmauer.

H Kirche Sant Just i Pastor – Sie gehört zu den ältesten der Stadt. Zwei alte Kapitelle stammen aus westgotischer Zeit. Der gotische Stil ist aus dem 14. Jahrhundert.

I Plaça de Sant Jaume mit dem Rathaus – Einer der ältesten und repräsentativsten Plätze des adeligen Barcelona. Er war das Zentrum des antiken Barcino. Heute stehen hier das Rathaus und der Palau de la Genaralitat de Catalunya.

J Plaça Reial – Der königliche Platz ist kaum einzusehen. Früher stand hier ein Kapuzinerkloster, das abbrannte und so der neuen Plaça Raum schuf. Der Platz wurde Ende des 19. Jahrhunderts im neoklassizistischen Stil neu gestaltet.

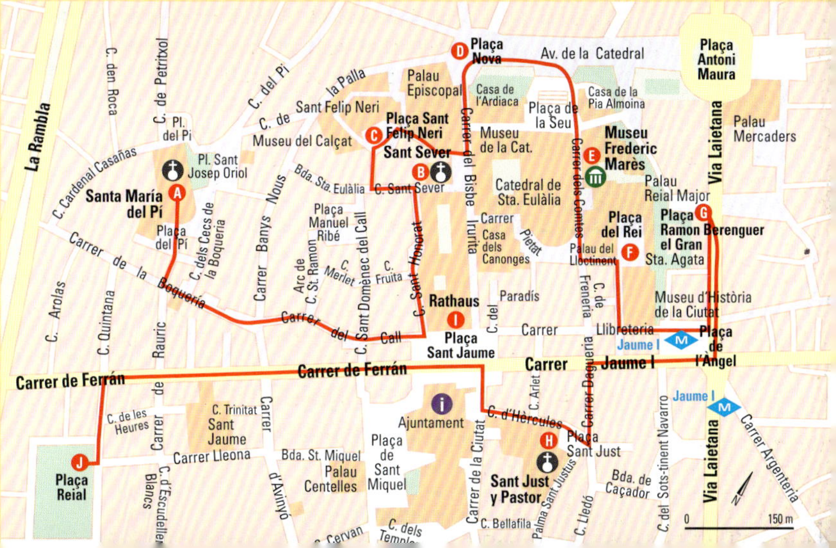

Oben: In diesem Museum befindet sich eine der wichtigsten Sammlungen von Skulpturen Barcelonas.
Mitte: Überall Geschäfte
Unten: Das »Els Quatre Gats« – beweist perfekt, wie der Modernisme mit der Gotik harmoniert.

E Museu Frederic Marès (MFM). Dieses Museum verfügt über eine der bedeutendsten Sammlungen von spanischen Skulpturen aus dem 12. bis 19. Jahrhundert. Der Bildhauer Frederic Marès (1893–1991) trug die Statuen und vielerlei Kuriositäten zusammen. Im Untergeschoss des Museums befinden sich vor allem Skulpturen aus dem 3. und 4. Jahrhundert, eine Sammlung von Kruzifixen sowie Statuen der Jungfrau Maria aus der Romanik und Gotik. Im Obergeschoss wird die Sammlung mit Werken aus dem Barock und der Renaissance fortgesetzt.

F Plaça del Rei: Der »Platz des Königs« ist der nobelste Bereich des alten Barcelona (siehe S. 44).

G Plaça Ramón Berenguer: Hinter der Reiterstatue von Ramón Berenguer III. erstreckt sich ein Garten mit Blick auf das längste noch erhaltene Teilstück der römischen Stadtmauer (siehe S. 48).

H Kirche Sant Just i Pastor: Die Märtyrer Just und Pastor verehrte man bereits im 4. Jahrhundert. Aus dieser Zeit stammen zwei alte Kapitelle, die noch heute als Weihwasserbecken dienen. Der Grundriss der Kirche besteht aus einem Langschiff mit Kapellen. Im 11. Jahrhundert wurde sie als Kathedrale genutzt, während die romanische Kathedrale in Bau war. Der gotische Stil von Sant Just i Pastor ist aus dem 14. Jahrhundert.

I Plaça St. Jaume mit dem Rathaus: Dies ist einer der ältesten Plätze des adeligen Barcelonas. Er war das Zentrum des antiken Barcino (siehe S. 50).

J Plaça Reial: Der königliche Platz ist von außen kaum einzusehen. Früher stand hier ein Kapuzinerkloster, das abbrannte und so Raum schuf für die Gestaltung eines neuen Platzes. Umgeben wird er von viergeschossigen Gebäuden im klassizistischen Stil mit umlaufenden Arkaden.

Infos und Adressen

BRIEFMARKEN- UND MÜNZENMARKT

Fira de Nautumismo. Plaça Reial, Jeden So 10–14.30 Uhr, mit der Metro L3 (grüne Linie) bis Liceu

SEHENSWÜRDIGKEITEN

Tourismusbüro Plaça de Sant Jaume. Ciutat, 2, am Rathaus, Tel. 34 932 853 834, geöffnet Mo–Fr 9–20 Uhr, Sa 10–19 Uhr sowie an So- und Feiertagen 10–14 Uhr, info@barcelonaturisme.cat, www.barcelonaturisme.cat

ESSEN UND TRINKEN

Bar del Pi. Die Bar in einem Jugendstilgebäude ist dekoriert mit Originalen verschiedener Künstler. Eine schöne Terrasse gibt es auch. Plaça de Sant Josep Oriol, 1, 08002 Barcelona,
Tel. 34 933 022 123, geöffnet Di–Fr 9–23 Uhr, Sa 10–23 Uhr sowie an So- und Feiertagen von 10–22 Uhr, info@bardelpi.com, www.bardelpi.com

El Gran Café. Das Restaurant liegt mitten im Gòtic und hat eine sehr schöne, modernistische Einrichtung. Die Speisekarte bietet saisonale katalanische Küche, auch Mittagsmenü, zu mittleren Preisen. Avinyó, 9, 08002 Barcelona,
Tel. 34 933 187 986, geöffnet So–Do 13–22 Uhr, Fr und Sa 13–0.30 Uhr,
www.restaurantelgrancafe.com

Self Naturalista. Ein vegetarisches Selbstbedienungsrestaurant mit gutem Ruf. Mittagsmenüs bekommt man bereits ab 10 Euro. Santa Anna, 11, 08002 Barcelona, Tel. 34 933 182 684, geöffnet Mo–Sa 11.30–24 Uhr, geschl. So und Feiertage, info@selfnaturista.com, www.selfnaturista.com

Els Quatre Gats – Restaurant – Bar – Bierstube. Das modernistische Restaurant war der angesagteste Künstlertreff der Stadt. Es werden Mittagstisch und katalanische Gerichte angeboten, zu mittleren Preisen. Montsió, 3, 08002 Barcelona, Tel. 933 024 140, geöffnet Mo–So 8–2 Uhr, 4gats@4gats.com, www.4gats.com

Und wieder Stil-Mix im Barri Gòtic – dieses Mal an der Plaça del Pi, auf dem freitags ein kleiner Markt abgehalten wird. Dann kann man dort Leckereien der Region erstehen.

Die imposante Front der Kathedrale wurde erst Jahrhunderte nach ihrer Fertigstellung hinzugefügt.

2 Die Kathedrale Santa Eulalia

Ein geschichtsträchtiger Ort

Mit einer Grundfläche von 90 x 40 Metern und einer Höhe von 26 Metern ist sie eines der imposantesten Monumente der katalanischen Gotik. Sie ist der Heiligen Eulàlia geweiht, deren Grab sich in der Krypta befindet. Die Heilige wird seit 405 als Märtyrerin verehrt. Der Platz, auf dem die Kathedrale steht, war von jeher heilig. Einem römischen Tempel folgte eine romanische Kirche und 1298 begann der Bau der Kathedrale.

Die Gotik entstand in der Mitte des 12. Jahrhunderts in Frankreich und reichte im nördlichen Europa bis zur Mitte des 16. Jahrhunderts. Sie entwickelte sich aus der Romanik, in der wichtige Bauelemente und Techniken bereits gängig waren, beispielsweise Spitzbogen und Rippengewölbe. Die wirtschaftlichen, geistigen und religiösen Veränderungen der Zeit verlangten nach einem neuen Baustil, der sich in der Gotik widerspiegelt. Technisches Können und die Verfeinerung des Handwerks machten dies möglich. So schossen die gotischen Kathedralen im wahrsten Sinne des Wortes in den Himmel.

MAL EHRLICH

ANGEMESSENE KLEIDUNG

Auch in Spanien hat sich die Kleidung längst an den europäischen Standard angepasst. An leger gekleideten Urlaubern stört sich niemand. Touristen ohne T-Shirt aber werden nicht geduldet. Seit 2011 ist es verboten, mit freiem Oberkörper durch Barcelona zu laufen. Es kostet Strafe, wenn man erwischt wird.

Die Innenräume, die in der katalanischen Gotik geschaffen wurden, überraschen immer wieder.

Katalanische Gotik

Ab etwa 1300 löst sich der spanische Kirchenbau von den Vorgaben des nördlichen Europa und es entwickelt sich eine Sonderform. Die Kathedrale von Barcelona gilt als erster Sakralbau dieser spanischen Art der Gotik. Der Unterschied besteht vor allem in der Massigkeit der Gebäude. Man spricht dabei von einer horizontalen Ausrichtung im Gegensatz zur vertikalen Ausrichtung in Resteuropa. Auf Schmuck wird fast gänzlich verzichtet und das Innere als Hallenkirche gestaltet. Die Seitenschiffe der spanischen Kirchen sind fast genauso hoch wie das Mittelschiff.

Die Kathedrale

Der komplette Name der Kathedrale lautet: vom Heiligen Kreuz und Santa Eulàlia (Catedral de la Santa Creu i Santa Eulàlia), meistens nur als Heilig-Kreuz-Kathedrale bezeichnet, in Barcelona selbst oft auch nur abgekürzt »La Seu«: Die alte Heilig-Kreuz-Kirche wurde abgetragen, während die neue Kathedrale gebaut wurde, damit weiterhin Gottesdienste stattfinden konnten. Der Grundstein der Kathedrale wurde am 1. Mai 1298

AUTORENTIPP!

KIRCHLICHE MUSEEN

Das Kathedralenmuseum erreicht man vom Kreuzgang der Kathedrale aus. In diesem Einraummuseum werden unter anderem Gemälde, Handschriften und Skulpturen ausgestellt. Außerdem können Monstranzen, religiöse Gewänder und andere kirchliche Kunstwerke besichtigt werden. Der Ausstellungsraum gehörte früher zur Schule der Kathedrale. Das Highlight der Sammlung ist das Gemälde »La Pietat«, die Frömmigkeit, von Bartolomé Bermejo aus dem Jahr 1490. Der Eintritt ist im Ticket für die Kathedrale enthalten; es gelten die gleichen Öffnungszeiten. Gleich neben der Kathedrale, in der Avinguda de la Catedral Nummer 4, liegt das Diözesanmuseum. Hier werden über 3000 Werke aus der Zeit der Westgoten bis ins 21. Jahrhundert ausgestellt. Das Museum befindet sich im ehemaligen Almosenhaus, dem Haus »Pia Almoina«, einem Mix aus Gotik und Renaissance. Die Öffnungszeiten hierzu finden Sie unter Infos und Adressen.

AUTORENTIPP!

CASA DE L'ARDIACA

Die gotische Residenz des Erzdiakons liegt an der Südseite der Plaça de la Seu. Heute ist hier das Stadtarchiv untergebracht. Das Fundament des Gebäudes besteht aus den Stadtmauern von Barcelona. Die Residenz wurde im 16. Jahrhundert errichtet, über einem Gebäude aus dem 12. Jahrhundert. Besonders sehenswert ist der Innenhof, der an einen Kreuzgang erinnert. In seiner Mitte steht ein gotischer Brunnen. Sehr bekannt ist der Briefkasten des Gebäudes. Er wurde vom modernistischen Architekten Lluis Domènech i Muntaner entworfen und stellt symbolisch die Post dar. Drei Schwalben – in der Hoffnung auf Schnelligkeit – und eine Schildkröte, die die tatsächliche Langsamkeit der Briefzustellung verkörpert. Den Briefkasten und den Innenhof kann man sich ansehen, das Gebäude selbst ist geschlossen, außer zu Ausstellungen und am 5. Juni zum Fest des »Octava del corpus«.

Casa de l'Ardiaca. Calle Santa Llúcia, 1, Tel. 34 933 181 195, Geöffnet: 1. Juli–31. Aug., Mo–Fr 9–19.30 Uhr; vom 25. Juni – 24. Sept. Sa geschl., vom 1. Sept.–30. Juni, Mo–Fr 9–20.45 Uhr und Sa 9–13 Uhr. Eintritt frei. arxiuhistoric@bcn.cat

So erhebt sich dann über der Krypta der schlichte Hauptaltar.

gelegt, geweiht wurde sie bereits 1384. Die erste Bauphase ging bis 1448, wobei die Fassade nicht fertiggestellt, der Glockenturm rund 50 Jahre später hinzugefügt wurde. Die heutige Fassade stammt aus den Jahren 1887 bis 1898, geht aber auf einen Entwurf aus dem Jahr 1408 zurück. Ebenfalls Ende des 19. Jahrhunderts wurden die beiden seitlichen Türme, die nach mittelalterlichen Zeichnungen entstanden, erbaut. Grund für die Wiederaufnahme der Bauarbeiten war die Weltausstellung von 1888. Der mittlere Turm wurde erst zwischen 1906 und 1913 errichtet. Rein gotisch sind die Krypta, die drei Schiffe, der Chor und der Glockenturm.

Mit Ausnahme der Fassade wirkt die Kathedrale von außen sehr schlicht. Es gibt vier Portale, aber kaum Verzierungen oder Gesimse, sodass das Bild von vielen schmucklosen Mauerflächen bestimmt wird. Strebebögen, das typische Bauelement der

Rundgang

A Apsis

B Sakristei

C Puerta de La Piedad – mit Bildhauerarbeiten des Deutschen Michael Lochner, um 1483

D Brunnen

E Kreuzgang – 14. bis 15. Jahrhundert

F Puerta de Santa Eulalia – Sie befindet sich im Westen des Klostergevierts und beinhaltet eine Kopie der Figur der Heiligen, die im 15. Jahrhundert erschaffen wurde.

G Kapelle Santa Lucía – 13. Jahrhundert

H Kapelle des heiligen Sakraments – der alte Kapitelsaal mit Sterngewölbe, 1407

I Kapitelsaal und **Museum**

J Hauptportal – Es wurde von Bartolomé Ordóñez und Pedro Villar erschaffen.

K Hauptschiff

L Lettner Chor – begonnen 1390

M Chor – darunter die Krypta

N Portal de San Ivo – Dieses befindet sich in der nordöstlichen Fassade der Kirche. Die Bauarbeiten begannen 1298. Manche Bauteile wurden aus dem romanischen Vorgängerbau übernommen und entstammen dem 12. Jahrhundert.

O Querschiff

P Chorumgang – entstammt dem Jahr 1399 und ist ein Werk von Pere Ça Anglada.

Q Farbige Schlusssteine

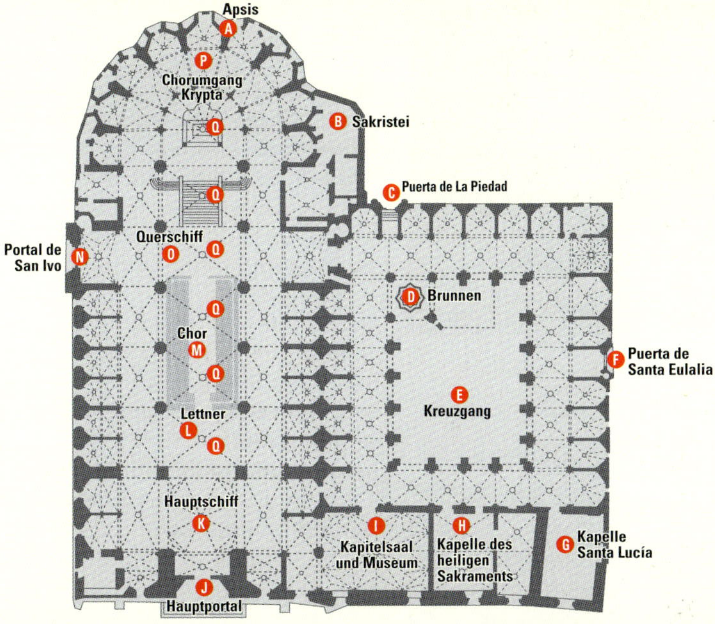

Oben: Menschen, die die Schrecken des Bürgerkriegs erlebt haben, auf dem Platz vor der Kathedrale
Mitte: In der Krypta liegt die Heilige Barcelonas begraben.
Unten: Antiquitätenmarkt auf dem Platz der Kathedrale

Gotik, finden sich lediglich in der Fensterzone, sodass man sie fast suchen muss. Insgesamt wirkt das Gebäude sehr geschlossen und kompakt.

Dieser Eindruck schwindet aber im Inneren. Die drei Schiffe sind fast gleich hoch und bestehen aus vier Säulenabschnitten, die durch mächtige Bündelpfeiler getrennt sind. Sie werden von einem Kreuzrippengewölbe mit bunten Schlusssteinen überspannt. Der Gesamteindruck ist offen und weit und wird durch zusätzliche Tribünen über den Säulenkapitellen noch verstärkt. Schaut man nach oben, so hat man den Eindruck, dass die Kirche nicht aus drei, sondern aus sieben Schiffen besteht. Diese geschickte Aufteilung lässt mehr Licht herein und sorgt für eine angenehme Atmosphäre. An den Längsseiten befinden sich Kapellen.

Im Zentrum des Hauptschiffes liegt der Chor. Anfang des 16. Jahrhunderts entstanden, erstreckt er sich über zwei Säulenabschnitte. Hier befindet sich das hölzerne Chorgestühl von 1399, das durch seine außergewöhnliche Schnitzkunst besticht. Das Querschiff besitzt keine Kapellen. Es ist gerade so lang wie die Breite der drei Schiffe und mündet in den seitlichen Portalen. Eines davon, das Portal der Heiligen Eulàlia, führt zum großen rechteckigen Kreuzgang. An den Enden des Querschiffs erheben sich die achteckigen Türme aus dem 14. Jahrhundert.

Die Stirnseite der Kathedrale wird geprägt durch die Apsis mit Chorumgang, der zu den neun Kapellen führt, die die Apsis umgeben. In der Mitte thront der Hochaltar, unter dem sich die Krypta befindet. Sie wurde bereits 1337 vollendet. Sehenswert ist ihr zwölfteiliges Fächergewölbe, das Antoni Gaudí (1852–1926) zu seinen Konstruktionen inspiriert haben soll.

Die Kathedrale Santa Eulalia

Die Casa de l'Ardiaca überrascht mit dem gotischen Portal und dem Briefkasten aus dem Modernisme.

Auch der Kreuzgang ist rein gotisch, wie die Kirchenschiffe hat er ein Kreuzrippengewölbe mit Spitzbögen. An seiner westlichen Seite liegt der alte Kapitelsaal mit einem wunderschönen Sterngewölbe. Daneben befindet sich das kleine Museum. In der Mitte des Kreuzgangs liegt eine Grünanlage mit einem Brunnen. Hier tummeln sich 13 Gänse, die zu Ehren der Heiligen Eulàlia gehalten werden. Die Zahl 13 symbolisiert die Jahre, die die Heilige von Barcelona gelebt hat, bevor sie den Märtyrertod fand.

Am Brunnen des Kreuzgangs findet alljährlich eines der bedeutendsten traditionellen Ereignisse von Barcelona statt. An Fronleichnam, dem zweiten Donnerstag nach Pfingsten, wird ein ausgeblasenes Ei auf den Strahl der Brunnenfontäne gesetzt. Tanzt es dort den ganzen Tag über und fällt nicht herab, wird das Jahr erfolgreich sein.

Infos und Adressen

KIRCHE UND MUSEEN

Heilig-Kreuz-und-Sankt-Eulàlia-Kathedrale. Pla de la Seu, 08002 Barcelona, Tel. 34 933 107 195, www.catedralbcn.org, leider nur in Katalan, www.arqbcn.org, Seite des Bistums, auch in Englisch. Öffnungszeiten: Mo–Fr 8–12.45 Uhr und 17–19.30 Uhr, Sa und vor Feiertagen bis 20 Uhr. So und Feiertage 8–13.45 Uhr und 17.15–20 Uhr. Der Eintritt in die Kirche ist frei. Eintritt für Besichtigungen (Kirche, Kreuzgang, Chor, Dachgestühl inkl. Aufzug und Museum): 6 Euro. Öffnungszeiten für Besichtigungen: Mo–Sa und vor Feiertagen 13–17 Uhr sowie an So und Feiertagen 14–17 Uhr. Gruppen mit offiziellem Führer zahlen 3,50 Euro pro Person.

Diözesanmuseum (Museo diocesano). Avenida de la Catedral, 4, 08002 Barcelona, Tel. 933 152 213, geöffnet: Di–Sa 10–14 Uhr und 17–20 Uhr, So 11–14 Uhr. Mo ist Ruhetag. Eintritt: 6 Euro, ermäßigt 3 Euro. dpcarqbcn@filnet.es, www.arqbcn.org

Der Innenhof der Casa del Ardiaca strahlt die Ruhe eines Kreuzgangs aus.

3 Die Plaça del Rei
Ein verstecktes Juwel

Am Ende des Platzes steht der Palau Reial Major, der hochkönigliche Palast, mit dem »Saló Tinell«, dem Zeremonien-Saal. An der rechten Seite des Platzes befindet sich die Capilla de Santa Àgata sowie das Museum der Geschichte Barcelonas, das MUHBA. Auf der linken Seite erhebt sich der Palau del Lloctinent, der alte Palast der Inquisition, der einst die Archive der Krone Aragons beherbergte.

Imposant überragt der Mirador del Rei Martín den Platz.

Die Plaça del Rei ist eher unscheinbar, doch einer der schönsten Plätze der Stadt. Er liegt inmitten der Altstadt –, und wenn man ihn nicht kennt, entdeckt man ihn höchstens per Zufall. In der Enge der kleinen Gassen ist er nur schwer zu finden, denn der Zugang ist eng und wird leicht übersehen. Am besten findet man ihn, wenn man von der Metro-Station Jaume I aus in Richtung Kathedrale läuft. Auf dem Weg findet sich ein kleines Schlupfloch, das von der Südseite aus zu dem schönen Platz führt.

Jahrhundertelang zählte der Platz zu den vornehmsten Orten von Barcelona. Noch heute kann man hier Reste von römischen Ruinen und Mauerteile des alten Barcino besichtigen.

Seine Abgeschiedenheit und sein Ambiente machen den Platz so besonders. Er ist umgeben von hohen mittelalterlichen Gebäuden, die sehr robust, aber teilweise auch verziert sind. In den langen Nächten der Wochenenden wird der Platz zum beliebten Treffpunkt in Barcelona. Die Einheimischen und Besucher aus der Umgebung treffen sich hier zum Tanzen. Bei Volksmusik und tra-

Zeugen früherer Zeiten befinden sich im MUHBA.

ditionellen Tänzen, die man zum Teil mit einem Partner oder auch als Reigen tanzt, ist jeder willkommen. Vorausgesetzt, man beherrscht die Tänze.

Der Palast des Königs

Der Eingang des Palau Reial Major, dem Palast und der Residenz der Grafen von Barcelona und der Könige von Aragón, liegt an der Plaça del Rei. Im 11. Jahrhundert wurde das westgotische Gebäude, das an der Stelle des heutigen Palastes stand, abgerissen. Es sollte einem neuen romanischen Palast Platz machen. Dieser neue Palast blieb 200 Jahre lang unverändert. Mit der Erweiterung des Einflussbereiches der Grafen von Barcelona auf Aragón und Teile Siziliens begannen jedoch Umbauarbeiten. Im 12. Jahrhundert wurden Wandmalereien angebracht, die man heute im MUHBA sehen kann. An der südöstlichen Seite des Hofes wurde ein neuer Flügel errichtet, der über dem Erdgeschoss ein doppelt so hohes Hauptgeschoss mit Bögen und dreiteiligen Fenstern aufweist. Im Jahr 1403 ließ König Martín el Humà den Platz erweitern, sodass dort Turniere abgehalten werden konnten.

AUTORENTIPP!

MUSEU D'HISTÒRIA DE LA CIUTAT, MUHBA

Das Museum informiert über die Geschichte der Stadt, von ihren Anfängen als römische Siedlung vor 2000 Jahren bis in die Neuzeit hinein. Dabei verfolgt es ein neues Konzept, indem die Ausstellungen und Örtlichkeiten über das gesamte Stadtgebiet verstreut liegen. Bei Ausgrabungen im historischen Zentrum fand man die Reste einer der größten je in Europa entdeckten römischen Siedlungen, die des antiken Barcino. Unterhalb der Kathedrale, des Königspalastes (Palau Reial Major) und der Plaça de Sant Iu befindet sich der Ausgrabungsbereich, der besichtigt werden kann. Der Eingang ist im Untergeschoss des Museums. Im Obergeschoss wird der weitere Verlauf der Stadtgeschichte vorgestellt, der ebenso spannend und informativ ist wie die römische Zeit. Es werden sehr anschaulich Einblicke in das historische Barcelona des Mittelalters gewährt, der Zeit der Gotik. Die Eintrittskarten gelten für das Museum, den Palast der Könige, den Turm sowie die Ausgrabungen. Der Eintrittspreis beträgt 7 Euro, ermäßigt 5 Euro. Mit der Barcelona Card erhält man freien Eintritt.

Museu d'Història de la Ciutat.
08002 Barcelona, Tel. 932 562 100, geöffnet: Apr.–Sept. Di–Sa 10–20 Uhr, an So–und Feiertagen 10–15 Uhr; Okt.–März Di–Sa 10–14 Uhr und 16–19 Uhr, an So und Feiertagen 10–15 Uhr. Mo geschl. museuhistoria@mail.bcn.cat, www.museuhistoria.bcn.cat

Oben: Der achteckige Turm der schlichten aber eleganten Capilla Stª Àgata überragt die Plaça del Rei.
Unten: Die Fresken im Saló del Tinell erzählen von der Eroberung Mallorcas.

Saló del Tinell

Der Saló del Tinell, ein Zeremonienraum mit Blendarkaden, wurde unter Pedro III. El Ceremonios, Peter dem Zeremoniellen, zwischen 1359 und 1362 erbaut. Hier empfingen die katholischen Könige Kolumbus nach seiner Rückkehr aus Amerika. Der Zeremonienraum hat eine Größe von 33,5 Metern Länge und 17 Metern Breite, die Höhe beträgt 12 Meter. Besonders die Dachkonstruktion ist spektakulär – ein Rippengewölbe mit mächtigen Längsbögen. Transversalbögen überspannen die gesamte Länge des Raums und reichen fast bis zum Boden. Auf ihnen ruhen die Holzbalken, die das Dach tragen. Die Last wird von Strebepfeilern aufgenommen, die an den seitlichen Außenmauern verlaufen. Diese Technik wurde so nur in Katalonien angewendet.

Capilla de Santa Àgata

Direkt neben dem Palau Reial Major befindet sich die Kapelle der Heiligen Àgata, die unter König Jaime II. de Aragón und seiner Gattin Blanca von Neapel 1302 erbaut wurde. Sie gehört zum Palast und wurde direkt in die römische Stadtmauer hineingebaut. Die Kapelle besitzt einen sehr berühmten Flügelaltar, ein Retabel, mit einem Porträt des Vizekönigs »Condestable« Pedro de Portugal, das der Künstler Jaume Huguet im Jahr 1465 schuf und das als Meilenstein der katalanischen Malerei gilt. Rechts neben dem Altar führt eine Treppe hinauf zum Turm.

Palau del Lloctinent

Der Palast der Vizekönige von Katalonien ist eines der wenigen Beispiele für die Architektur der Renaissance in Barcelona. Er wurde 1549 von Carlos I. in Auftrag gegeben und von 1836 bis 1994 als

Die Pracht, mit der dieser Palast erbaut wurde zeugt von der Macht der Grafen von Barcelona.

Generalarchiv der Krone von Aragon genutzt. Im Jahr 1555 wurde der fünfstöckige Turm Mirador del Rei Martín erbaut, der nicht nur zur Verteidigung, sondern auch als Aussichtsturm und zur reinen Schaustellung diente.

Nach der Aufhebung der Selbstständigkeit Kataloniens durch den Bourbonenkönig Felipe V. im Jahr 1715 wurde der Königspalast an den Orden der Clarissinen vergeben. Heute gehören der Saló del Tinell und die Kapelle der Heiligen Àgata zum Museu de la Història de Barcelona.

Infos und Adressen

ESSEN UND TRINKEN

Pitarra. Das Restaurant ist sehr gemütlich in katalonischem Stil eingerichtet, überwiegend essen hier Spanier. Hier wohnte früher der bekannte katalanische Dichter und Dramaturg Frederic Soler, sein Pseudonym war Serafi Pitarra. Es wird traditionell katalanisch gekocht und während der Jagdsaison auch Wildbret serviert. Carrer d'Avinyó, 56, 08002 Barcelona. Tel. 933 011 647. Geöffnet: Mo–Sa 13–16 Uhr und 20–23 Uhr, geschl. an So- und Feiertagen nur mittags geöffnet. Von Mitte bis Ende Aug. geschlossen. info@restaurantpitarra.cat, www.restaurantpitarra.cat

Magnolia. Ein Restaurant mit angenehm jungem Ambiente. Hier bekommt man Frühstück, Mittagsmenüs und Abendessen. Außerdem werden Cocktails angeboten. Das Preisniveau liegt im mittleren Bereich. Calle Ciutat, 5, 08002 Barcelona, Tel. 933 042 376, Geöffnet: Mo–Mi 10–1 Uhr, Do und Fr 10–2.30 Uhr, Sa 13–2.30 Uhr und So 13–1 Uhr. dia@magnoliabarcelona.com www.magnoliabarcelona.com

Das MUHBA dehnt sich im Untergrund der Stadt weit aus.

Mitte: Hier an der Plaça Ramón Berenguer treffen das römische Barcino und das gotische Barcelona sichtbar aufeinander.
Unten: Die Figur des Ramón Berenguer el Gran ist eher romantisch inspiriert.

4 Plaça Ramón Berenguer el Gran

Die älteste Stelle der Stadt

Fast kommt man sich vor wie im Theater, denn der Platz wirkt wie aus einer anderen Zeit. Und tatsächlich gibt es in der ganzen Stadt keine andere Stelle, an der das römische Barcino und das mittelalterliche Barcelona so deutlich zutage treten. Wenn Sie den Platz besuchen, vergessen Sie Ihre Kamera nicht. Hier finden sich auch nach Sonnenuntergang wunderschöne Motive.

Der kleine Platz liegt an der breiten und viel befahrenen Via Laietana, am Rande des Stadtteils El Gòtic. Die Straße ist unspektakulär – doch gerade deshalb hat man das Gefühl, vor einer Filmkulisse zu stehen, wenn man zur Plaça Ramón Berenguer kommt. Die riesige antike Bebauung ist die Rückansicht des Palastes der Könige, der an der Plaça del Rei steht. Geht man über die Straße, erreicht man das Barri Santa Caterina, sodass der Platz mit seinem wehrhaften König die letzte Bastion des alten Viertels bildet.

Die Reiterstatue des Grafen Ramón Berenguer III. prägt den Platz, doch die Kulisse, vor der sie steht, ist nicht weniger erhaben. Hinter der Statue befindet sich eine kleine Grünanlage, dahinter erhebt sich der längste noch erhaltene Teil der römischen Stadtmauer. Das sichtbare Mauerstück wird auf den Beginn des 4. Jahrhunderts v. Chr. datiert. Die eigentlichen Stadtmauern wurden aber erst im 1. Jahrhundert v. Chr. erbaut und im 2. Jahrhundert erweitert. Es handelt sich also hier um den ältesten sichtbaren Teil Barcelonas. Am Fuße der Mauer, in der auch Abbruchsteine verbaut wurden, befinden sich römische Cupae, Grabaufsätze in Form von gewölbten Deckeln. Diese Art der Grablegung war auf der Iberischen Halbinsel sehr verbreitet.

Die römische Stadtmauer hatte eine Länge von 1350 Metern und war 16 Meter hoch. Sie besaß 74 Wehrtürme, denn sie diente der Verteidigung. Heute sind noch Reste von sieben dieser Türme erhalten. Auf der Plaça befinden sich die Überreste von zwei Türmen. Über dem Mauerstück, das man an der Plaça Ramón Berenguer El Gran sieht, wurde im 13. Jahrhundert die Kapelle der Heiligen Àgata erbaut. Sie gehört zum Palau Reial Major.

Ramón »Raimund« Berenguer III. el Gran

Der Graf von Barcelona regierte von 1097 bis 1131 und konnte während dieser Zeit das Katalanische Reich deutlich vergrößern. Er ging neue Bündnisse ein und belebte alte wieder, sodass sich sein Herrschaftsbereich im Osten bis nach Nizza erstreckte. Zusammen mit Pisa und Genua griff er in den Jahren 1114 und 1115 die maurischen Piratenfestungen auf Mallorca und Ibiza an und befreite dabei zahlreiche Christen aus der Sklaverei. Die Piraten waren ihm anschließend tributpflichtig. 1118 eroberte er das vom Bistum Narbonne abhängige Tarragona und machte es zum Hauptsitz der Kirche von Katalonien. Auch maurische Städte auf dem Festland, darunter Valencia und Lleida, wurden von ihm überfallen. Später trat er dem Templerorden bei und schließlich teilte er das Reich unter seinen beiden Söhnen auf.

Die Skulptur auf dem Platz ist ein Werk von Josep Llimona aus dem Jahr 1950. Berenguer sitzt auf einem edlen, trabenden Pferd mit erhobenem, weit nach vorn gerichtetem Blick.

Infos und Adressen

ÜBERNACHTEN

Hostal Layetana. Eine günstige Übernachtungsmöglichkeit. Von hier aus lässt sich die Stadt gut zu Fuß erkunden. Die Einzelzimmer kosten 28 bis 35 Euro, Doppelzimmer 50 bis 70 Euro. Plaça Ramon Berenguer El Gran, 2, 1er, 08002 Barcelona, Tel. und Fax: 933 101 887, info@layetana.com, www.hostallayetana.es

Hotel Suizo. Zwischen den Stadtteilen el Gótic und la Ribera gelegen, hat man von hier aus den idealen Ausgangspunkt, um die Stadt zu erkunden. Die Preise für die Übernachtung im Doppelzimmer liegen je nach Saison zwischen 110 bis 160 Euro, plus Mehrwertsteuer. Plaça del Àngel, 12, 08002 Barcelona, Tel. 933 106 108, reserve@gargallohotels.com, www.gargallohotels.com

Hotel Neri. Ein schönes Hotel der Gruppe Relais & Chateaux, das sich über mehrere alte Gebäude verteilt, darunter ein Gotischer Palast. Es liegt in einer autofreien Zone. Die Einrichtung ist modern, luxuriös. Die Übernachtung kostet ab 230 Euro. Sant Sever, 5, 08002 Barcelona, Tel. 933 040 655, info@hotelneri.com, www.hotelneri.com

Arai Aparthotel. Das 2013 eröffnete 4-Sterne-Hotel ist in einem historischen Gebäude aus dem 18. Jahrhundert untergebracht. Doppelzimmer ab 180 Euro, C. Avinyó 30, 08002 Barcelona, Tel. 933 203 950, www.derbyhotels.com/de/hotel-arai-aparthotel-barcelona

Mitte: Die Casa de la Ciutat, die sich nicht immer grün mit der gegenüberliegenden Generalitat – der Landesregierung – ist.
Unten: An der Generalitat wurde über Jahrhunderte gebaut.

5 Palau de la Generalitat und Casa de la Ciutat

Das politische Herz der Stadt

Ganz in der Nähe der Kathedrale, an der Carrer Ferran, liegt die Plaça de Sant Jaume. Hier stehen sich zwei historische Gebäude gegenüber: Die Casa de la Ciutat, das Rathaus, und der Palau de la Generalitat, der Palast der Landesregierung. Wir sind hier mitten im politischen Herzen der Stadt. Hier wird das Geschick von Barcelona und ganz Katalonien bestimmt – und das nicht erst in unseren Tagen.

Der Platz existiert in seinem heutigen Erscheinungsbild seit 1823. Damals standen sowohl das Rathaus als auch der Palast der Landesregierung bereits seit Hunderten von Jahren an dieser Stelle. Der Raum, der sie umgab, war klein und verwinkelt. Die Kirche Sant Jaume mit ihrem Friedhof lag in diesem Bereich. Anfang des 19. Jahrhunderts, in einer Phase städtebaulicher Erneuerung, entschied man, die Kirche umzusetzen und den gewonnenen Raum seiner Bedeutung entsprechend zu gestalten. Die Kirche Sant Jaume wurde in die Carrer

MAL EHRLICH

DIE SCHILLING BAR

in der Carrer Ferran 23 wird immer noch im Internet und vielen Reiseführern empfohlen. Oft wird sie der Homosexuellenszene zugerechnet. Sie ist wohl auch recht homophil. Leider ist die Bar in den letzten Jahren etwas heruntergekommen und bedürfte wenigstens einer Renovierung. Zwar ist sie noch immer gut besucht, doch für Einheimische ist die Schilling Bar eigentlich out.

Ferran versetzt, die umliegenden Häuser abgerissen. Die neue Plaça wurde so angelegt, dass sie von den politisch wichtigsten Gebäuden der Stadt flankiert wird.

Die Plaça de Sant Jaume

Deren Lage an diesem Ort ist nicht zufällig. Hier kreuzten sich die Hauptstraßen des römischen Barcino, der »Cardus«, die Nord-Süd-Achse, heute Carrer Llibreteria und Carrer del Call, und der »Decumanus«, die Ost-West-Achse, heute Carrer Ciutat und Carrer Bisbe. Hier lag das Forum, der Mittelpunkt einer römischen Stadt und somit auch Zentrum des politischen, wirtschaftlichen, kulturellen und religiösen Lebens. Hier erhob sich der Augustustempel, dessen Überreste sich heute in der Carrer Paradís befinden. Doch auch in der Neuzeit behielt der Platz seinen Rang. 1931 wurde hier die Republik ausgerufen und im Jahr 1977 verkündete der ehemalige Präsident Taradellas seine Rückkehr aus dem Exil als Zeichen für die wiedererlangten katalanischen Autonomierechte.

Zum Stadtfest im September, la Mercé, wird hier ordentlich gefeiert. Dann gibt es feuerspeiende Drachen, Riesen gehen umher und überall versucht man sich im Bau von menschlichen Pyramiden. Das Fest wird zu Ehren der Stadtpatronin La Mercè abgehalten und ist die *Fiesta Mayor*, das Hauptfest von Barcelona.

Palau de la Generalitat

Der Palast ist eines der wenigen mittelalterlichen Gebäude in Europa, die noch als Regierungssitz fungieren. Hier tagt seit 1980 wieder die katalanische Autonomieregierung. Das Gebäude wurde im Jahr 1400 vom damaligen Präsidenten Alfonso de Tous für die Stadt gekauft und in mehreren Pha-

AUTORENTIPP!

DER AUGUSTUSTEMPEL

Der große römische Tempel aus dem 1. Jahrhundert war Kaiser Augustus gewidmet. Er stand auf dem Forum Romanum, dem Marktplatz des römischen Barcelona, auf dem auch Gerichtsverhandlungen abgehalten wurden. Der Tempel dominierte die Stadt. Er war über Treppen zu erreichen. Im 11. Jahrhundert nannte man ihn »El Miraculum«, das Wunder. Teile des Tempels wurden in Häuser integriert und seine Reste mehrmals umgestaltet. Heute existiert noch ein Sockel mit vier Säulen, die korinthische Kapitelle tragen. Inzwischen ist der Platz verschwunden und die Säulen stehen in einem Hof. Man kann sie kostenlos besichtigen: Mo und an Feiertagen von 10–14 Uhr und Di–Sa 10–19 Uhr, So 10–20 Uhr. Der Tempel steht in der Nähe der Kathedrale.

Augustustempel. Carrer Paradís,10, 08002 Barcelona, Tel. 933 152 311, museuhistoria@bcn.cat, www.museuhistoria.bcn.es

Oben: Das Rathaus – die Casa de la Ciutat
Unten: Seit kurzer Zeit weiß man, dass die Säulen von Kaiser Hadrian vor mehr als 2000 Jahren aus Troja nach Spanien geschafft wurden.

sen zwischen dem 15. und dem 17. Jahrhundert im gotischen Stil an- und umgebaut. Die neugotische Brücke in der Carrer del Bisbe, die den Palast mit den Casas dels Canonges, den Häusern der Domherren aus dem im 14. Jahrhundert, verbindet, ist von 1928.

Die Renaissancefassade stammt aus dem Jahr 1596 und war die erste in diesem Stil in Barcelona. Zu beiden Seiten des Haupteingangs stehen je zwei Säulen. Sie stammen aus Troja und wurden im Jahr 122 durch Kaiser Hadrian nach Katalonien gebracht. Das belegen neueste Untersuchungen. Die Fassaden zur Carrer del Bisbe und zur Carrer Sant Honorat blieben gotisch. Anfang des 15. Jahrhunderts war der Eingangsbereich an der Carrer del Bisbe in so schlechtem Zustand, dass er erneuert werden musste. 1416 ging der Auftrag für die Ausschmückung der neuen Fassade an den Bildhauer Pere Johan, der unter anderem Friese, Wasserspeier und den heiligen Georg mit dem Drachen darstellt. Als er zwei Jahre später seine Arbeit beendete, gefiel den Abgeordneten das Ergebnis so gut, dass sie den Lohn des Meisters verdoppelten.

Der gotische Innenhof und der berühmte Treppenaufgang wurden 1425 erbaut. Der zentrale Innenhof, der Orangenhof, entstand 1526. Ein wichtiges Detail der Anlage ist die Kapelle San Jorge, die Kapelle des heiligen Georg, die sich im Inneren des Palastes befindet. Sie wurde 1432 gebaut, als der Kult um den heiligen Georg bereits sehr verbreitet war. Kreuzfahrer hatten ihn bei ihrer Heimkehr mitgebracht, indem sie die Krone Aragóns mit dem sagenhaften Heiligen gleichsetzten. Noch heute wird am 23. April das Fest des Nationalheiligen Jordi – Georg – gefeiert. Dann gibt es Rummel und Rosen und der Palau de la Generalitat ist für alle geöffnet.

Infos und Adressen

SEHENSWÜRDIGKEITEN

Palau de la Generalitat. Plaça de Sant Jaume s/n 08002 Barcelona, Tel. 34 934 024 600, Das Gebäude kann ohne Voranmeldung jeden zweiten und vierten So im Monat von 10–13 Uhr besichtigt werden. Mit telefonischer Anmeldung jeden Sa und So von 9–13 Uhr und von 17–19 Uhr. Der Eintritt ist frei.

Casa de la Ciutat. Auch das Rathaus stammt aus dem 14. Jahrhundert und musste im Laufe der Zeit verschiedene Umbauten über sich ergehen lassen. Heute ist es ein Gebäude gemischter Stilrichtungen. In der Carrer de la Ciutat findet sich noch die erste Fassade aus dem Jahr 1399, hier befand sich auch bis 1847 der Haupteingang. Im Zuge der Umgestaltung des Platzes wurde die Hauptfassade am Plaça de Sant Jaume neu errichtet.

Im Inneren des Hauses sind besonders der historische »Salò de Cent« mit seinen typischen Rundbögen und dekorierten Holzstreben und der »Salò de Cròniques« zu erwähnen. Letzterer verfügt über einen luxuriösen schwarzen Bodenbelag und ist mit Malereien von Josep María Serts geschmückt. Außerdem gibt es einen wunderschönen Innenhof mit Freitreppe und gotischer Galerie. Die Haupttreppe aus schwarzem Marmor wurde im Jahr 1926 erbaut.

Plaça de Sant Jaume s/n, 08002 Barcelona, Tel. 934 027 000, Nach telefonischer Anmeldung kann das Rathaus auch besichtigt werden: So 10–13.30 Uhr, Eintritt frei. www.bcn.es

ÜBERNACHTEN

Hostal el Jardí. Kleines, aber feines Hotel direkt an der Kirche Santa Maria del Pi. Auf dem kleinen Marktplatz davor werden einheimische Produkte verkauft. Die Doppelzimmer kosten, je nach Ausstattung, zwischen 60 Euro und 120 Euro. Plaça Sant Josep Oriol, 1, Tel. 933 015 900 / 58, reservations@eljardi-barcelona.com, www.eljardi-barcelona.com

EINKAUFEN

Colmado Lafuente. Ein sehr beliebtes Feinkostgeschäft, das es mittlerweile schon seit mehr als einem halben Jahrhundert gibt. Carrer Ferran, 20, 08002 Barcelona, Tel. 934 122 949, Fax 934 122 949, Geöffnet: Mo–Fr 9–14 Uhr und 16–20.30 Uhr, (Sa nachm. geschl.), lafuente@lafuente.es, www.lafuente.es

Mercè Munné. Wem Markenkleidung von der Stange nicht genug ist, findet sie hier Prêt-à-porter. Entworfen und produziert von Mercè Munné zu Preisen zwischen 50 und 500 Euro. Calle N'Amargós, 18 und Calle Montsió, 11, 08002 Barcelona, Tel. 933 028 798, Eulalia_suria@hotmai.com, www.mercemunne.com

Zu St. Jordi im Juni oder dem Fest der Mercé im September wird auf dem Platz gefeiert.

6 El Call

Das verborgene jüdische Viertel

Obwohl das jüdische Leben in der Altstadt erloschen ist, gibt es solche Szenen aktuell noch.

Das jüdische Viertel von Barcelona entwickelte sich bereits im 2. Jahrhundert v. Chr. Schon damals lag es in der Nähe des Stadtzentrums, das heute durch die Plaça de Sant Jaume markiert wird. Im Mittelalter waren es die Juden, die Kultur und Wissenschaft entwickelten, Schulen und Universitäten gründeten und die Stadt mit Ärzten versorgten. Trotzdem wurden sie auch in Barcelona in ein Ghetto verbannt.

Über Jahrhunderte lebten die drei großen Religionen recht friedlich in Spanien zusammen. Dem Land sicherte dies einen großen Vorsprung in Wissenschaft, Wirtschaft, Agrartechnik, Kunst und Kultur. Doch mit der Vertreibung der Mauren durch die katholischen Könige und der Entdeckung Amerikas wendete sich das Schicksal auch für die Juden. Im sogenannten »Goldenen Zeitalter« gewannen die Christen die Oberhand und schränkten die Freiheit der Andersgläubigen immer weiter ein.

MAL EHRLICH

ABENTEUER METRO

Auf den Bahnsteigen gibt es keine Informationen zur Abfahrt der Anschlusszüge. Also erst mal rauf zur nächsten Ebene. Nun heißt es genau zuhören, denn von wo die verschiedenen Züge abfahren, wird nur angesagt und nicht angeschrieben. Wenn man dann seinen Bahnsteig nicht schnell genug findet, muss man schon mal auf den nächsten Zug warten.

In dem, was von der Sinagoga Mayor übriggeblieben ist, befindet sich heute ein winziges Museum.

Die jüdische Gemeinde in Barcelona

Im Hochmittelalter waren die Juden in Barcelona führend in Handel und Kultur und hatten hohe Positionen in Staat und Gesellschaft. König Alfons VI., König von Kastilien von 1072 bis 1109, hatte einen jüdischen Leibarzt und setzte sich für die Juden ein. Doch nach seinem Tod kam es zunehmend zu Judenverfolgungen. Obwohl König und Adel durchaus eine judenfreundliche Politik vertraten, wuchs der Antisemitismus von Kirche und Bürgertum. Im Jahr 1243 ordnete Jaume I. die vollständige Separation der jüdischen Bewohner an. Fortan mussten sie im Call leben und zusätzlich Kennzeichen an ihrer Kleidung tragen. 1348 wurden Hunderte von Juden ermordet, weil man sie für das Ausbrechen der Pest verantwortlich machte. 1391 wurden bei einem Aufstand im el Call fast 300 Juden umgebracht und im Jahr 1401 alle Synagogen und jüdischen Friedhöfe zerstört. 1492 wurde schließlich das Judentum in ganz Spanien verboten.

El Call, die kleine Straße

Die Carrer del Call führt in ein Labyrinth aus kleinen Gassen, die im Mittelalter als das jüdische

AUTORENTIPP!

MUHBA – EL CALL
Das Museum der Geschichte Barcelonas hat im Zentrum des alten jüdischen Viertels eine Zweigstelle. Sie befindet sich in der Casa del Alquimista oder der Casa del Rabino, einem Gebäude aus dem 14. Jahrhundert. Dieses Haus ist eines der wenigen, die ihr originales Erscheinungsbild wenigstens im Ansatz behalten haben. Sonst findet man nur sehr wenig Baubestand aus jüdischer Zeit. Im Zentrum werden Objekte des täglichen Lebens aus dem 13. und 14. Jahrhundert ausgestellt, die bei Ausgrabungen gefunden wurden. Dazu gehört auch Geschirr aus einer katalanischen Manufaktur des Mittelalters. Darüber hinaus kann man hier Touren durch das Viertel buchen, es gibt Verkostungen der jüdisch-katalanischen Küche und immer wieder finden Vorträge über Kultur und Geschichte statt.

Placeta de Manuel Ribé, s/n.
08002 Barcelona, Tel. 932 562 120, Fax 932 680 454. Geöffnet: Mo–Fr 11–14 Uhr, Sa und So 11–19 Uhr und an Feiertagen 10–14.00 Uhr. museuhistoria@bcn.cat, www.museuhistoria.bcn.cat

Die Vinatería del Call nimmt heute den Teil der Synagoge ein, in dem die Frauen beteten.

Oben: Auch wenn hier nichts so ist, wie es mal war, die kleinen Gassen des Call entbehren nicht der Romantik.
Unten: Stein mit einem Segensspruch auf einen Rabbi, wenige Meter von der Synagoge entfernt

Viertel, el Call, bezeichnet wurden. In der Straße El Call lebten hauptsächlich Handwerker, die Seide herstellten. Im Viertel gab es Schulen, Kindergärten, Bäder und Krankenhäuser. Doch es hatte nur einen einzigen Eingang, an der Plaça de Sant Jaume, angeblich, um seine Bewohner zu schützen. Natürlich fanden die Antisemiten Mittel und Wege, der jüdischen Bevölkerung zuzusetzen. Im Jahr 1401 schließlich erreichten sie die Auflösung des jüdischen Viertels. Die Zerstörungswut war groß und so findet man heute nur noch wenige Überreste des jüdischen Lebens in Barcelona.

Jüdische Spuren

Die Kirche Sant Jaume, die früher an der Plaça de Sant Jaume und heute in der Carrer Ferran 28 steht, war ursprünglich eine Synagoge, die zerstört und 1394 als Kirche wiederaufgebaut wurde. Heute finden in der Kirche oft Konzerte statt. Das Judenviertel befand sich in einem Gebiet, das durch die Straßen »de la Palla«, im weiteren Verlauf »Banys Nous«, »Carrer del Call«, »Plaça de Sant Jaume« und »Carrer Bisbe« begrenzt wird. Im Mittelalter gab es hier zwei weitere Synagogen, die jedoch zerstört bzw. entweiht wurden. In der Carrer de Malet 5 wurde 1995 die Sinagoga Medieval de Barcelona wiederentdeckt, die 600 Jahre als verloren galt. Bekannt war nur, dass das Gebäude 1396 an einen Färber vermietet worden war. Der Verein, der sich um die Restaurierung des Gebäudes kümmert, erhebt für die Synagoge den Anspruch, die älteste von ganz Spanien zu sein. Sie wurde bereits in einer königlichen Urkunde aus dem Jahr 1267 erwähnt.

Auf dem Montjuïc, dem Berg der Juden, befindet sich das Olympiastadion. Doch hier liegt auch einer der ältesten und größten jüdischen Friedhöfe Europas. Er wurde vom 9. bis zum 14. Jahrhundert

Auch hier im Call befinden sich noch etliche kleine Handwerksbetriebe oder kleine Geschäfte.

benutzt. Nach seiner Zerstörung, Anfang des 15. Jahrhunderts, wurden auch Grabsteine von hier abtransportiert und beim Bau verschiedener Gebäude benutzt. Im Palast der Generalität und im Palast des Vizekönigs wurden einige gefunden, ebenso in der rückwärtigen Mauer des Museums Frederic Marès an der Plaça Sant Iu (links von den Lampen kann man sie sehen).

Die Gassen des Ghettos

In der engen und dunklen Gasse Carrer Sant Doménec del Call befinden sich einige der ältesten Gebäude. Sie war die Hauptstraße des Viertels. In der Carrer de Marlet, ganz in der Nähe der Sinagoga Medieval, ist am Haus mit der Nummer 1 ein Stein eingelassen, der eine hebräische Inschrift aus dem Jahr 1314 trägt. »Heilige Spende des Rabbi Samuel Hassardi, für den das Leben niemals endet«, steht dort geschrieben. Die Plaça Sant Felip Neri ist identisch mit einem alten jüdischen Friedhof, der »Montjuïc del Bisbe« hieß. In der Carrer de Sant Honorat lebten wahrscheinlich die Gelehrten und Chirurgen, denn von hier aus gelangte man sehr schnell zum Königspalast.

Infos und Adressen

ESSEN UND TRINKEN

La Vinateria del Call. Dieses kleine, romantische Lokal im Herzen des alten jüdischen Viertels serviert lokale Weine und katalanische Tapas wie Rauchfleisch und Käse. Es ist unbedingt einen Besuch wert, so viel Gemütlichkeit und Ruhe findet sich selten in Barcelona. Geöffnet täglich ab 19.30 Uhr. Carrer de Sant Domènec del Call, 9, 08002 Barcelona, Tel. 933 026 092

ÜBERNACHTEN

Hotel Denit. Einzelzimmer gibt es bereits ab 59 Euro und Doppelzimmer kosten ab 79 Euro. Carrer d'Estruc, 24–26, Tel. 93 545 40 00, Fax 93 545 40 01, Info@denit.com, www.denit.com/de

Hotel Call. Ausgestatt mit Safe, Klimaanlage und WiFi. Das kleine Hotel liegt mitten im antiken jüdischen Viertel. Die Doppelzimmer sind relativ günstig und kosten zwischen 60 und 90 Euro. L'Arc Sant del Call, 4, 08002 Barcelona, Tel. 933 021 123, Fax 933 013 486, reservas@hotelcall.net, www.hotelcall.net

INFORMATIONEN

Sinagoga Medieval de Barcelona. Carrer de Marlet, 5, 08002 Barcelona, Tel. 933 170 790, Fax 932 107 899. Mit der Metro Linie 3 bis zur Haltestelle Liceu oder mit der Linie 4 bis Jaume I. Geöffnet: Im Sommer Mo–Fr 10–18.30 Uhr, Sa und So 10.30–14.30 Uhr; im Winter Mo–Fr 11.00–17.30 Uhr sowie Sa und So 11.00–15.00 Uhr. sinagogamayor@hotmail.com, www.calldebarcelona.org

Oben: Die Plaça Neri ist vor allem im Sommer in Momenten der Ruhe der schönste Platz Barcelonas.
Unten: Die Narben in der Fassade der Kirche Sant Felip Neri, die durch eine Bombe verursacht wurden, zeugen von den Greueln des Bürgerkriegs.

7 Plaça de Sant Felip Neri
Die geheimnisvolle Schöne

Versteckt im Labyrinth der kleinen Gassen liegt die Plaça Felip Neri. Sie ist einfach, aber genau darin liegt ihr Charme. Die Plaça Neri ist einer der poetischsten Orte in Barcelona. Zwei riesige Akazienbäume spenden Schatten über einem Brunnen; jeglicher Lärm und kommerzielle Aktivitäten sind hier verboten.

Die Plaça San Felip Neri zu finden, ist nicht einfach. Selbst wenn man Passanten fragt, kann deren Lage kaum einer erklären. Darum eine kleine Wegbeschreibung: Steht man vor dem Palau de la Generalitat auf der Plaça Sant Jaume, nimmt man die Carrer Bisbe, die rechts vom Palast liegt. Man geht sie hinauf bis zum Nebeneingang der Kathedrale und des Kreuzgangs und findet fast gegenüber die kleine Carrer Sant Sever. Wenn man sie hinaufläuft, führt die nächste Gasse rechts zur Plaça Felip Neri.

Platz mit langer Vergangenheit

Ihr heutiges Gesicht erhielt die Plaça Sant Felip Neri erst Mitte des 20. Jahrhunderts. Im Mittelalter war hier ein jüdischer Friedhof, der später von den Christen genutzt wurde und zur Esglesia Sant Felip Neri gehörte. Im Spanischen Bürgerkrieg wurde der Platz 1938 bombardiert und zerstört. 42 Zivilisten, darunter viele Kinder, fanden dabei den Tod. Die Einschusslöcher an der Kirchenfassade zeugen davon. Doch es gibt noch mehr Opfer auf diesem Platz zu betrauern. Beim Einmarsch der Francotruppen fanden hier auch Erschießungen statt. Heute erinnert eine Gedenktafel an diese Ereignisse. Auch beim Tod von Antoni Gaudí, dem bekannten Architekten des Modernisme, spielte der Platz eine Rolle. Er liebte ihn und besuchte ihn oft. Auf dem Weg zur Messe in der Kirche Sant Felip Neri wurde er 1928 von einer Straßenbahn erfasst und erlag seinen Verletzungen. Trotz seiner traurigen Vergangenheit strahlt der Ort keine Düsternis aus, er trägt viel mehr etwas Geheimnisvolles. Das ist sogar bis nach Hollywood vorgedrungen. Woody Allen ließ hier Szenen seines Films »Vicky Cristina Barcelona« spielen.

Renaissance und Barock

Die Kirche San Felip Neri ist in barockem Stil erbaut und gehört damit zu den wenigen Bauwerken dieser Epoche, die es in Barcelona gibt. Sie wurde 1752 fertiggestellt und dem italienischen Jesuitenpater Felip Neri geweiht, der im 16. Jahrhundert gelebt hat. 1622 bereits wurde er heiliggesprochen, denn er gilt als herausragende Gestalt der katholischen Reformen in Rom. Die Kirche besteht nur aus einem Schiff, wodurch die Aufmerksamkeit des Besuchers auf den imposanten Hochaltar aus dem späten 18. Jahrhundert gelenkt wird.

Außer der Kirche gibt es auf dem Platz noch zwei weitere historische Gebäude, die beide aus dem Mittelalter stammen, jedoch Renaissancefassaden tragen. Es handelt sich um die Casa dels Sabaters, das Zunfthaus der Schuhmacher von 1565, und um die Casa dels Calderers, das Zunfthaus der Klempner, aus der gleichen Zeit. Sie wurden auf der alten römischen Stadtmauer errichtet. Beide gotischen Gebäude sowie das Kellergeschoss der Kirche wurden durch die Bombardierung zerstört und erst 1950 wieder errichtet. Dabei gab der Architekt Adolf Florensa i Ferrer den Zunfthäusern die Renaissancefassaden zweier Häuser, die in der Nähe der Kathedrale gestanden hatten, doch nicht wieder aufgebaut wurden.

Infos und Adressen

MUSEUM

Schuhmuseum – Museu del Calçat Antic. Im Haus der Schuhmacher-Zunft ist heute das Schuhmuseum untergebracht. Hier kann man Schuhe aus fünf Jahrhunderten bestaunen. Plaça de Sant Felip Neri, 5, Tel. 933 014 533. Geöffnet: tägl. 11–14 Uhr, Mo Ruhetag.

ESSEN UND TRINKEN

El Pintor – Restaurant und Hostal. In einem ehemaligen kleinen Maleratelier untergebracht, daher der Name, bietet dieses Restaurant katalanische Küche je nach Marktangebot und Jahreszeit. Carrer de Sant Honorat, 7, 08002 Barcelona, Tel. 933 014 065. Geöffnet: 13.30–16 Uhr und 20–1 Uhr.

EINKAUFEN

La Manual Alpargatera – Espadrillos. Hier werden noch die klassischen Espadrillos aus Espartogras, Jute und anderen Naturmaterialien hergestellt und verkauft. Und das schon seit 70 Jahren. Carrer d'Avinyó, 7, 08002 Barcelona, Tel. 933 010 172. Geöffnet: Mo–Fr 9.30–13 Uhr und 16.30–20 Uhr. Sa ab 10 Uhr. Im Okt. und Nov. nachmittags geschl. www.lamanualalpargatera.com

Col·leccionisme Coixet. Hier hat man sich auf Werbung von Ende des 19. Jahrhunderts bis in die 1970er-Jahre spezialisiert, und zwar alle Typen von Postern, Karten, Schachteln und Verpackungen. Carrer dels Banys Nous, 197, 08002 Barcelona, Tel. 933 171 891, Geöffnet: Mo–Fr 11–14 Uhr und 17– 20 Uhr, Sa 11–14 Uhr.

Oben: Im Cuines stärkt man sich gerne nach dem Einkauf.
Unten: Die Stände des Marktes sind weit weniger den Ansprüchen von Touristen angepasst. Viele ziehen ihn der Boquería vor.

8 El Mercat de Santa Caterina

Die historische Markthalle

Hier wird das Einkaufen zum Erlebnis. Die Markthalle lädt zum Bummeln ein, denn die Waren sind extrem vielfältig, frisch und von guter Qualität. Ringsum gibt es jede Menge Restaurants und Bars, die für ihre mannigfaltigen Speisen bekannt sind. Eine kleine Welt für sich, wo vor allem die Einheimischen gern einkaufen. Entdecken, staunen und genießen, das ist hier die Devise.

Die Markthalle liegt etwa 300 Meter von der Kathedrale entfernt, im Barri Santa Caterina, östlich des gotischen Viertels. Man erreicht sie mühelos mit der Metro L4 bis Plaça Jaume I oder per Touristikbus bis zur Haltestelle Barri Gòtic.

Der Markt Santa Caterina wurde 1848 fertiggestellt und war die erste überdachte Markthalle Barcelonas. Auf dem Grundstück hatte zuvor das Kloster der heiligen Caterina gestanden. Es wurde der Stadt überlassen, um darauf den gleichnamigen Markt zu errichten. Nach seiner Fertigstellung wurde er schnell zu einem wichtigen innerstädtischen Handelszentrum. Doch Ende des 20. Jahrhunderts war sein Glanz verloschen. Die Nachbarschaft bestand aus tristen Wohnblocks und das Gebäude selbst war so baufällig, dass viele Einwohner für dessen Abriss plädierten. Den Architekten Enric Miralles und Benedetta Tagliabue ist es zu verdanken, dass der Markt erhalten blieb. Sie entwickelten ein Gesamtkonzept zur Sanierung des Gebäudes und erhielten, nach langen Diskussionen, den Zuschlag. Bald schon wurde das Projekt ausgedehnt und schloss die Neugestaltung des Wohngebietes, einen Parkplatz und eine Biomüllanlage mit ein. Insgesamt ein sehr gelungenes Beispiel für eine Stadterneuerungsmaßnahme, die wieder Leben in das Viertel brachte. Enric Miralles erlebte die Fertigstellung nicht mehr. Er starb 2000.

Der neue Markt

Der Mercat de Santa Caterina gehört längst zu den herausragenden Sehenswürdigkeiten des modernen Barcelona. Er hat seinen Stellenwert vor allem der außergewöhnlichen Dachkonstruktion zu verdanken, die so viel Aufmerksamkeit erregt, dass es neben der Sagrada Familia und dem Dom zu einem der bekanntesten Wahrzeichen geworden ist. Dieses Dach ist, abgesehen von Bögen und Rundungen, aus sechseckigen Fliesen gemacht, die Früchte und Gemüse darstellen sollen. Ebenso bunt wie diese sind auch seine Farben. Es erstrahlt in Rot, Gelb, Grün, Orange und Lila und gleicht damit zumindest farblich dem reichhaltigen Angebot an den Ständen im Inneren. Drei Seitenwände des alten Marktes sowie die Eingangstüren sind noch erhalten. Die Fassade dagegen ist völlig neu gestaltet.

Archäologische Funde

1997 begannen die Restaurierungsarbeiten, die aber bald wieder eingestellt werden mussten. Man war auf die Überreste des Dominikanerklosters Santa Caterina aus dem 15. Jahrhundert gestoßen, das 1835 abgebrannt war. Nachdem weitere religiöse Gebäude sowie ein römischer Friedhof entdeckt wurden, entschieden sich die hinzugezogenen Archäologen gemeinsam mit den Architekten, im neuen Markt ein kleines archäologisches Museum einzubauen, das sich in der östlichen Ecke der Markthalle befindet.

Infos und Adressen

ESSEN UND TRINKEN

Mercat de Santa Caterina. Avgda. Francesc Cambó, 16, Tel. 933 195 740, Geöffnet: Mo 8–14 Uhr, Di, Mi und Sa 8–15.30 Uhr, Do und Fr 8–20.30 Uhr. www.mercatsantacaterina.net

Cuines Santa Caterina. Im Mercat de Santa Caterina gelegen heißt dieses Restaurrant »Cuines«, Küchen, da es mehrere Küchen anbietet: vegetarisch, orientalisch und mediterran. Insgesamt eine sehr originelle Location. Avinguda de Francesc Cambó, 16, 08003 Barcelona, Tel. 34 932 689 918. Geöffnet: tägl. 13–16 Uhr und 20–23.30 Uhr. Am Wochenende bis Mitternacht. Die Tapas-Bar ist von 9–23.30 Uhr und am Wochenende bis 0.30 Uhr geöffnet. www.cuinessantacaterina.com

ÜBERNACHTEN

pensió 2000. Ganz in der Nähe des Mercat de Santa Caterina und des Palau de la Música liegt dieses einfache Hotel mit nur 6 Zimmern. Die Metro-Stationen L1 und L4 liegen um die Ecke. Einzelzimmer kosten 50–63 Euro, Doppelzimmer von 60–80 Euro. Carrer de Sant Pere Més Alt, 6, 1er, 08003 Barcelona, Tel. 933 107 466, www.pensio2000.com

EINKAUFEN

Urban Fashion Object. U.F.O hat sich auf junge urbane Mode von katalanischen und spanischen Designern spezialisiert. Carrer dels Corders, 13 08003 Barcelona, Tel. 933 192 583, Mo–Sa 11–14 Uhr und 17–20.30 Uhr geöffnet, www.facebook.com/ufobcn

9 Palau de la Música Catalana

Ein Feuerwerk für Augen und Ohren

Der Schriftsteller Robert Hughes sagte über den Palau de la Música Catalana: »Nie wird man in Barcelona etwas bauen, das diesem an konzeptionellem Wagemut, formalem Glanz, Symbolismus und dekorativer Wirkung gleichkommt.« Er ist der beliebteste Konzertsaal in Barcelona und ein Meilenstein des katalanischen Jugendstils. Seit 1997 zählt er zum Weltkulturerbe der UNESCO.

Der Palast liegt im Barri Sant Pere, nördlich der Kathedrale. Im Zuge der Restaurierungsarbeiten wurde eine benachbarte Kirche abgerissen, wodurch ein großzügiger Vorplatz entstand. Das Konzerthaus kann nun auch äußerlich seine ganze Pracht und seinen architektonischen Reichtum entfalten. Im Zuge des Ausbaus kam ein neues Portal hinzu. Dieses liegt in der Carrer Palau de la Música, der historische Eingang in der Carrer Sant Pere més Alt.

Der Bau geht zurück auf eine Initiative der Chorgemeinschaft »Orfeó Català«, die Musikliebhaber und Industrielle der Stadt zusammenführte und so die Finanzierung sicherte. Als Architekt wurde Lluís Domènech i Muntaner gewonnen, einer der wichtigsten Vertreter des Modernisme. Nach nur drei Jahren Bauzeit wurde das Gebäude 1908 fertiggestellt. Von 1982 bis 2008 wurde der Palast unter der Leitung des Architekten Òscar Tusquets restauriert und erweitert. Dabei wurde auch der »Petit Palau« gebaut, ein Konzertsaal in 11 Metern Tiefe, der Platz für 538 Personen bietet.

Mitte: Wie überall findet man auch im Palau de la Música zeitgenössische mit alter Architektur vereint.
Unten: Café des Konzerthauses

Ein Gesamtkunstwerk

Der Entwurf von Domènech zeichnet sich durch große Originalität aus. In seinem Äußeren mischen sich bildhauerische Elemente mit Elementen der barocken Architektur. Durch die Verbindung von Stahl und Ziegelstein erhält der Bau eine netzartige Struktur, die auf Geschosse und Mauern verzichten kann. Dadurch wird Raum gewonnen und die Akustik perfektioniert. In die Stahlkonstruktion wurden Glaswände eingezogen, was für die damalige Zeit ein absolutes Novum war.

Im Inneren wurden außergewöhnliche Baumaterialien verwendet. Der Palast vereinigt die angewandten Künste, vor allem Bildhauerei, Keramik, Glas- und Schmiedekunst. Das Innere ist fast vollständig mit Fliesen verkleidet, auf denen florale Motive vorherrschen. Dabei wurde auf die Einhaltung traditioneller Regeln verzichtet, die Ornamente wurden frei aneinandergereiht. Das Ergebnis ist ein einzigartiges Zusammenspiel von Farben und Formen, die sich überraschend harmonisch zu einer Einheit verbinden.

Vor den farb- und formenreichen Hintergründen sind Skulpturen in den Wänden eingelassen, die ab der Körpermitte von der Plastik zum Mosaik übergehen. Ein frecher Stile-Mix, der typisch ist für den Modernisme. Hier setzt sich der Wagemut der Architektur in der Dekoration fort.

Der kleine Rundgang

Betritt man das Foyer durch den alten Eingang, fällt sofort die Weitläufigkeit des Raumes auf. Säulen tragen eine Gewölbedecke aus glasierten Fliesen und floralen Reliefs. Eine große, doppelte Treppe, von Laternen gesäumt, führt in den ersten Stock. Ihr Geländer ist aus Stein gehauen, die

AUTORENTIPP!

TICKETS ONLINE

Neuerdings kann man die Führung durch das eindrucksvolle Gebäude per Internet buchen, eine Website existiert jetzt auch in englischer Sprache. Oben rechts den Button »Guided Tours« drücken und unter »Tickets sales« kann man sich seine Tour bis zu vier Monate im Voraus buchen. Die Touren kosten 15 Euro für Erwachsene und 7,50 Euro ermäßigt. Mit der Barcelona Card gibt es 20 Prozent Rabatt. Die Führungen finden in Spanisch, Katalanisch und Englisch, täglich von 9.30–15.30 Uhr statt. In der Osterwoche sowie im Juli und August gibt es längere Öffnungszeiten. Diese finden Sie in der Tabelle auf der Website. Zum Palau de la Música Catalana an der Calle Palau de la Música kommen Sie mit der Metro, Linien 1 und 4, bis zur Station Urquinaona. Der Ticketverkauf für die Vorstellungen findet von Mo bis So 10–21 Uhr statt.

Palau de la Música Catalana. Calle Palau de la Música, www.palaumusica.org

Der Modernisme ist ohne Trencadís – die Mosaikarbeiten mit Keramikscherben – undenkbar.

Oben: In der Fassade wird das Nationalgefühl der Katalanen von damals fein mit ihrem Sinn für Kultur kombiniert, so in der Skulptur »das Katalanische Volkslied«.
Mitte/Unten: An keinem Bauteil wurde mit dekorativen Details gespart.

Säulen der Balustrade sind aus Glas. Das Foyer trennt den Eingangsbereich vom Konzertsaal.

Im ersten Stock liegt die »Sala Lluís Millet«, eine Wandelhalle mit sehr schönen Buntglasfenstern und einer imposanten Deckenlampe. Auch die Türen sind aus Glas. Von diesem Raum aus gelangt man auf den Balkon an der Carrer Sant Pere més Alt, dessen Säulen alle unterschiedlich gestaltet sind. Der Saal wird häufig für Pressekonferenzen oder öffentliche Events genutzt.

Der große Konzertsaal bietet mehr als 2000 Besuchern Platz. Um ihn mit Tageslicht zu versorgen, ließ der Architekt ihn mit einem rechteckigen Dachfenster ausstatten. Die bunten Flächen verlaufen nach unten hin in einer Tropfenform. Oberhalb der Bühne bildet die Orgel den optischen Mittelpunkt. Sie wurde von dem deutschen Orgelbauer Eberhard Friedrich Walcker geschaffen und 1908 eingebaut. Das erste Konzert auf dieser Orgel war gleichzeitig das erste nicht kirchliche Orgelkonzert in Barcelona. 2003 wurde die Orgel mithilfe privater Spenden restauriert, nachdem sie durch einen Wasserschaden 30 Jahre lang unbespielbar gewesen war.

Diverse Veranstaltungen

Der Konzertsaal, als Sitz des Volkschors Orfeó Català, war ursprünglich für Gesangs- und Orchesterkonzerte geplant. Seine Akustik war jedoch so exzellent, dass die besten Interpreten und Dirigenten der Welt hier auftraten. Darunter Richard Strauss, Igor Strawinsky und Arthur Rubinstein. Der Palau de la Música Catalana wurde schon bald zum Kleinod und Aushängeschild der katalanischen Musik. Traditionell finden hier auch Theateraufführungen statt. Für Kammermusik- und Popkonzerte wurde modernste Technik eingebaut.

Infos und Adressen

ÜBERNACHTEN

Allada Apartaments. In einem modernen, aber historisch angehauchten Gebäude im Zentrum des Stadtteils Born sind diese 20 Einzimmer-Appartements untergebracht. Einzelzimmer ab 50 Euro, Doppelzimmer ab 60 Euro. Carrer d'Allada-Vermell, 6–8, 08003 Barcelona, Tel. 932 683 388, Fax 932 687 026, info@lofts-partments.com, www.allada.barcelonahotels.it

Hotel Confortel Almirante. Nur wenige Meter von der Kathedrale und dem Palau de la Música entfernt liegt dieses moderne Hotel. Doppelzimmer gibt es ab 90 Euro. Via Laietana, 42, 08003 Barcelona, Tel. 932 683 020, Fax 932 683 192, confortel@once.com, www.conforthoteles.com

ESSEN UND TRINKEN

Ávalon. Für die katalanisch inspirierte Küche ist Ramón Freixa verantwortlich. Er bietet hier ein

Zum 100. Geburtstag des Palaus wurde die Bronzeskulptur des Lluís Millet, des Hauptinitiators des Konzerthauses, aufgestellt.

Gerade bei Nacht erstrahlt der Schmuck des Palau de la Música.

exzellentes Preis-Leistungs-Verhältnis. Geöffnet: tägl. 13.30–16 Uhr und 20.30–23 Uhr. Im August mittags geschl., Carrer del Pare Gallifa, 3 08003 Barcelona, Tel. 933 300 303, grupos@avalonrestaurant.es, www.grandhotelcentral.com

Lili Pep. Ein netter und ruhiger Ort, an dem Eingeweihte ein wenig Ruhe, Aperitifs und Cocktails sowie Kleinigkeiten zum Essen finden. Die Bücher, die hier ausliegen,sind käuflich zu erwerben. Carrer del Pou de la Cadena, 8, 08003 Barcelona Tel. 933 106 697, Di bis So 10.30–22 Uhr, Do, Fr und So bis 0.00 Uhr geöffnet. Mo geschl., ebenso in den beiden letzten Augustwochen.

10 Rundgang La Ribera

Das Viertel der Zünfte

Das Barri La Ribera und »El Born« sind ein Muss für alle Besucher Barcelonas. Im alten Händler- und Handwerkerviertel tragen die Gassen die Namen der alten Zünfte: »Mirallers«, die Straße der Spiegelmacher, »Sombreres«, die Hutmacher, und »Argentería«, wo einst die Silberschmiede ihre Werkstätten hatten, bieten heute Design, Mode und Vergnügungen vom Feinsten. Handgemachtes steht dabei noch immer im Mittelpunkt.

Mitte: El Fossar de los Moreres an der Seite der Santa María del Mar erinnert an diejenigen, die die Stadt 1714 verteidigt haben.
Unten: Pinzat ist einer der vielen kleinen neuen Läden im Born. Hier werden aus alten Lastwagenplanen Taschen genäht.

Anders als rund um die Plaça de Catalunya und entlang des Boulevards Passeig de Gràcia findet man in diesem Stadtteil keine großen Kaufhäuser und internationalen Modemarken. Stattdessen jede Menge kleiner Läden, schicke Boutiquen und Bars. Hauptschlagader ist der Passeig del Born und von dort aus heißt der Tipp: mäandern. Besonders interessant für Modebewusste ist die Carrer del Rec, wo sich auch teure Trendshops wie »Coquette« angesiedelt haben.

Die Vielfalt historischer Stadtteile

Sant Pere, Santa Catalina und La Ribera liegen im Bezirk Ciutat Vella, einem der ältesten und im hohen Maße organisch gewachsenen Stadtteile von Barcelona. Älter sind nur der alte römische und der darauf gebaute gotische Teil innerhalb des ersten Stadtmauerrings. Der Stadtteil Sant Pere, Santa Caterina und La Ribera befinden sich westlich vom Barri Gòtic und werden östlich vom Parc de la Ciutadella begrenzt. Im Süden schließt sich

St. Markus im Born

der Stadtteil La Barceloneta an. Das Barri de Sant Pere erhielt seinen Namen nach dem Kloster Sant Pere de les Puelles. Es bildet den nördlichsten Teil dieses Stadtviertels. Hier liegt auch die berühmte Konzerthalle Palau de la Música Catalana von Lluís Domènech i Montaner. Santa Caterina ist der mittlere Teil des Stadtteils, der vor allem durch die neu errichtete Markthalle Mercat de Santa Caterina definiert wird. La Ribera, der südliche Teil, ist auch bekannt als »Born« und ist das In-Viertel von Barcelona. Hier gibt es viele Restaurants und Designerläden. Ebenfalls in La Ribera liegt die Kirche Santa Maria del Mar, eines der Wahrzeichen der Stadt. Eine weitere Attraktion ist der Parc de la Ciutadella mit dem Zoo und dem Arc de Triomf. Und, nicht zu vergessen, das weltbekannte Picasso-Museum befindet sich hier.

AUTORENTIPP!

SCHOKOLADENMUSEUM

Im alten Augustinerkloster liegt das beliebte Schokoladenmuseum. Hier erfährt man die Geschichte der Schokolade, wie sie nach Europa kam und welchen Stellenwert sie in unserem Leben eingenommen hat. In kaum einem anderen Museum werden so viele verschiedene Sinne gereizt wie hier. Überall liegt der Geruch von Schokolade in der Luft und macht Appetit auf das Stück, das man am Eingang erhalten hat. Wer möchte, kann sich das Rezept für »Xocoatl«, das Kakaogetränk der Azteken, mitnehmen oder es sofort im Museumscafé probieren. Und im Museumsshop gibt es natürlich auch Schokolade zu kaufen.

Museu de la Xocolata. Carrer Comerc, 36, 08003 Barcelona, Tel. 932 687 878, geöffnet: Mo und Mi–Sa von 10–19 Uhr, So und Feiertage 10–15 Uhr. Di geschl. Eintritt: 5 Euro für Erwachsene, 4,75 Euro ermäßigt. Kinder bis 7 Jahre und mit der Barcelona Card Eintritt frei. Sowie an jedem ersten Montag im Monat. www.museuxocolata.cat.

Tapas und Wein im Sagardí.

La Ribera, und vor allem die Carrer Montcada, ist geprägt von gotischen Palästen.

Rundgang

A Santa Maria del Mar – Die Kirche steht umringt von Wohnhäusern. Sie ist eine der beliebtesten Sehenswürdigkeiten Barcelonas und wird ab Seite 72 vorgestellt.

B Plaça Fossar de les Moreres – Ein wichtiger Gedenkort am Katalanischen Nationalfeiertag, dem 11. September. Gedacht wird der Kapitulation Barcelonas am 11. September 1714 nach der Belagerung der Stadt durch die Truppen von Philipp V., die den Spanischen Erbfolgekrieg beendete. Philipp V. hob im Anschluss die Selbstverwaltung Kataloniens auf.

C Passeig del Born – An diesem Boulevard, der noch ein wenig an das Mittelalter erinnert, liegen einige der modernsten Terrassen und Bars der Stadt. Der Passeig wird ab Seite 78 beschrieben.

D Carrer Montcada – Mit der hochherrschaftlichen Straße Barcelonas befassen sich gleich zwei Highlights. Neben zahlreichen Palästen, die ab Seite 92 vorgestellt werden, befindet sich hier auch das Picasso-Museum, ab Seite 96.

E Schokoladenmuseum – Ein Muss für alle Schokoladenliebhaber, einfach legendär.

F Palau de la Justicia – Erbaut zwischen 1887 und 1898. Es fällt durch seine Größe und die acht Türme auf, die die Ecken markieren.

G Zoologisches Museum – Ein kleines Museum in einem Modernisme-Gebäude. Hier scheint die Zeit stehen geblieben zu sein. Gleich nebenan stehen die Gewächshäuser »Hivernacle« und »Umbracle«, ebenfalls aus der Zeit des Modernisme.

H Geologisches Museum – Ein weiteres Relikt aus vergangenen Zeiten, welches im Parc de la Ciutadella liegt. Es ist das älteste Museum der Stadt und bildet seit dem Jahr 2000 zusammen mit dem Zoologiemuseum das naturwissenschaftliche Museum. Die Mineraliensammlung umfasst ungefähr 14.000 Stücke.

I Alter Regierungspalast – 1932 zog das Parlament von Katalonien in das Gebäude ein, das zuvor ein Museum war. Nach dem Bürgerkrieg und der Diktatur tagt das Parlament hier wieder.

J Zoo von Barcelona – Eine Institution seit 1902. Auf dem 13 Hektar großen Gelände leben heute mehr als 400 Tierarten aus der ganzen Welt. Das Terrarium und das Vogelhaus zählen zu den größten Attraktionen des Tierparks.

K Dame mit Regenschirm – Sie steht auf dem Gelände des Zoos und wird von den Einheimischen sehr verehrt. Sie ist ein Symbol für Beständigkeit in einer Stadt, die sich sehr schnell sehr verändert.

L Antic Mercat del Born – Das Gebäude von 1876 beherbergte den zentralen Obst- und Gemüsemarkt bis 1971. Es ist eines der besten Beispiele für Eisenarchitektur in Barcelona und wird ab Seite 80 vorgestellt.

AUTORENTIPP!

LIEBER MAL DAS TAXI NEHMEN

Auf dem Stadtplan sieht es eigentlich ganz übersichtlich aus, jedenfalls liegen die Sehenswürdigkeiten nicht wirklich weit auseinander. Normalerweise schafft man das locker zu Fuß. Man sollte aber nicht vergessen, dass es in Barcelona nicht nur an jeder Ecke etwas zu sehen gibt, eigentlich ist sogar jede Ecke sehenswert. Teilen Sie sich Ihre Kräfte also gut ein und sorgen Sie für Ruhepausen. Irgendwann geht es einfach nicht mehr und dann muss man vielleicht früher aufgeben als geplant. Um entspannt von A nach B zu kommen und trotzdem nichts zu verpassen, empfiehlt sich, außer vielleicht die Sightseeingbusse zu benutzen, einfach mal ins Taxi zu steigen. Diese sind nicht nur sehr hübsch, sondern auch äußerst bequem und stehen in sämtlichen größeren Straßen. Es gibt 260 Taxistände und über 4000 Taxis. Der größte Anbieter in Barcelona für Taxis ist:

Radio Taxi, Zentrale.
Tel. 933 033 033

In den kleinen Gassen gibt es überall Cafés …

Den Stadtteil Sant Pere, Santa Caterina und La Ribera sollten Sie unbedingt am Abend besuchen, wenn alle Bars und Restaurants geöffnet sind. Und das können Sie problemlos tun, denn er gilt als einer der sichersten Stadtteile von Barcelona.

Das Barri La Ribera

Ab dem 13. Jahrhundert benötigte die Stadt mehr Raum und wuchs über die alten römischen Mauern hinaus. Damit wurde La Ribera das erste Viertel außerhalb der Stadtmauern, die Vorstadt der Händler und der reichsten Familien. So zeigt sich auch heute noch in der Carrer Montcada, dem ehemaligen Zentrum des Stadtteils, der frühere Glanz. In einigen dieser Paläste ist heute das Picasso-Museum (Museu Picasso) untergebracht. Im 16. Jahrhundert setzte der Niedergang von Sant Pere, Santa Caterina und La Ribera ein und fand sein Ende durch den Erbfolgekrieg. Felipe V. ließ, nachdem er Barcelona erobert hatte, Teile des Viertels einreißen und dort seine Festung errichten.

Infos und Adressen

ESSEN UND TRINKEN

Pitin Bar. Die älteste Bar im Viertel, eröffnet 1957. Klein – aber mit sehr viel Charme! Passeig del Born, 34, 08003 Barcelona, geöffnet: Mo–Do, 18–2 Uhr, Fr 18–3 Uhr, Sa 11–3 Uhr, So 11–24 Uhr, pitinbar@hotmail.com, www.pitinbar.com

Senyor Parellada. Das Restaurant hat eine lange Tradition, die angeblich bis ins Jahr 1771 zurückgeht. Man sagt von sich selbst, das älteste Restaurant in ganz Spanien zu sein. Beliebt ist es jedenfalls und gutes Essen gibt es auch. Katalanische Küche, auch für Vielesser geeignet, zu annehmbaren Preisen. Carrer Argenteria, 37, 08003 Barcelona, Tel. 933 105 094, www.senyorparellada.com

ÜBERNACHTEN

Hotel Ohla. Ein sehr zentral gelegenes, luxuriöses Designhotel mit Restaurant und Pool. Es gibt verschiedene Angebote, darunter die Übernachtung inklusive Cocktails oder SPA- Aufenthalt. Die Übernachtung kostet ab circa 200 Euro. Via Laietana, 49, 08003 Barcelona, Tel. 933 415 050, info@ohlahotel.com, www.ohlahotel.com

Hotel Banys Orientals. Sehr zentral gelegenes Hotel im Stadtteil La Ribera, in einer Fußgängerzone. Die Übernachtung kostet circa 100 Euro pro Doppelzimmer. Calle Argenteria, 37, 08003 Barcelona, Tel. 932 688 460, www.hotelbanysorientals.com

Hotel del Mar. Das Hotel liegt genau zwischen Gòtico und La Ribera, in der Nähe der Barceloneta. Von der Dachterrasse aus hat man einen wunderbaren Blick über den beeindruckenden Jachthafen. Doppelzimmer ab etwa 100 Euro, auch im Sommer. Pla del Palau,19, 08003 Barcelona, Tel. 933 193 047, reserve@gargallohotels.es, www.gargallohotels.es

… und vor allem kleine Modeboutiquen, die ihre Ware meist selbst fertigen.

Mitte: Außer dem Portal ist das Äußere der Kirche sehr schlicht … **Unten:** … und lässt nicht vermuten, welch ein überwältigend eleganter Innenraum den Besucher erwartet.

11 Santa Maria del Mar

Katalanische Gotik in Reinkultur

Die Kirche wurde zwischen 1329 und 1383 erbaut. Sie ist ein Beispiel für die katalanische Gotik in Reinkultur und eines der Wahrzeichen von Barcelona. Von Wohnhäusern umgeben steht sie inmitten der Altstadt und erscheint mit ihren monumentalen Türmen wie eine Festung. Fast überraschend erscheint darum ihr Inneres, das zwar ganz schlicht gehalten ist, aber durch seine immense Höhe und Weite beeindrucken kann.

Die Basilika Santa Maria del Mar liegt ganz in der Nähe des Hafens inmitten des Stadtteils La Ribera, und heißt übersetzt »Gestade«. Einer Legende nach soll der Apostel Jakobus an dieser Stelle gepredigt haben, was Anlass für den Bau einer kleinen Kapelle war. Um 304 wurde die Heilige Eulàlia von Barcelona dort beigesetzt, deren Leichnam später in die Kathedrale überführt wurde.

Santa Maria del Mar ist umschlossen von den engen Gassen des Viertels. Das macht es schwierig, sich einen Eindruck über das gesamte Bauwerk zu verschaffen, sodass man es am besten einmal komplett umrundet. Von den Plätzen Fossar de les Moreres und Plaça de Santa Maria aus bekommt man immerhin einen Eindruck. Beide Plätze waren früher Friedhöfe.

So entstand das Viertel

Anfang des 11. Jahrhunderts war die Stadt über ihre Mauern hinaus gewachsen. Zwischen Stadtmauer und Meer siedelten sich diejenigen an, die

Die Fassade der St. Maria del Mar ist, wie überall in der katalanischen Gotik, von Horizontalen geprägt und schmucklos.

von Seefahrt und Handel lebten. Bereits 998 wurde eine Kirche in diesem Gebiet erwähnt, die den Namen Santa Maria de les Arenes trug. Im 13. und 14. Jahrhundert erfuhr die Wirtschaft Barcelonas eine ungeahnte Entwicklung und man wetteiferte mit den italienischen Staaten um die Vorherrschaft über das Mittelmeer. Damals nahm auch die Macht des Bürgertums immer mehr zu.

Man beschloss, eine neue Kirche anstelle der alten zu bauen. Sie sollte die Bedeutung der Seefahrer und Kaufleute gegenüber der Kirche demonstrieren und musste darum besonders imposant werden. Da zu dieser Zeit auch die Kathedrale gebaut wurde, musste Santa Maria del Mar entsprechend groß und mächtig werden. 1329 wurde der Grundstein gelegt, das dokumentiert eine Tafel in der Seitenwand.

Innerhalb von nur 54 Jahren wurde das riesige Bauwerk fertiggestellt. Für eine gotische Kirche ist das Rekordzeit, denn üblicherweise wurden solche Kirchen über Jahrhunderte hinweg erbaut, woraus oft viele verschiedene Stile resultierten. Nicht so bei Santa Maria del Mar, denn hier fassten im wahrsten Sinne des Wortes alle mit an. Die reichen Kaufleute sorgten für die Finanzierung und alle Gilden des Viertels beteiligten sich durch ihre

AUTORENTIPP!

BUBÒ – DIE BESTE SCHOKOLADE DER WELT!

Das ist nicht nur eine Behauptung, das kann man beweisen! Der Chocolatier Carlos Mampel, dem dieser Laden gehört, wurde 2005 zum besten Chocolatier der Welt gekürt. Und das kann man verstehen, sobald man dieses kleine, stylische Geschäft betritt. Im Inneren werden die neuesten Kreationen des Meisters präsentiert, die schon allein durch ihre Farben und Formen bestechen: Schokoladenvariationen mit ungewöhnlichen Zutaten wie Meersalz oder Gewürzen, Kreationen wie Petit Fours und Dessertgläser, in denen Mousse aus Mascarpone, Vanille und Himbeeren geschichtet und mit einem geheimnisvollen violetten Gel gekrönt sind, aber auch die bekannten Sorten, neu interpretiert. Trauen Sie sich, Sie werden überrascht sein! Hier gibt es alles, was das Herz begehrt, zu Preisen, die sich im Rahmen halten. Kostverächter und Menschen auf Diät sollten einen Bogen um diese Adresse machen. Ein weiteres Geschäft gibt es in Kuwait.

Bubó. Caputxes, 10, 08003 Barcelona, Tel. 932 687 224, www.bubo.es

AUTORENTIPP!

VILA VINITECA – WENN ES MAL EIN BISSCHEN MEHR SEIN DARF

Der Weinhandel, bereits in dritter Generation in Familienbesitz, gehört zu den besten Adressen der Stadt. Import, Export, Exklusivvertretungen und Handel seit 1932 machen den Betrieb zu einem der wichtigsten Häuser für spanischen Wein. Aktuell vertritt Vila Viniteca über 200 Kellereien weltweit. Das Stammgeschäft, das die Gastronomie mit Wein und Likören belieferte, befand sich bereits in der Carrer Agullers, als 1993 gleich daneben eine Vinothek eröffnet wurde. Für Nachbestellungen gibt es auch einen Online-Shop. Außerdem werden Weinseminare und Verkostungen sowie ein Wein-Club angeboten. Ein paar Eingänge weiter hat inzwischen auch der passende Delikatessenladen von Vila Viniteca eröffnet, der als bestes Geschäft für Käse in ganz Barcelona gilt.

Vila Viniteca. C. Agullers, 7, 08003 Barcelona, Tel. 902 327 777, www.vilaviniteca.es

Mithilfe. Vor allem die Lastenträger leisteten besondere Dienste, indem sie die Baumaterialien, vor allem Steine, heranschleppten. Ihnen und allen anderen, die sich freiwillig am Bau beteiligten, sind an und in der Kirche Reliefs und Tafeln gewidmet. Sie dokumentieren den Bauverlauf in unvergleichlicher Weise.

Der Bau von Santa Maria del Mar bildet übrigens den Hintergrund des Romans *Die Kathedrale des Meeres* von Ildefons Falcones. Er ist 2006 unter dem Originaltitel *La Catedral del Mar* erschienen und entwickelte sich in Spanien zum Bestseller. Seit Dezember 2007 ist er auch in deutscher Sprache auf dem Markt.

Die Fertigstellung des Bauwerks

Obwohl im Jahr 1379 viele Teile des Bauwerks durch Feuer zerstört wurden, konnte die Basilika Santa Maria del Mar 1383 geweiht werden. Zwei der drei Architekten, die die Kirche geplant hatten, durften diesen Tag noch erleben. Lediglich die beiden Türme waren zu diesem Zeitpunkt noch nicht errichtet. Sie wurden 1496 und 1902 vollendet.

Die riesige Fensterrose an der Hauptfassade, die für Tageslicht von mittags bis Sonnenuntergang sorgt, wurde 1428 durch ein Erdbeben zerstört. 22 Menschen kamen dabei ums Leben. In der zweiten Hälfte des 15. Jahrhunderts wurde sie durch Glasfenster im damals beliebten Flamboyantstil ersetzt. Der Flamboyantstil kommt aus Frankreich und bedeutet »flammend«. Damit wird die Verlängerung des Maßwerks beschrieben, das an züngelnde Flammen erinnert. 1936, während des Bürgerkriegs, wurde die Kirche in Brand gesetzt und verlor dadurch einen Großteil ihrer Inneneinrichtung. Der gotische Chor, der barocke

Grundriss zur Kirche Santa Maria del Mar

A Hauptportal und Fensterrose - Am 2. Februar 1428 verursachte ein Erdbeben schwere Schäden und zerstörte die Fensterrose in der West-Fassade. Das neue Fenster im Flamboyant-Stil wurde 1459 eingebaut, ein Jahr später konnte dann das Glas eingefügt werden.

B Hauptschiff - Es gibt keine architektonische Begrenzung zwischen Hauptschiff und Presbyterium.

C Seitenschiffe

D Zugänge zu den Türmen

E Seitenkapellen

F Portal des Sombres

G Chor

H Apsis mit den Apsidenkapellen

I Portal del Born

J Chorumgang

K Hauptaltar

L Zugang zur Krypta

M Portal Fossar de les Moreres

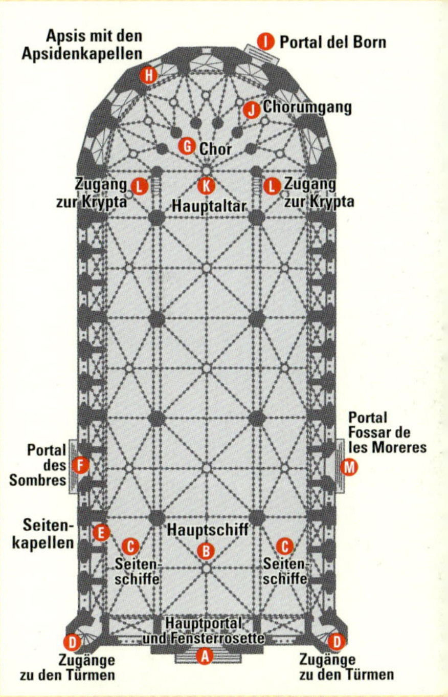

Perfekte Gotik – Himmelstrebende Pfeiler tragen das Gewölbe scheinbar federleicht.

Oben: Die Fensterrose taucht an Sonnentagen das Innere der Kirche in ein nahezu magisches Licht. **Unten:** Der offene Chorumgang erhöht das weite Raumgefühl dieser Kirche.

Altar, die Orgel und viele Bilder waren für immer verloren. Inzwischen wurde die Kirche restauriert.

Ein schlichtes Äußeres

Wie bei den Kathedralen und fast allen Kirchen der katalanischen Gotik ist auch das Äußere der Basilika María del Mar absolut schlicht und schmucklos. Die nackten Mauern werden lediglich durch zwei Gesimse gegliedert. Strebepfeiler treten erst im Obergeschoss aus dem wuchtigen Baukörper hervor. Auch sie sind eher kompakt denn filigran. Dadurch entsteht fast der Eindruck, man stehe vor einer Festung und nicht vor einer gotischen Kirche. Auch die Hauptfassade bleibt diesem Konzept treu. Die einzigen Schmuckelemente sind die große Fensterrose im Obergeschoss und der Tympanon über dem Portal. Zwei Strebepfeiler unterteilen die Fassade horizontal. Sie markieren Haupt- und Seitenschiffe im Inneren.

Beeindruckende Harmonie im Inneren

Betritt man das Innere der Kirche, kann man eigentlich nur überwältigt sein. Das Spiel des Lichts, die Weite des Raums und die Erhabenheit des Eindrucks sind unbeschreiblich. Die lichte Weite von 13 Metern zwischen den Säulen ist einzigartig für eine gotische Kirche und trägt zum Gesamteindruck maßgeblich bei.

Dabei ist auch der Innenraum sehr schlicht gestaltet. Die 18 Meter hohen Säulen haben keinerlei Verzierungen. Bauplastik ist kaum vorhanden. Der einfache Grundriss folgt der katalanischen Tradition eines dreischiffigen Hallenbaus, wobei die Breite der Seitenschiffe genau die Hälfte des Hauptschiffes beträgt. Das trägt zur Harmonie und Ausgeglichenheit der gesamten Anlage bei.

Infos und Adressen

KIRCHE

Santa Maria del Mar. Tägl. 9–13.30 Uhr und 16.30–20 Uhr geöffnet. Eintritt frei.

ESSEN UND TRINKEN

Peps Buffet. Peps ist ein außergewöhnliches Self-Service-Buffet. Es wird in der Menüfolge aufgetragen und abgeräumt: klassische katalanische Gerichte, mit Liebe gekocht. Betriebsferien in der Karwoche und im August. Carrer de Grunyí, 5, 08003 Barcelona, Tel. 933 100 709, geöffnet: Dia 20.30–1.00 Uhr

La Vinya del Senyor. Es ist »DIE Weinbar« im Born, gegenüber von Santa Maria del Mar. Neben einer großen Auswahl an Weinen gibt es tolle Tapas wie geräucherte Kartoffeln mit Flockensalz, edelsüßem Paprika und Olivenöl. Plaça de Santa María, 5, 08003 Barcelona, Tel. 933 103 379, geöffnet: Di–Do sowie So 12–1 Uhr, Fr und Sa 12–2 Uhr

Sagardí. Das Sagardi besticht durch seine offene Architektur und das unkomplizierte Selbstbedienungssystem. Auf einer langen Theke sind unzählige Platten voll köstlicher Tapas angerichtet. Abgerechnet wird am Ende anhand der Spießchen,

Überall im Born/La Ribera wird gehandelt.

die auf dem Teller liegen. Empfehlenswert sind der Wein »Txacloí« und die »Sidra«. Argenteria, 62, 08003 Barcelona, Tel. 933 199 993, Geöffnet: So–Do 10–0.30 Uhr sowie Fr und Sa von 10–1 Uhr, info@gruposagardi.com, www.sagardi.com

EINKAUFEN

Miriam Ponsa. Miriam Ponsa stellt angenehme junge und bezahlbare Mode her – endlich auch mal für ihn. C. Princesa, 14, 08003 Barcelona, Tel. 932 955 562, geöffnet: Mo–Sa 11–20.30 Uhr, princesa14@miriamponsa.com, www.miriamponsa.com

Mode von jungen Designern

Mitte: Der Passeig del Born war einmal eine der besten Prachtstraßen.
Unten: Auch hier erweist sich der Ort für junge Designer als ihr Bereich, wo sie ihre Ideen verwirklichen und an die Frau bringen können.

12 Passeig del Born

Das In-Viertel Barcelonas

Barcelona gehört zu den Top-Einkaufsadressen in Europa. Der Passeig del Born ist hierbei das avantgardistische Highlight darin, das Herz des In-Viertels, das man auch als »Soho von Barcelona« oder als »den Stadtteil der jungen Designer« kennt. Seit Jahren läuft seine Restaurierung und was bis jetzt geschehen ist, fühlt sich bereits sehr gut an. Die Straße ist trendig, aber nicht touristisch.

Zwischen der ehemaligen Markthalle Born und der Kirche Santa Maria del Mar gelegen, haben sich an dem verkehrsberuhigten Boulevard viele interessante Boutiquen angesiedelt. Von hier aus ist man in zehn Minuten zum Strand gelaufen oder zum Parc de la Ciutadella. Die nächste U-Bahnstation ist Jaume I, und per Bahn kommt man an der Estació de França an.

Im Mittelalter lag die heutige Straße außerhalb. Hier war der Mittelpunkt aller öffentlichen Feste und Veranstaltungen in Barcelona. Es fanden sowohl die Feierlichkeiten für Festtage statt als auch Hinrichtungen während der Zeiten der Inquisition. Außerdem lag hier der Turnierplatz des Königs. Der Name Born erinnert daran, denn er stammt von »borneo«, dem katalanischen Wort für »duellieren«. Heute ist der Passeig del Born das Zentrum des beliebtesten Stadtteils, sodass die Mieten praktisch unbezahlbar geworden sind.

Ein wahres Einkaufsparadies

Ein wenig von seinem mittelalterlichen Flair hat der Passeig del Born sich erhalten. Auch hier gibt es noch den einen oder anderen gotischen Palast. Doch sie sind in Privatbesitz und für Besucher nicht geöffnet. Der Boulevard ist besonders für den kritischen Kunden interessant. Natürlich findet man hier die gewöhnlichen Urlaubsandenken, doch die vielen interessanten Szenegeschäfte setzen eher auf Klasse statt Masse. Für die exklusiven Stücke, sei es Mode, Möbel oder Accessoires, gibt man gerne ein paar Euro mehr aus. Das angesagte Geschäft oder die -In-Boutique gibt es aber nicht. Vielmehr gibt es derart viele coole Ecken, dass man hier gerne ein paar Stunden verbringt. Ob es um Lebensmitteleinkauf, Shoppen oder Kultur geht, der Passeig del Born mit seinen Schatten spendenden Bäumen und steinernen Bänken gehört hier zu den beliebtesten Orten. Wer sich einen Überblick über die angesagte Mode machen möchte, kommt hier voll auf seine Kosten, die Sitzgelegenheiten am Passeig del Born bieten dafür beste Voraussetzungen.

Auch Kultur ist angesagt

Auf dem Boulevard ist immer was los. Straßenkünstler wie Musiker und Tänzer trifft man täglich und wer ein Museum sucht, wird in den angrenzenden Straßen fündig. Gleich um die Ecke, im Carrer Montcada, kann man die Fundació Cuixart besuchen. Eine kleine Galerie, die dem berühmten katalanischen Maler Modest Cuixart (1925–2007) gewidmet ist. Er gilt als wichtiger Vertreter der spanischen Nachkriegskunst, arbeitete zunächst in Anlehnung an den Expressionismus und experimentierte später mit unterschiedlichen Materialien. An der Documenta in Kassel nahm er zwei Mal teil. Ende 2012 soll das Kulturzentrum des Born – der Antic Mercat del Born – seine Pforten öffnen, in dem die Geschichte des Born, seine Bedeutung für die Stadt und die weitere Entwicklung thematisiert werden.

Infos und Adressen

EINKAUFEN

Olive Barcelona. Ein entzückendes Geschäft, in dem es ausschließlich Produkte gibt, die aus Oliven oder Olivenöl hergestellt werden. Plaça de les Olles, 2, 08003 Barcelona, Tel. 933 105 883, olivevarcelona.gmail.com

Lurdes Bergada und Syncman. Wieder mal eine Boutique einer katalanischen Designerin, die nicht nur an das schöne Geschlecht denkt – und das zu angenehmen Preisen. Plaça de les Olles, 2, 08003 Barcelona, geöffnet: Mo–Sa 10.30–21 Uhr, Tel. 933 105 883, www.lurdesbergada.es, www.syngmancucala.com

Etxart & Panno. Etxart & Panno widmen sich seit 1988 ausschließlich der modernen und dynamischen Frau, die gewagte Eleganz und Weiblichkeit sucht. Passeig del Born, 14, 08003 Barcelona, geöffnet: Mo–Sa 11–21 Uhr, Tel. 933 103 724, info@etxartpanno.com, www.etxartpanno.com

Oscar H. Grand. Ein Herrenschneider, der auch fertige Kleidung in seinem Atelier anbietet. Ein Besuch lohnt sich. Calle Barra de Ferro, 7, 08003 Barcelona, geöffnet: Mo–Sa 11.30–14.30 und 16.30–20.30 Uhr, Tel. 933 197 662, www.oscarhgrand.es

La Galeria de Sta Maria Novella Eine ehemalige Apotheke aus dem Florenz der späten Renaissance, die sich im Laufe der Zeit in Teilen zu einer authentischen Parfümerie gewandelt hat. Es werden auch Aufträge angenommen. Calle Espaseria, 4–8, Tel. 932 680 237, www.lagaleriasmn.blogspot.com

Mitte: Großzügige Alleen laden zum Flanieren ein.
Unten: Der Antic Mercat del Born war einmal der größte Frucht- und Gemüsemarkt von Barcelona.

13 Antic Mercat del Born

Das größte Museum der Stadt

Die ehemalige Großmarkthalle war 100 Jahre lang wie eine geschäftige, wimmelnde Kleinstadt im Herzen von Barcelona. Darum entschied man nach ihrer Schließung 1976, dass diese historische Stätte unbedingt erhalten werden sollte. Hier sollte eine Bücherei entstehen, bei deren Bau man auf jede Menge Geschichte stieß. Nun ist es ein Kulturzentrum geworden, das das im September 2013 eröffnet werden soll.

Der alte Markt liegt am Rande des Viertels La Ribera und bildet die Stirnseite des bekannten Passeig del Born. Die offene Gusseisenkonstruktion ist eine Arbeit des Baumeisters Josep Fontseré, der als wichtiger Wegbereiter des Modernisme gilt. Von ihm stammt auch die Bebauung des Parc de la Ciutadella. Er wurde unterstützt von dem Ingenieur Josep M. Cornet. Zusammen entwarfen sie das riesige Gebäude nach dem Vorbild von »Les Halles« in Paris.

Die Markthalle besticht durch eine einzigartige Leichtigkeit und Transparenz, was ihrer grazilen Metallstruktur mit den riesigen Glasflächen und dem daraus resultierenden Lichteinfall zu verdanken ist. Sie wurde 1876 eröffnet. Wegen seiner Konstruktion nannte man den Markt bald schon »die Kathedrale aus Glas und Stein«, denn seine Ausmaße und seine Architektur erinnern tatsächlich an einen Kirchenbau. Von hier aus wurde die gesamte Stadt mit Obst und Gemüse versorgt. Als er nach genau einem Jahrhundert geschlossen wurde, erlitt das Gefüge des Viertels einen tiefen Einschnitt.

Neues Konzept

Die Stadt Barcelona schrieb einen Wettbewerb aus, um den alten Markt zur neuen Landesbibliothek von Katalonien umzugestalten. Ein Sieger wurde gefunden und der Baubeginn war 2001. Zunächst wurde das Untergeschoss ausgehoben. Dabei entdeckte man zahlreiche Teile der gotischen Altstadt, die 1714 durch den Bourbonenkönig Felipe V. zerstört worden war. Anstelle des Wohngebiets hatte er dort seine Zitadelle errichten lassen und viele Familien obdachlos gemacht. Ausgehoben wurde eine Fläche von 8000 Quadratmetern, die die Reste von 62 Häusern, 23 Brunnen, 11 Werkstätten mit Öfen, 20 Geschäften und 360 Metern Straße enhalten hatte.

Nachdem die Ruinen der Öffentlichkeit zugänglich gemacht worden waren, war sehr bald klar, dass die Funde in die Pläne mit einbezogen werden mussten. Doch die Nutzung als Bibliothek und Mediathek war nun nicht mehr möglich. Es musste ein neues Konzept her.

Ein neues Wahrzeichen

Nach dreijähriger Baupause wurde damit begonnen, der eigentlich offenen Markthalle eine Gebäudehülle zu geben, die die notwendigen klimatechnischen Aufgaben erfüllt, um die Ruinen der alten Stadt zu konservieren. Das geänderte Konzept arbeitet mit Stegen, geschlossenen Räumen und Galerien, die zum einen die Ausgrabungen gliedert und sie zugänglich macht und zum anderen Plätze, Ausstellungsflächen und Veranstaltungsräume bietet, die unterschiedlich genutzt werden können. Die Markthalle wurde dabei aber niemals aus den Augen verloren und bleibt wichtigstes Element des neu entstandenen Kulturraums. Der Antic Mercat del Born wird in kürzester Zeit zu einem weiteren Wahrzeichen Barcelonas werden.

Infos und Adressen

FREIZEIT

Antic Mercat del Born. Passeig del Born s/n, Tel. 933 151 11

ESSEN UND TRINKEN

Petra. Beliebtes Restaurant mit einer modernen und variationsreichen Küche gegenüber der Santa María del Mar. Carrer dels Sombrerers, 13, 08003 Barcelona, geöffnet: Di–Sa 13–16 Uhr und 21– 23.30 Uhr, So 13–16 Uhr. Mo geschl., Tel. 933 199 999

EINKAUFEN

Jabberwocky Atelier. Hier gibt es leichte, mediterrane Strickwaren aus eigener Herrstellung. Calle Brosoli, 7, 08003 Barcelona, Tel. 931 255 442, jabberwokyatelier@hotmail.com

Impossible Project Barcelona. Geschäft und Galerie, das sich der Polaroid-Fotografie widmet. Hier bekommt man Kameras, Polaroidfilme, die Impossible und alle Infos, die man benötigt, um damit zu arbeiten. Tantarantana,16, 08003 Barcelona, Tel. 933 183 819, hola@impossible-barcelona.com, www.the-impossible-project.com

Como Agua de Mayo. Damenbekleidung, Schuhe und Assesoires bekannter spanischer Designer. Argentería, 43, 08003 Barcelona, Tel. 933 106 441

Nu Sabates. Herren- und Damenschuhe aus natürlich gefärbtem und gegerbtem italienischem Leder, handgefertigt in Kalifornien. Calle dels Cotoners, 14, Tel. 932 680 383, info@nusabates.com, www.nusabates.com

Mitte: Lichtdurchflutete Gewölbe bieten den perfekten Rahmen für Ausstellungen.
Unten: Allein die Innenhöhe der Paläste lassen den damaligen Reichtum erahnen.

14 Carrer Montcada

Die Pracht gotischer Paläste

Die allererste Adresse des mittelalterlichen Barcelonas ist eine Straße, die noch heute die Pracht und den Reichtum des Bürgertums und des Adels widerspiegelt. Sie gehört zu den hübschesten und interessantesten der Stadt, denn in ihr vereinen sich auf wenigen Metern Paläste der Gotik, der Renaissance und des Barock. Sie sind in hervorragendem Zustand und die meisten beherbergen Museen oder Galerien.

Die Prachtstraße liegt inmitten des Stadtteils La Ribera. Ab Mitte des 12. Jahrhunderts wurden die ersten Gebäude außerhalb der alten Stadtmauer errichtet und die Carrer Montcada entstand als eine der ersten Straßen. Ihren Namen verdankt sie der Familie Montcada. Den Boden hatte die Familie wahrscheinlich als Dank für die Unterstützung von König Ramón Berenguer bei der Eroberung von Mallorca erhalten. Die neue Straße verband das alte Stadtzentrum innerhalb der Mauer mit den neu entstandenen Vierteln am Meer.

Mittelalterliche Architektur

Die wohlhabenden Bürger verfügten außerhalb der alten Stadtgrenzen über viel Platz. Es wurde groß gebaut, man legte Gärten an – und die gesamte Struktur der Häuser wurde offener. Bald schon galt die Straße als erste Adresse. Weitere Paläste kamen hinzu und man baute eine neue Mauer um diesen Stadtteil. Im Jahr 1428 gab es ein Erdbeben, durch das viele Bauten ganz oder teilweise zerstört wurden. Im 15. Jahrhundert wurde die Carrer Montcada zum neuen Stadtzentrum Barcelonas und im 16. Jahrhundert lebten hier die Adeligen, Kaufleute und reichen Seefahrer. Erst Ende des 19. Jahrhunderts verlor die Straße ihren Status als begehrte Wohnstraße. 1947 wurde sie zum »Monumento Nacional« erklärt. Seitdem werden die Paläste renoviert und erhalten. Sie ist heute ein Kleinod der mittelalterlichen Profanarchitektur.

Palau dels Cervelló, Carrer Montcada, 25

Der Palast wurde im 16. Jahrhundert auf den Resten eines Gebäudes aus dem 15. Jahrhundert erbaut und war bis zum 18. Jahrhundert im Besitz der Adelsfamilie Cervelló. Er wurde an die Giudice, eine wichtige Händlerfamilie aus Genua, verkauft. Seit 1974 beherbergt er die Galería Maeght. Der Palast hat einen zentralen Patio mit Freitreppe und Bögen, die in die Wohnräume führt. Hier sind verschiedene architektonische Elemente aus früheren Jahrhunderten erhalten. Darunter Säulen, Kapitelle und Friese aus der Renaissance. Die gotische Fassade ist eine der am besten erhaltenen der Straße und sie besticht durch ihre schöne, perfekt behauene Steinfront.

Palau Dalmases, Carrer Montcada, 20

Ein ehemaliges Herrschaftshaus, das im 17. Jahrhundert restauriert wurde. Das interessanteste Detail aus dieser Epoche ist ein Fries im Patio, der den Raub der Europa darstellt. Es gilt als eines der bekanntesten Werke des katalanischen Barock. Einige Elemente des ursprünglichen Gebäudes blieben erhalten, darunter die Kapelle aus dem 15. Jahrhundert mit einem sternförmigen Gewölbe und Reliefs, die musizierende Putten zeigen. Auch dieser Palast hat einen Patio mit Freitreppe, deren gedrehte Säulen Korbbögen tragen. Unter

AUTORENTIPP!

EL MUSEU EUROPEU D'ART MODERN, MEAM

Das Museum für moderne europäische Kunst befindet sich im Palau Gomis, mitten im Barrio del Born. Das Gebäude stammt aus dem späten 18. Jahrhundert und liegt direkt neben dem Picasso-Museum. Die Umgebung ist geprägt von Kultur und Kunst, von Tradition und Modernismus. Der ideale Ort für ein Museum, das nicht nur ausstellt, sondern auch zum Mitmachen anregt. Vor allem in den Sommermonaten wartet es mit einem interessanten Musikprogramm auf: Veranstaltungen wie Vermut und Swing gehören genauso hierher wie klassische Musik oder Blues. Der Eintritt beträgt 7 Euro, ermäßigt 5 Euro (nur am Schalter), Kinder bis 12 Jahre frei. Das Museum ist ganzjährig von Di–So von 10–20 Uhr geöffnet. Eintritt für Museum und Konzerte beträgt in der Regel Fr 11 Euro und Sa 16 Euro. Karten können auch über das Internet gebucht werden.

MEAM, Museu Europeu dÁrt Modern, Carrer Barra de Ferro, 5, 08003 Barcelona, Tel. 933 195 693, info@meam.es, www.meam.es

AUTORENTIPP!

MUSEO DEL MAMUT
Eine einzigartige Ausstellung mit originalen Skeletten und Rekonstruktionen von Mammuts und anderen Tieren aus der Eiszeit gibt es hier in Lebensgröße zu bestaunen. Eine große Zahl von echten Skeletten und Überresten aus der Frühgeschichte führen zurück in eine Zeit, als das Leben in Europa noch völlig anders war. Alle ausgestellten Funde stammen aus Spanien, wo zuletzt im Jahr 2008 noch Überreste von Mammuts gefunden wurden. Weiterhin gibt es Kopien von Steinzeitmalereien aus verschiedenen Höhlen zu sehen. Ideal ist das Museum auch für Kinder, die hier spielerisch an das Thema Steinzeit herangeführt werden. Das Museum wurde 2010 eröffnet und ist darum fast noch ein Geheimtipp. Es werden auch Führungen angeboten.

Museo del Mamut. Carrer Montcada, 1, 08003 Barcelona, Tel. und Fax 932 688 520, geöffnet: täglich 10–21 Uhr. Eintrittspreis für Erwachsene 7,50 €, für Kinder (6 bis 15 Jahre alt) und Senioren über 65 Jahre 3,50 €. Gruppen ab sieben Personen zahlen 5 € pro Person.
reservas@museodelmamut.com
www.museodelmamut.com

einem Korbbogen versteht man einen Rundbogen, der in der Höhe gedrückt ist und darum keinen Halbkreis beschreibt.

Die Fassade ist einfach, es sind Balkone angebracht sowie Friese und einige Wasserspeier unter den Dachkanten.

Palau Nadal, Carrer Montcada, 14

Das Gebäude stammt wahrscheinlich aus dem 15. Jahrhundert, denn es vereint gotische Elemente mit Stilmitteln aus der Renaissance. Gotischen Ursprungs ist seine einfache Struktur mit einem Turm an der Seite und die Galerie im Obergeschoss, die an den Lichtgarden der gotischen Kirche erinnert. Die Freitreppe im Patio ist mit gedrehten Säulen und Korbbögen ausgestattet. Die Kapitelle sind in Form von Frauen- und Männerköpfen gestaltet. Das Portal stammt aus dem 19. Jahrhundert. Im Palast Nadal ist das Museu Barbier-Mueller d'Art Precolombi (Präkolumbianische Kunst) untergebracht (siehe Autorentipp, Seite 38).

Palau del Marquès de Llió, Carrer Montcada, 12

Der Palast wurde bereits Anfang des 13. Jahrhunderts erbaut, obwohl sein heutiger Aufbau aus dem 18. Jahrhundert stammt. Der Patio, in dem sich ein Café befindet, besitzt eine Freitreppe, die einen weiten Bogen überspannt. Auch dieses Gebäude besitzt eine offene Galerie im Obergeschoss, die einst zum Trocknen von Wollstoffen genutzt worden sein soll. Besonders schön sind die dreiteiligen Fenster. Im Palast befinden sich Ausstellungsräume des Textilmuseums (Museu de Textil i d'Indumenària).

Picasso-Museum

Zu der Anlage gehören fünf benachbarte Paläste mit ungeraden Hausnummern. Sie gehen alle auf das 13. und 14. Jahrhundert zurück, wurden aber im Laufe der Zeit mehrfach restauriert. Die massivsten Umbauten fallen ins 18. Jahrhundert. Der erste Palast, der bereits ab 1963 das Picasso-Museum beherbergt, ist der Palau Aguilar in der Carrer Montcada 15. Im 15. Jahrhundert wurde er mehrfach umgebaut, sodass noch heute ein Mix der verschiedenen Stile zu sehen ist.

1837 kaufte die Familie Clerch i Pons den Palast und verkaufte ihn Ende 1953 an die Stadt Barcelona. Der damalige Zustand war sehr schlecht und so nahm die Restaurierung einige Jahre in Anspruch. Bei einer späteren Instandsetzung wurden Reste eines großen Freskos aus dem ausgehenden 13. Jahrhundert entdeckt. Die ältesten am Gebäude verbliebenen Teile sind der Patio mit Freitreppe und die Spitzbogen-Galerie im Flamboyant-Stil aus dem 15. Jahrhundert. Außerdem gibt es noch einige reich gearbeitete Fenster aus der Renaissance, die aus dem 16. Jahrhundert stammen.

Palau del Baró de Castellet, Carrer Montcada, 17

Das mittelalterliche Gebäude aus dem 13. Jahrhundert gehörte im 15. Jahrhundert der Familie Gerona und wurde in den folgenden Jahrhunderten mehrmals an bürgerliche und adelige Familien verkauft und vererbt. Seinen heutigen Namen bekam es, nachdem Carlos IV. der Familie Alegre d'Aparici y d'Amat 1797 den Titel »Baron de Castellet« verliehen hatte. Einige Teile des originalen Bauwerkes sind noch verblieben. Dazu gehört der zentrale Patio mit Freitreppe und aus dem 16. Jahrhundert ein Relief an der Fassade, das Gott, umgeben von Cherubim, darstellt. Im ersten

AUTORENTIPP!

GALERÍA MAEGHT IN DER CARRER MONTCADA 25

Die Niederlassung der berühmten Pariser Galerie Maeght gibt es bereits seit 1974. Ihr Gründer, Aimé Maeght (1906–1981) war Lithograf, Kunsthändler und Galerist und brachte verschiedene Bücher und Kunstmagazine heraus. 1964 gründete er zudem das private Museum für moderne Kunst, Fondation Maeght in Frankreich. Er vertrat Maler wie Joan Miró, Henri Matisse, Mark Chagall oder Wassily Kandinsky. Sie schufen damit Räume, in denen Künstler fernab des Mainstreams einen Ausstellungsort fanden. Auch die Galerie Maeght in Barcelona greift dieses Konzept auf und bietet Werke namhafter und unbekannter Künstler an. Sie wird von Nachfahren des Gründers geleitet.

Galerie Maeght. Carrer Montcada, 25, 08003 Barcelona,
Tel. 933 104 245, geöffnet: Di–Sa 9–19 Uhr, Mo 9–18 Uhr,
www.maeght.com (auf Französisch und Englisch)

Barcelona bietet eine charmante Hinterhofkultur.

Oben: Klassische Snacks zum Wein in einer Tapasbar
Unten: Auf den Spuren der Reichen in der Carrer Montcada

Stock wurde Mitte des 18. Jahrhunderts ein sehr schöner neoklassizistischer Salon eingebaut.

Palau Meca, Carrer Montcada, 19

Aus alten Dokumenten geht hervor, dass der Palast 1349 einem Herrn Jaume Cavaller gehörte, der Ratsmitglied der Stadt war. Sein Enkel, Ramón Desplà i Cavaller, machte den Palast zum wichtigsten Gebäude des Ensembles. Im 16. Jahrhundert ging der Palast an die Familie Cassador, Marquis de Ciutadilla. Der erste Eigentümer aus dieser Familie war Josep Meca i Cassador, der dem Palast seinen heutigen Namen gab. Seit 1982 ist der Palau Meca in das Museum integriert. Aus gotischer Zeit sind der Patio und die Freitreppe erhalten. In den Räumen des ersten Stockwerks sind noch mittelalterliche Deckentäfelungen und Verzierungen aus dem 19. Jahrhundert zu sehen.

Casa Mauri, Carrer Montcada, 21

Das Gebäude wurde im 18. Jahrhundert auf alten römischen Mauern erbaut. 1999 ging es in das Museum ein. Besonders sehenswert sind die für das 18. Jahrhundert typischen Holzgitterfenster an der Fassade. Es handelt sich um die einzigen ihrer Art in ganz Barcelona.

Palau Finestres, Carrer Montcada, 23

Der Palast kam 1970 wurde in das Picasso-Museum integriert. Aktuell beherbergt er die temporären Ausstellungen des Museums. Es folgt dem gotischen Stil mit zentralem Patio und Freitreppe. Im ersten Stockwerk gibt es dreiteilige Fenster sowie eine sehr schöne mittelalterliche Deckentäfelung. Den obersten Stock umläuft eine offene Galerie.

Infos und Adressen

ESSEN UND TRINKEN

Xampanyet. Seit 1930 eine Institution auf der Carrer Montcada. Tapas, Aperitifs und alles, was man möchte, an einem idealen Ort, um nach den Besichtigungen auszuspannen. Carrer de Montcada, 22, 08003 Barcelona, Tel. 933 197 003

La Candela. Alles frisch vom Markt bei einem guten Preis-Leistungs-Verhältnis. Sehr zu empfehlen ist die kreative mediterrane Küche. Plaça de Sant Pere, 12, Tel. 931 768 954, geöffnet: Mo–Sa 13–16 Uhr und 21– 24 Uhr, So 13–16 Uhr und die Bar 10–1.00 Uhr

Le Cucine Mandarosso. Ein sehr stilsicher dekoriertes kleines Restaurant. Preisgünstig bei guter italienischer Küche. Am Abend gibt es Livemusik. Pasta immer al dente verlangen, sonst kommt sie durchgekocht, so wie es die Spanier lieben.

Carrer de Verdaguer i Callís, 4, 08003 Barcelona, Tel. 932 690 780, geöffnet: Di–Sa 11–1 Uhr und 21– 24 Uhr. Küche ab 13.30–16 Uhr und 21–24 Uhr, So ab 20.30 Uhr, Mo Ruhetag, cucina@lecucinemandarosso.com, www.lecucinemandarosso.com

Bar Celta Pulpería. Ein klassisches galizisches Tapas-Restaurant. Die Spezialität ist der »Pulpo a la gallega«, Tintenfisch auf galizische Art. Unbedingt probieren! Der galizische Wein wird traditionell aus Porzellanschalen getrunken. Am frühen Abend wird es hier richtig voll. Carrer Princesa, 50, 08003 Barcelona, Tel. 933 150 006, Öffnungszeiten: Di–So 12–1 Uhr. Carrer Princesa 50, esquina con Carrer Comerç, 08003 Barcelona, info@barcelta.com, www.barcelta.com

Tapeo. Wie der Name schon sagt: Tapas. Carrer de Montcada, 29, 08003 Barcelona, Tel. 933 101 607, geöffnet: Di–Sa 12–24 Uhr und So 12–16 Uhr. Es werden keine Reservierungen angenommen, anemdetapes@tapeoborn.com, www.tapeoborn.com

ÜBERNACHTEN

Catalonia Born. Mitten in Born-La Ribera in einem Gebäude des 19. Jahrhunderts, mit erleichtertem Zugang für Gehbehinderte. Einzelzimmer kosten ab 84 Euro, Doppelzimmer ab 130 Euro. Carrer del Rec Comtal, 16–18, 08003 Barcelona, Tel. 932 688 600, Fax 932 688 491, comercial@hoteles-catalonia.es, www.hoteles-catalonia.com

Hotel Lyon. Gut gelegen am Rande des Born und in der Nähe der Barceloneta, ist dieses günstige Hotel der ideale Startpunkt für verschiedene Touren. Es hat 20 Zimmer, alle mit TV, Heizung und Klimaanlage ausgerüstet. Die Übernachtung kostet ab 40 Euro. General Castaños, 6, 08003 Barcelona Tel. 933 194 360, reserve@gargallo-hotels.com, hotellyonbarcelona.com

EINKAUFEN

Tween. Tween ist das einzige Geschäft dieses türkischen Labels in Spanien. Seit 20 Jahren kleidet MANN sich hier trendy ein. Carrer del Bonaire, 2, 08003 Barcelona, Tel. 933 561 193, geöffnet: Mo–Sa 11–14 Uhr und 16–21 Uhr, www.specialeventsstores.com

Mô Art. Untergebracht in einem gotischen Palast, ist hier der ideale Ort, um Schmuck, textile Kunst, Skulpturen und Malerei zu verkaufen. Carrer de Montcada, 25, 08003 Barcelona, Tel. 933 103 116, geöffnet: Di–So 11–21 Uhr, moartespai@gmail.com www.moartespai.blogspot.com.es

Pinzat Workshop Barcelona. Hier gibt es Umhängetaschen, Fahrradtaschen, Taschen für den Laptop, alles aus recycelten Lastwagenplanen, von verschiedenen Künstlern mit Spezialfarben bemalt. Jede Tasche ist ein Unikat. Calle Grunyi, 7, 08003 Barcelona, Tel. 620 682 751, geöffnet: Mo–Fr 11–19 Uhr, Sa 10.30–19.30 Uhr, info@pinzat.com, www.Pinzat.org

Das Picasso-Museum ist in beneidenswerter Umgebung untergebracht und wurde im Laufe der Jahre auf fünf Gebäude erweitert.

15 Picasso-Museum

Einzigartiges Zuhause großer Malkunst

In einer der wichtigsten Straßen der alten Stadt, der Carrer Montcada, wurden fünf hochherrschaftliche Paläste zusammengefasst und liebevoll restauriert. Sie bilden nun ein einzigartiges Ensemble, in dem über 3800 Werke eines der bekanntesten Künstler der Welt ausgestellt werden, von Pablo Ruiz Picasso (1881–1973). Der Meister selbst hat sich für dieses Museum in Barcelona eingesetzt und es großzügig unterstützt.

Picasso wurde am 25. Oktober 1881 in Málaga geboren. Der Vater war freischaffender Maler und Lehrer an einer Kunstgewerbeschule. 1891 trat er eine Stelle als Kunstlehrer am Instituto da Guarda in A Coruña in Galizien an. 1895 zog die Familie nach Barcelona, wo der Vater an der Kunstakademie »La Llotja« lehren sollte. An dieser Schule machte Picasso mit 14 Jahren die Aufnahmeprüfung und begann mit dem Studium. Weil das Niveau bald zu niedrig für ihn war, ging er 1897 an die Königliche Akademie von San Fernando in Madrid. Doch dort hielt er es nicht lange aus und brach nach wenigen Monaten die Ausbildung ab. In dieser Zeit besuchte er die Museen und Künstlerlokale der Hauptstadt. 1898 kehrte er nach Barcelona zurück, wo er sich von Malern des Modernisme inspirieren ließ. Im Februar 1900 hatte er im Künstlertreffpunkt »Els Quatre Gats« seine erste Einzelausstellung, allerdings mit mäßigem Erfolg. Danach ging er nach Paris, wo er immer mehr Zeit verbrachte und sich schließlich niederließ. In Paris verbrachte er den größten Teil seines Lebens: Zunächst als armer Künstler, der seine Ab-

Blick in einen der Innenhöfe des Picasso-Museums

steige mit den eigenen Skizzen heizte und später als Künstlerfürst, mit eigenen Villen und Bediensteten. Er starb am 8. April 1973 an den Folgen eines Herzinfarkts in seinem Haus in Mougins in Südfrankreich.

Picassos Werke und sein Künstlererbe

Um 1889 entstand Picassos erstes Ölgemälde »Der Picador«. Es stellt eine Stierkampfszene dar. In seinen Kinderjahren wurde er vom Vater unterrichtet, der das Talent seines Sohnes früh erkannt hatte. Es entstanden Bilder in Anlehnung an die altmeisterliche Genremalerei. Bis zu seinem 14. Lebensjahr hatte er sich die spanischen Maler des 17. Jahrhunderts zum Vorbild genommen, darunter Velázquez und Zurbarán. 1896 war sein Bild »Die Erstkommunion« in Barcelona ausgestellt und fand viel Zustimmung. Während seiner Zeit in Madrid, er war damals 16 Jahre alt, orientierte er sich neu, nabelte sich ab und begann seinen eigenen Weg als Künstler zu beschreiten. Von 1901 bis 1906 herrschte die blaue Farbe in seinen Arbeiten vor, danach kam Rosa und später Orange. Picasso setzte sich in dieser Zeit mit dem Künstlersein auseinander, hob sich aber gleichzeitig von der gängigen Malerei ab. Seine blauen Bilder waren schwer und melancholisch, in den rosafarbenen

AUTORENTIPP!

PICASSO-TOUR

Das Touristenbüro der Stadt Barcelona bietet eine zweistündige Führung zum Thema Picasso an. Der Rundgang führt zur Bar »Els Quatre Gats«, zur Architektenkammer, durch die Straßen Escudellers Blancs, Avinyó, de la Plata, zum Palast Llotja de Mar und ins Viertel La Ribera. Er endet am Picasso-Museum und beinhaltet auch den Eintritt ins Museum. Die Tour findet dienstags, donnerstags und sonntags um 10 Uhr in englischer Sprache statt, sonntags um 12 Uhr in Katalanisch und Spanisch. Der Preis beträgt 11 Euro für Erwachsene und 6 Euro für Kinder. Treffpunkt ist das Touristenbüro an der Plaça de Catalunya.

Picasso-Museum. Carrer Montcada, 15–23, 08003 Barcelona,
Tel. 932 563 000, geöffnet: Di–So, auch an Feiertagen, 10–20 Uhr. Führungen auf Englisch Di 16.30 Uhr und Do 17.30 Uhr, Anmeldung ist erforderlich. museupicasso@bcn.cat
www.museupicasso.bcn.es

Vor allem Picassos Frühwerk ist hier so komplett versammelt wie nirgends auf der Welt.

Oben: Die Innenräume sind einfach spektakulär …
Mitte und unten: … und die Stadt hat viel für die Präsentation der Werke getan.

Arbeiten kommen häufig Gaukler und Harlekine vor. Zwischen 1908 und 1916 widmete er sich dem Kubismus, danach arbeitete er in unterschiedlichen Stilen und setzte sich ab 1925 mit dem Surrealismus auseinander. 1937 schuf er »Guernica«, zutiefst erschüttert vom Spanischen Bürgerkrieg und der Bombardierung der Stadt Guernica. Es wurde zum berühmtesten Antikriegsbild des 20. Jahrhunderts. Nach dem Zweiten Weltkrieg beschäftigte sich Picasso mit den alten Meistern und begann sie neu zu interpretieren. Während seines Lebens schuf Picasso etwa 50 000 Werke, darunter 1885 Gemälde, 7089 Zeichnungen, 30 000 Drucke, 1228 Skulpturen, 3222 Keramiken und 150 Skizzenbücher. Im Jahr 1963 schenkte Jaime Sabartés, ein guter Freund und der Sekretär Picassos, 574 Werke an die Stadt Barcelona. Sie bildeten den Grundstock für das Picasso-Museum, das im selben Jahr eröffnet wurde. Zu diesen Objekten kamen Werke aus Málaga, die bis dahin in verschiedenen Pinakotheken in Barcelona ausgestellt waren.

Picassos Museum

Picasso selbst erlebte die Eröffnung von zwei Museen, die ihm gewidmet sind – das Musée Picasso im französischen Antibes und das Museu Picasso in Barcelona. Neben den Schenkungen vermachte der Künstler diesem Museum zahlreiche Werke. Hier werden hauptsächlich seine frühen Werke ausgestellt, darunter »Obdachlose« von 1903, das »Porträt der Señora Canals« aus dem Jahr 1905 und »Harlequín« von 1917. Außerdem ist die Serie »Las Meninas« zu sehen, in der Picasso das berühmte Bild von Diego de Velázquez in 58 Ölbildern variierte – ausgehend von einer allgemeinen Interpretation bis hin zu Detailstudien. Insgesamt werden mehr als 3800 Jugendwerke des Meisters ausgestellt, darunter auch zahlreiche Drucke.

Infos und Adressen

ESSEN UND TRINKEN

La Fianna. 2003 eröffnete Robby Dunne die Bar La Fianna, auf Gaelisch »die Kriegerin«. Hier werden leckere kleine Speisen in verführerischem Umfeld serviert. Außerdem lassen sich bei guter Musik hier gut Cocktails genießen. Banys Vells, 15 08003 Barcelona, Tel. 932 688 618, geöffnet: So–Mi 18–1.30 Uhr, Do–Sa 18–2.30 Uhr, www.lafianna.com

ÜBERNACHTEN

Hotel Oasis. Ein kleines Hotel mit Nichtraucherzimmern, überall WiFi, Safe auf den Zimmern und einer Bar/Cafetería. Einzelzimmer ab 35 Euro, Doppelzimmer ab 49 Euro. Plà de Palau 17, Tel. 931 943 96, www.hoteloasisbarcelona.com

EINKAUFEN

Casa Gispert. Vor 150 Jahren eigentlich als Kaffee-Rösterei gegründet, später Kolonialwarenhandel, werden heute Kaffee, Tee, getrocknete Früchte, Nüsse, Honig, Marmeladen und weitere Produkte verkauft. 1999 wurde Gispert von den Les Gourmands Associés mit dem exklusiven und geschütztem »Coq d'Or« ausgezeichnet und ist somit einer der zehn besten Delikatesshersteller und -händler Europas. Carrer Sombrerers, 23, 08003 Barcelona, Tel. 931 975 35, Fax 933 197 171, geöffnet: Jan.–Sept. Di–Fr 9.30–14 Uhr, 16–19.30, Sa 10–14 Uhr und 17–20 Uhr. Mo geschl.; Okt.–Dez. auch Mo geöffnet. info@casagispert.com, www.casagispert.com

Im Picasso-Museum werden auch etliche fotografische Dokumente ausgestellt.

16 Arc de Triomf

Spuren der Weltausstellung von 1888

Der Triumphbogen ist ein wichtiges Symbol von Barcelona. Er ist mehr als nur das Tor zur Weltausstellung, denn zeitlich setzt er den Anfang des Modernisme. Von seinem Standort aus gelangt man über den Passeig de Lluís Companys zum Park de la Ciutadella, dem Gelände, auf dem die Ausstellung stattfand. Am Weg steht die Skulptur »Hommage à Picasso«, an der man nicht vorbeilaufen sollte.

Der Arc de Triomf liegt am Passeig Lluís Companys, oberhalb des Parc de la Cituadella, in der Verlängerung des Passeig de Picasso. Der Bogen war der Eingang und das Symbol der Weltausstellung, die 1888 in Barcelona stattfand. Auch auf dem offiziellen Plakat war er abgebildet. Das fast vier Quadratkilometer große Ausstellungsgelände erstreckte sich vom Parc de la Ciutadella über einen Teil des heutigen Bahnhofs Estació de França bis nach La Barceloneta, bis zum heutigen Krankenhaus Hospital del Mar.

Mitte: Der Arc de Triomf hieß die Nationen der Welt als Tor zur Weltausstellung willkommen.
Unten: Der Passeig Lluis Companys, der zum Parc de la Ciutadela führt, wird gerne und vielfältig genutzt.

Wie alles begann ...

Für die Planung und Durchführung der Weltausstellung war das »Komitee der Acht« zuständig, eine Gruppe aus Experten und Unternehmern unter Leitung des damaligen Bürgermeisters. Bauleiter war der Architekt Elies Rogent, der Lehrer von Lluís Domènech i Montaner und Antoni Gaudí.

Der Triumphbogen wurde an Josep Vilaseca i Casanovas gegeben, einen der renommiertesten Architekten der Stadt. Er war Professor an der

Der Fries des Bildhauers Josep Reynés

Schule für Architektur und Präsident der Vereinigung der Architekten Kataloniens. Außerdem gilt er als Wegbereiter und wichtiger Vertreter des frühen Modernisme.

Der Triumphbogen ist mit rotbraunen Ziegeln im sogenannten neumaurischen Stil, einer Variante des Historismus, errichtet worden. Seine Höhe beträgt etwa 30 Meter. Der Fries an der Vorderseite zeigt die Steinskulptur »Barcelona rep les nacions« (Barcelona empfängt die Nationen) des Bildhauers Josep Reynés. Der Fries auf der Rückseite trägt den Namen »Recompense« (sich belohnen). Es ist ein frühes Werk von Josep Llimona, von dem auch acht Reliefs am Kolumbus-Denkmal sowie die Entwürfe für die Reiterskulptur von Ramón Berenguer III. El Gran stammen. Der obere Teil des Bogens ist mit den Wappen von Barcelona sowie aller spanischen Provinzen dekoriert. 1990 wurde der Triumphbogen restauriert.

Auf dem Bauwerk befinden sich einige steinerne Fledermäuse. Die Fledermaus war das Wappentier von König Jaume I., der von 1213–1276 über Barcelona herrschte und Valencia, Menorca und Mallorca von den Mauren befreite. Heute noch trägt das Wappen des Fußballvereins FC Valencia die Fledermaus und auch an den Gebäuden des Modernisme findet man sie immer wieder als Element der Fassadengestaltung. Sie steht für die Unabhängigkeit Kataloniens.

AUTORENTIPP!

JUSTIZPALAST UND ESTACIÓ DE FRANÇA

Der Justizpalast liegt am Passeig de Lluís Companys 14–16, man kommt auf dem Weg zum Parc de la Ciutadella daran vorbei. Das Gebäude aus dem Jahr 1908 stammt von Joseph Domènech und Estapà und Enric Sagnier Villavecchia. Neben der Universität ist der Palast eines der frühesten öffentlichen, freistehenden Gebäude in Barcelona. Es besteht aus zwei quadratischen Körpern mit acht Türmen und Kuppeln sowie einem Mittelteil mit dem Haupteingang. Achten Sie auf den reichen Skulpturenschmuck aus 48 Figuren und 22 Reliefs, in denen die Geschichte der Justiz thematisiert wird. Darunter Moses mit den Gesetzestafeln und eine vier Meter hohe Plastik der Justizia.
Die Estació de França (Französischer Bahnhof) liegt neben dem Park. Er wurde zur zweiten Weltausstellung 1929 errichtet. Die Bahnhofshalle, eine Eisenkonstruktion, ist mit 29 Metern Höhe und 195 Metern Länge sehr imposant. Heute ist dieser Bahnhof nach Barcelona Sants und Barcelona Sagrera der drittwichtigste Fern- und Regionalbahnhof der Stadt.

Oben: Der Passeig und seine Umgebung bietet allen die Möglichkeit zu entspannen:
Mitte: . . . Tierischen Gästen aus Übersee gibt er ein Zuhause . . .
Unten: . . . und vermittelt nicht nur Skateboardfahrern ein Lebensgefühl.

Die Weltausstellung von 1888

1888 war Barcelona wirtschaftlich und industriell die wichtigste Stadt Spaniens. Politisch stand lediglich die Hauptstadt Madrid über ihr. Barcelona hatte 530 000 Einwohner und war nach schweren Zeiten gerade wieder zu Wohlstand gekommen. Die Stadtmauern wurden Mitte der 1850er-Jahre geschleift und der neue Stadtteil »Eixample« (bedeutet »Ausdehnung«) wurde erbaut. In dieser Zeit des Aufbruchs entstanden in Barcelona sehr viele Gebäude, Einrichtungen und Plastiken, die wir als modernistisch kennen. Der Modernismus entwickelte sich in dieser Zeit als rein katalanische Stilrichtung, ein Symbol für das Streben nach Unabhängigkeit. Die Gastgeberstadt versprach sich von der Weltausstellung internationales Ansehen und wirtschaftlichen Aufschwung.

Anlagen und Gebäude der Weltausstellung

Im Parc de la Ciutedalla wurden die meisten Bauten für die Weltausstellung fertiggestellt. Gestaltet wurde die Anlage federführend von Josep Fontsère, der auch den Mercat de Born entworfen hat. Der noch unbekannte Architekt Antoni Gaudí war an der Gestaltung des Wasserfalls »Cascada« beteiligt. Er setzte einen steinernen, geflügelten Drachen, sein Lieblingssymbol, vor das Wasserbecken des Brunnens.

Die »Burg der drei Drachen« von Lluís Domènech i Montane wurde 1887 fertiggestellt. Dort ist seit 1920 das Zoologische Museum untergebracht. Genau daneben das »Hivernacle«, ein Wintergarten von Josep Amargós, das zur Weltausstellung eingeweiht wurde. Von Josep Fontsère ist das »Umbracle«, ein tropisches Gewächshaus für Schatten liebende Pflanzen, ebenfalls von 1988, dessen Zustand inzwischen aber leider sehr schlecht ist.

Infos und Adressen

ESSEN UND TRINKEN

Miramelindo. Café und Cocktailbar, die immer gut besucht ist. Hier soll es die besten »Mojitos« der Stadt geben. Die Bar ist recht groß und in Dunkelrot gehalten. Die Klimaanlage funktioniert hervorragend und schafft vor allem in den heißen Sommermonaten ein angenehmes Raumklima. Passeig del Born, 15, 08003 Barcelona, Tel. 933 103 727, geöffnet: Mo–So 20–2.30 Uhr, Fr und Sa bis 3 Uhr

Dgust Born. Fisch und Meeresfrüchte werden hier nach Gewicht berechnet – zu korrekten Preisen und immer frisch. Carrer de la Fusina, 3 Ecke Calle Comerç. Tel. 933 102 203, geöffnet: Di–Do 13–16 Uhr und 20.30–23.30 Uhr. Fr und Sa 13–16 Uhr und 20–24.00 Uhr, So 13–16 Uhr, So Abend und Mo geschl., dgust@dgust.cat, www.dgust.cat

ÜBERNACHTEN

Hotel Triunfo. Eines der wenigen Hotels, das Haustiere erlaubt und das sich als »gayfriendly« bezeichnet. Einfache Kategorie, aber angenehmes

Und die vielen Sitzgelegenheiten laden überall zum Ausruhen ein.

Auch die besten Freunde, die sonst in dieser Stadt wenig Platz haben, können sich hier austoben.

Ambiente, Einzelzimmer kosten ab 47 Euro, Doppelzimmer ab 63 Euro. Passeig de Picasso, 22, 08003 Barcelona, Tel. 933 150 860, Fax 933 104 085, central@atriumhotels.com, www.hoteltriunfo.com

ENTSPANNUNG

Aire de Barcelona. Wenn Sie vom Laufen so richtig müde sind, gibt es hier Entspannung pur. Badebekleidung kann an der Kasse erworben werden. Ab 28 Euro werden die verschiedensten Bäder und Therapien angeboten. Passeig de Picasso, 22, 08003 Barcelona, Tel. 932 955 743, täglich geöffnet von 10–2 Uhr, reservas@airedebarcelona.com, airedebarcelona.com

Mitte: Einer der größten Brunnen Barcelonas
Unten: In den Miet-Ruderbooten sucht so mancher auf dem See einen ruhigen Moment.

17 Parc de la Ciutadella

Kunst und Erholung im Stadtzentrum

Der zentrale Park von Barcelona ist das Wohnzimmer der Stadt. 1888 wurde der Parc de la Ciutadella anlässlich der Weltausstellung eröffnet und ist seither ein beliebtes Naherholungsgebiet. Doch er hat weit mehr zu bieten. Der Park ist übersät von Kunstdenkmälern der bekanntesten Künstler Kataloniens und beherbergt in den verschiedenen Attraktionen etliche Einrichtungen, die zum Verweilen und Ausruhen einladen.

Der Park befindet sich dort, wo die Zitadelle stand, im Stadtteil La Ribera in einem Dreieck zwischen der Estació de França, dem Triumphbogen und dem District Sant Martí. Er liegt zwischen den Straßen Pujades, Picasso und Wellington. Erreichen kann man ihn mit der Metro Linie 1 und C1 bis zum Arc de Triomf oder mit der Linie 4 zur Haltestelle Ciutadella–Vila Olímpica. Mit dem Touristenbus bis zum Parc de la Ciutadella–Zoo. Der Park ist täglich ab zehn Uhr bis Sonnenuntergang geöffnet, Eintritt ist frei.

Die verhasste Zitadelle

Nachdem Philipp V. 1714 Barcelona eingenommen hatte, musste die Stadt büßen. Ein Teil von La Ribera wurde dem Erdboden gleichgemacht, um die größte Zitadelle Europas darauf zu errichten. Er hatte die Selbstverwaltung Kataloniens beendet, 4500 Menschen verloren beim Bau der Zitadelle ihre Häuser und keiner wurde entschädigt. Für die Einwohner von Barcelona war die sternförmige Zitadelle das verhasste Symbol der Besatzer. Bereits 1841 wurden Teile der Festung abgerissen. Die Ruinen wurden aber zwei Jahre später wieder aufgebaut.

Schließlich gab General Prim im Jahr 1869 den Befehl zum Abriss, der nun erfolgreicher war. Übrig blieben die Kapelle, der Gouverneurspalast und das ehemalige Arsenal. Die Reiterstatue des Generals kann man am Parkeingang Passeig de Pujades besuchen.

Barcelonas beliebter Zentralpark

Der Park de la Ciutadella wurde zur Weltausstellung von 1888 eröffnet und stand unter dem Motto »Gärten in der Stadt sind wie die Lungen im menschlichen Körper«. Er wurde in Anlehnung an den »Jardin du Luxembourg« in Paris von Josep Fontsère ab 1872 geplant und hat inklusive Zoo eine Größe von 30 Hektar.

Die prachtvolle Kaskade und der See

In der nördlichen Ecke des Parks liegt die Cascada, der große Brunnen mit Wasserfall. Er wurde zum Teil von dem jungen Antoni Gaudí geplant, der für die Hydraulik der Anlage, also für das Fließen und Springen des Wassers, verantwortlich war. Außerdem entwarf er die Grotte unter der Kaskade und verewigte sich mit seinem Lieblingssymbol, dem Drachen. Er symbolisiert Macht und Selbstbestimmung und ist eines der wichtigsten Zeichen im katalanischen Streben nach Unabhängigkeit.

Die Figuren der Kaskade wurden von den besten Bildhauern ihrer Zeit geschaffen, darunter Rossend Nobas, Venanci Vallmitjana und Manel Fuxà. Das gesamte Bauwerk ist mit Skulpturen geschmückt, die sich auf das Wasser beziehen. Die

AUTORENTIPP!

ZOO VON BARCELONA

Am unteren Ende des Parc de la Ciutadella befindet sich der Zoo. Er wurde 1892 eröffnet und beherbergt auf einer Fläche von etwa 13 Hektar mehr als 7500 Tiere aus über 500 Arten. Der Zoo unterstützt die weltweit verfolgten Programme zur Erhaltung der Arten. Die Schwerpunkte des Zoos sind die Menschenaffen und das Delfinarium, in dem es auch täglich Vorstellungen gibt. Bekannt geworden ist er durch den einzigen bekannten Albino-Gorilla, der von 1966 bis zu seinem Tod 2003 in Barcelona lebte. Obwohl er 22 Nachkommen zeugte, gab es auch in der nächsten Generation nie wieder einen weißen Gorilla. Auf dem Gelände befindet sich auch die beliebte Plastik »Dame mit Regenschirm«.

Zoo. Täglich geöffnet: Nov.–Febr. 10–17 Uhr; März–Mai 10–18 Uhr; Juni–Sept. 10–19 Uhr; Okt. 10–18 Uhr. Eintritt: Erwachsene 19,60 Euro, Kinder von 3–12 Jahre 11,80 Euro, Senioren 9,95 Euro, Behinderte 5,60 Euro. Mit der Barcelona Card 20% Rabatt.

Die prachtvolle Quadriga wurde vor wenigen Jahren neu vergoldet mit einem Ergebnis, das nicht alle zufriedenstellte.

AUTORENTIPP!

HOP ON HOP OFF-BUS
An 44 Haltestellen kann man aufspringen oder aussteigen. Die **Bus Touristik** ist die offizielle Touristenlinie der Stadt. Die Busse bieten Audiokommentare in zwölf Sprachen sowie einen Routenplan mit den Haltestellen. Sie fahren alle fünf bis 25 Minuten, je nach Jahreszeit und Auslastung. Im Sommer auf drei Routen, von 9– 20 Uhr und im Winter auf zwei Routen von 9–19 Uhr quer durch die Stadt. Tickets gibt es unter www.barcelonabusturistic.cat für 26 Euro pro Tag bzw. 34 Euro für das Zweitagesticket – für zwei aufeinanderfolgende Tage. Kinder von 4 bis 12 Jahren zahlen 15 Euro bzw. 19 Euro. Die Tickets kann man mit seinem Voucher an verschiedenen Stellen abholen: Am Flughafen »El Prat« in den Terminals T1 und T2 und an der Plaça de Catalunya, im Untergeschoss gegenüber Kaufhaus El Cortes Inglés, täglich von 9– 21Uhr. In der Touristeninformation an der Plaça Sant Jaume von Montag bis Freitag von 9–20 Uhr, Ssamstags von 10–20 Uhr und sonntags von 10–14 Uhr. Die Tickets sind gültig für drei Routen.

vier mächtigen Greife, die sich am Rande der Anlage niedergelassen haben und das Wasser ins Bassin speien, sind der Sage nach die Bewacher des Lebenswassers. Neptun, der Gott des Meeres, mit dem Dreizack, ist die Verkörperung des Wassers selbst. Leda mit dem Schwan, eine Gestalt, in der sich ihr Gott Zeus näherte, ist in der Kunstgeschichte ein beliebtes erotisches Motiv.

In Spanien wachte bis Anfang des 19. Jahrhunderts die Inquisition über Fragen der Moral und so genoss man nun die neue Freiheit. Auch die Darstellung der Dánae, ebenfalls eine Geliebte des Zeus, der er sich als Goldregen näherte, ist erotischer Natur. Sie wurde mit ihrem Sohn in einem kleinen Boot auf dem Meer ausgesetzt und durch Poseidons Hilfe glücklich an Land gebracht. Im Zentrum schließlich steht die Geburt der Venus, eine Adaption des Gemäldes von Sandro Botticelli. Venus oder Aphrodite ist die aus dem Meer Geborene und verkörpert Liebe und Weiblichkeit.

Über der Venus erhebt sich die schmiedeeiserne Quadriga der Aurora. Aurora ist die Göttin der Morgenröte und ihre Pferde sind die Winde, ihre Söhne. Ursprünglich sollte die Quadriga des Triumphbogens »du Carrousel« am Louvre in Paris als Vorlage dienen, doch die zukunftsorientierten Katalanen entschieden sich für die Quadriga der Aurora, die den Geist des Fortschritts und der Freiheit symbolisiert. Ganz nebenbei konnten sie damit auch die konservative Bürgerschaft ein wenig ärgern. Im Sommer 2009 wurde die Figur erstmals restauriert. Sie erstrahlt nun in alter Pracht. Vielen Einwohnern hat sie mit der Patina jedoch besser gefallen.

Gegenüber der Cascada liegt der See, ein sehr beliebtes Ausflugsziel. Er bildet das Zentrum des Parks und kann mit Ruderbooten befahren werden. Es gibt mehrere Inseln, exotische Pflanzen und Wassertiere. Das Ufer wird gerne fürs Sonnenbaden oder Picknicken genutzt. Hier trifft man auf Artisten und Musiker und gerne feiern die Einheimischen ihre Familienfeste im Park. Die Bootsmiete für 30 Minuten kostet ab sechs Euro für zwei Personen.

Parlament und Museum für moderne Kunst

Läuft man um den See herum, gelangt man zur Plaça de les Armes, dem ehemaligen Waffenplatz der Zitadelle. Heute ist es ein Garten. Dahinter erhebt sich der Palau de la Ciutadella, in dem das katalanische Parlament seinen Sitz hat. Außerdem beherbergt das Gebäude das Museum für moderne Kunst. Es enthält eine wichtige Sammlung von Kunstobjekten ab der ersten Hälfte des 19. Jahrhunderts, vom Neoklassizismus über Realismus und Modernisme bis zur Avantgarde. Auf dem Weg vom Parlamentsgebäude zur südwestlichen Seite des Parks kommt man an der Militärkapelle vorbei. Sie stammt ebenfalls noch von der Zitadelle. Die Bauten aus der Zeit des Modernisme befinden sich am Passeig de Picasso.

Brunnen vor dem Hivernacle

Oben: Das Geologische Museum
Unten: Das Hivernacle – Vorbild neuer Stahlkonstruktion

Infos und Adressen

PARLAMENT, MUSEUM

Katalanisches Parlament und Museum für moderne Kunst. i/Palau de la Ciutadella. Das Museum ist von Di–Sa 10–19 Uhr sowie an So- und Feiertagenvon 10–14 Uhr geöffnet. Mo Ruhetag. Das Parlament kann jeden ersten Fr im Monat sowie am 11. und 12. Sept. besichtigt werden.

Umbracle. Das tropische Gewächshaus für Schatten liebende Pflanzen hebt sich durch den Mix der Baustoffe, nämlich Backstein, Glas, Holz und Stahl, von den anderen Gebäuden ab. Die Backsteinfassade mit den gusseisernen Säulen und großen Toren erinnert ein wenig an einen Bahnhof. Das Glashaus ist mit hölzernen Jalousien abgeschattet, die nicht nur die Pflanzen schützen, sondern auch ein sehr hübsches Spiel von Licht und Schatten zaubern.

Geologisches Museum. Neben dem »Umbracle« liegt das Geologische Museum, das 1882 von Antoni Rovira i Trias im neoklassizistischen Stil erbaut wurde. Es gibt eine große Sammlung von Mineralien, denn seine Fachgebiete sind Mineralogie, Petrologie und Paläontologie. Im Erdgeschoss befindet sich eine Dauerausstellung über das nahe Vulkangebiet Olot.

Hivernacle. Der Wintergarten steht gleich nebenan. Es ist ein Pavillon aus Gusseisen und Glas. Architekt war, wie auch beim Umbracle, Josep Amargós. Er hatte das Gebäude 1884 geplant und sich die Stahlkonstruktionen von Eiffel zum Vorbild genommen. Das Hivernacle wird trotzdem dem Jugendstil zugerechnet. Heute ist hier im Sommer ein Café untergebracht, in dem es auch Livemusik gibt.

Castell dels tres Dragons. Die »Burg der drei Drachen« ist ein Backsteinhaus, das dem frühen Modernisme zugerechnet wird. Es vereinigt, wie im Modernisme üblich, unterschiedliche Baustile, Materialien und Techniken. Die Verzierung der Fassade mit Keramiken wurde hier wiederbelebt und entwickelte sich zu einer wichtigen Technik des Modernisme. Das Gebäude wurde 1887 von Lluiís

Viele Einheimische nutzen die Freiflächen zum Joggen.

Arbeiten moderner Künstler im Park

Domènech i Montaner erbaut. Seit 1920 beherbergt es das Zoologische Museum.

ESSEN UND TRINKEN

Espai Sucre. Das etwas andere Restaurant. Jordi Butrón serviert hier komplette Menüs auf Basis von Nachspeisen, wobei auch die eine oder andere gesalzene Zutat Verwendung findet. Außerdem werden Kochkurse in der nahe gelegenen Schule angeboten. Carrer de la Princesa, 53, 08003 Barcelona, Tel. 932 681 630, Fax 932 681 523, geöffnet: Di–Do 21–23.30 Uhr sowie Fr und Sa 20.30–22.30 Uhr, restaurant@espaisucre.com, escuela@espaisucre.com, www.spaisucre.com

EINKAUFEN

Loisaida. In der Nähe des Picasso-Museums, untergebracht in einer alten Münzfabrik, wird hier Mode im »Retro-Vintage-Look« für Sie und Ihn angeboten. 08003 Barcelona, Carrer Flassanders, 42, Tel. 932 955 492, info@loisaidabcn.com, www.loisaidabcn.com

Cuca & Ena Macana Studio Store. International beachteter Schmuck und Accessoires, hier von zwei Designern hergestellt. Carrer del Portal Nou, 7, 08003 Barcelona, Tel. 931 813 531, geöffnet: Mo–Sa 16–22 Uhr, info@enamacana.com, www.enamacana.com

ÜBERNACHTEN

Park Hotel. Verkehrsgünstig am Rand des Born gelegen, in der Nähe des größten Parks von Barcelona. Das Hotel verfügt über eigene Parkplätze, Air-Condition, Heizung, WiFi und Safe. Einzelzimmer ab 80 Euro, Doppelzimmer ab 103 Euro. Avinguda del Marquès de l'Argentera, 11, 08003 Barcelona, Tel. 933 196 000, Fax 933 196 016, info@parkhotelbarcelona.com, www.parkhotelbarcelona.com

HAMILTON

EL RAVAL UND DER HAFEN

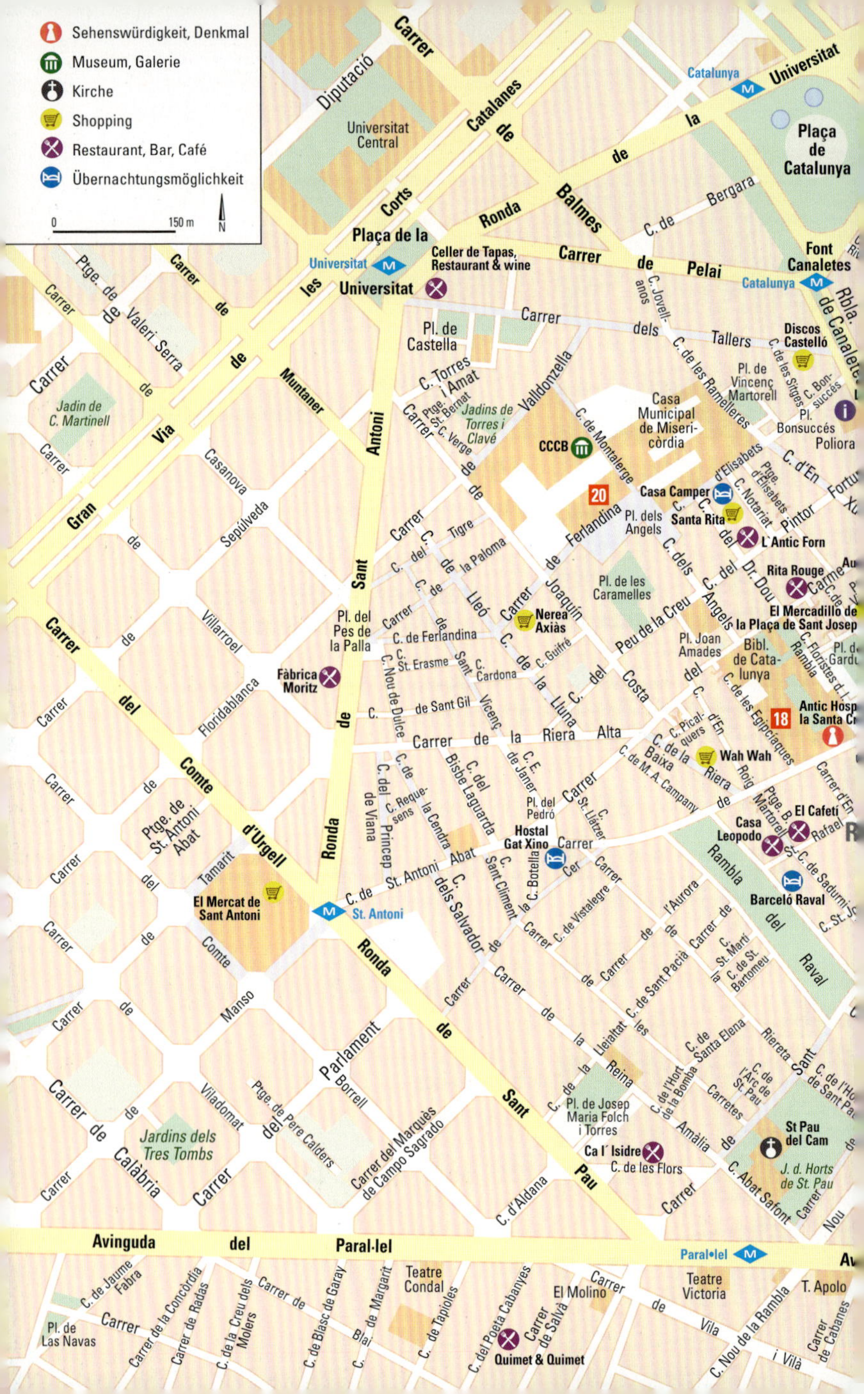

Sehenswürdigkeit, Denkmal
Museum, Galerie
Kirche
Shopping
Restaurant, Bar, Café
Übernachtungsmöglichkeit
0
150 m
N
Carrer de la Diputació
Universitat Central
Carrer Catalanes de les Corts
Gran Via de les Corts Catalanes
Plaça de la Universitat
Universitat
Catalunya
Ronda de la Universitat
Plaça de Catalunya
Balmes
C. de Bergara
Carrer de Pelai
Font Canaletes
Rbla. de Canaletes
Celler de Tapas, Restaurant & wine
Carrer dels Tallers
C. Jovellanos
Discos Castelló
Pl. de Castella
C. Torres i Amat
Valldonzella
Ptge. St. Bernat
Jadins de Torres i Clavé
C. Verge
Casa Municipal de Misericòrdia
C. de les Ramelleres
Pl. de Vicenç Martorell
C. de les Sitges
C. Bonsuccés
Pl. Bonsuccés
Poliora
CCCB
C. de Montalegre
20
Casa Camper
C. d'Elisabets
Ptge. d'Elisabets
C. Notariat
C. d'En Fortuny
Pintor
Santa Rita
L'Antic Forn
Pl. dels Angels
Ferlandina
C. dels Angels
C. del Dr. Dou
Rita Rouge
Carme
El Mercadillo de la Plaça de Sant Josep
Pl. de les Caramelles
Carrer de Joaquín Costa
Nerea Axiàs
Peu de la Creu
Pl. Joan Amades
Bibl. de Catalunya
C. Floristes d. l. Rambla
Antic Hospital de la Santa Creu
18
Carrer de Valeri Serra
Ptge. de Valeri Serra
Jadin de C. Martinell
Carrer de Muntaner
Ronda de Sant Antoni
Casanova
Sepúlveda
Carrer del Tigre
C. de la Paloma
Carrer de Lleó
Carrer de la Lluna
C. Guifré
C. de Ferlandina
Pl. del Pes de la Palla
C. St. Erasme
C. Cardona
C. de Sant Vicenç
Villarroel
Fàbrica Moritz
Floridablanca
C. Nou de Dulce
C. de Sant Gil
Carrer de la Riera Alta
C. Pical-quers
C. de la Riera Baixa
C. d'En Roig
C. de les Egipcíaques
Carrer d'En Rafael
Wah Wah
C. de M. A. Campany
Carrer del Comte d'Urgell
C. del Bisbe Laguarda
C. E. de Janer
C. de la Cendra
C. Requesens
C. del Príncep de Viana
Pl. del Pedró
Carrer de St. Llàtzer
Ptge. Bernat Martorell
El Cafetí
Casa Leopodo
Ptge. de St. Antoni Abat
Tamarit
Hostal Gat Xino
Carrer de la Cera
C. Botella
C. Sant Climent
C. de St. Antoni Abat
Rambla del Raval
Barceló Raval
C. de Sadurní
C. St. Jo
El Mercat de Sant Antoni
St. Antoni
C. dels Salvador
C. de Vistalegre
Carrer de l'Aurora
Carrer de la Reina Amàlia
C. St. Martí
C. de St. Bartomeu
C. de Sant Pacià
Comte
Manso
Ronda de Sant Pau
Carrer de les Carretes
C. de Santa Elena
Riereta
C. de l'Arc de St. Pau
Carrer de Sant Pau
C. de l'Hort de la Bomba
Lleialtat
Parlament
Borrell
Viladomat
Ptge. de Pere Calders
Carrer del Marquès de Campo Sagrado
Pl. de Josep Maria Folch i Torres
Ca l´Isidre
C. de les Flors
St Pau del Cam
J. d. Horts de St. Pau
C. Abat Safont
Carrer de Calàbria
Jardins dels Tres Tombs
C. d'Aldana
Nou
Avinguda del Paral·lel
Paral•lel
Teatre Condal
Teatre Victoria
El Molino
T. Apolo
C. de Jaume Fabra
Carrer de la Concòrdia
Carrer de Radas
C. de la Creu dels Molers
Carrer de Blasc de Garay
C. de Margarit
C. de Tapioles
C. del Poeta Cabanyes
Carrer de Salvà
Quimet & Quimet
Carrer de Vila i Vilà
C. Nou de la Rambla
Carrer de Cabanes
Pl. de Las Navas

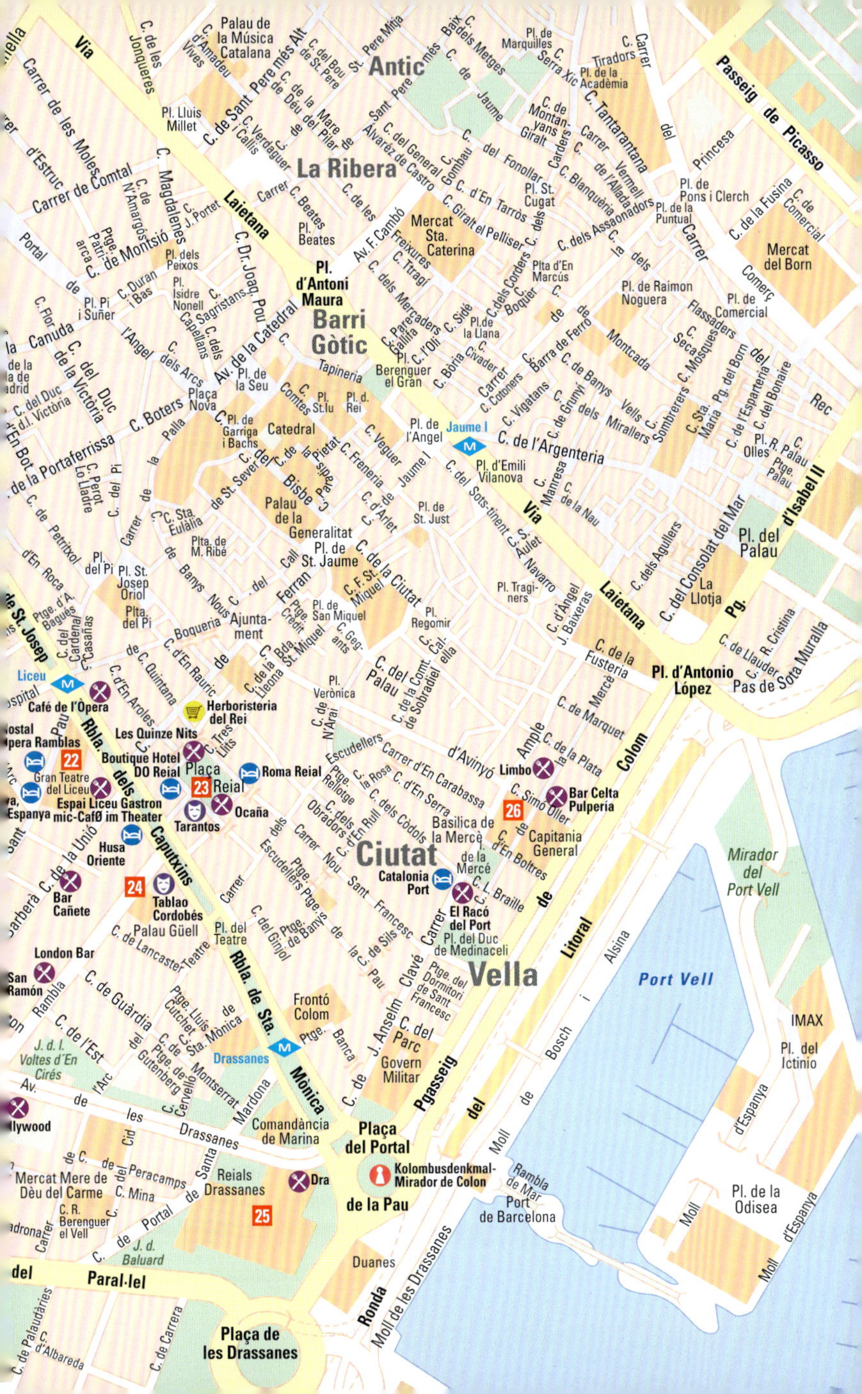

Palau de la Música Catalana
Antic
La Ribera
Passeig de Picasso
Via Laietana
Pl. Lluís Millet
C. de Sant Pere més Alt
Sant Pere més Baix
Carrer de Comtal
Mercat Sta. Caterina
Av. F. Cambó
C. de Montsió
Pl. Beates
Pl. d'Antoni Maura
Barri Gòtic
Pl. de Marquilles
Pl. de la Acadèmia
Princesa
Pl. de Pons i Clerch
Pl. de la Puntual
C. de la Fusina
C. de Comercial
Mercat del Born
Pl. de Comercial
Pl. de Raimon Noguera
Pl. St. Cugat
Plta d'En Marcús
C. dels Assaonadors
Montcada
Flassaders
Pl. dels Peixos
Pl. Isidre Nonell
Pl. Pi i Suñer
Canuda
C. de la Victòria
Av. de la Catedral
Tapineria
Pl. de la Seu
Plaça Nova
C. Boters
Catedral
Pl. de Garriga i Bachs
Pl. St.Iu
Pl. d. Rei
Pl. de l'Àngel
Jaume I
C. de l'Argenteria
Berenguer el Gran
Pl. C. l'Oli
Pl. de la Llana
Pg. del Born
Rec
Pl. R. Palau
Pl. d'Emili Vilanova
Palau de la Generalitat
Pl. de St. Jaume
Pl. de St. Just
Plta. de M. Ribé
C. de Petritxol
Pl. del Pi
Pl. St. Josep Oriol
Plta. del Pi
Ferran
Ajuntament
Pl. de San Miquel
Pl. Regomir
Pl. Tragineres
Pl. del Palau
La Llotja
d'Isabel II
C. del Consolat del Mar
Pl. d'Antonio López
Pas de Sota Muralla
C. de la Fusteria
C. de Marquet
Colom
Liceu
Café de l'Ópera
Herbolisteria del Rei
Les Quinze Nits
Boutique Hotel DO Reial
Plaça Reial
Roma Reial
22
23
Gran Teatre del Liceu
Espai Liceu Gastronomic-Cafè im Theater
Ocaña
Tarantos
Husa Oriente
Rbla. dels Caputxins
24
Bar Cañete
Tablao Cordobés
Palau Güell
Pl. del Teatre
London Bar
San Ramón
Escudellers
Carrer d'En Carabassa
d'Avinyó
Limbo
Bar Celta Pulpería
26
Basilica de la Mercè
Capitania General
Ciutat Vella
Catalonia Port
El Racó del Port
Pl. del Duc de Medinaceli
Mirador del Port Vell
Port Vell
IMAX
Pl. del Ictinio
Rbla. de Sta. Mònica
Drassanes
Frontó Colom
Govern Militar
J. d. l. Voltes d'En Cirés
Av. de les Drassanes
Comandància de Marina
Plaça del Portal de la Pau
Kolombusdenkmal-Mirador de Colon
Passeig de Colom
Moll de Bosch i Alsina
Rambla de Mar
Port de Barcelona
Pl. de la Odisea
Moll d'Espanya
Mercat Mere de Dèu del Carme
Reials Drassanes
25
Dra
J. d. Baluard
Paral·lel
Duanes
Ronda
Moll de les Drassanes
Plaça de les Drassanes

Seite 102/103: Blick auf die Rambla
Mitte: Ein Viertel voller Kontraste
Unten: Streetart

18 El Raval

Ein lebendiges, interessantes Stadtviertel

Der Raval ist eines der umstrittensten, aber interessantesten Stadtviertel, das sowohl durch seine kleinen Gassen und heruntergekommenen Häuser als auch durch seine modernen Museen und die multikulturelle Bevölkerung geprägt ist. Es gibt ein großes Angebot an Kneipen, Restaurants und trendigen Geschäften. Er ist geprägt von Straßenmusikanten, Subkulturen und einer lebendigen, kreativen Szene. Es gibt aber auch heute noch düstere Orte im Raval.

El Raval liegt im Bezirk Ciutat Vella, westlich von La Rambla und dem Barri Gòtic, östlich von Montjuïc. Im Norden wird er durch die Plaça Catalunya begrenzt, im Süden liegt der Hafen. Es empfiehlt sich, die Sehenswürdigkeiten des Viertels zu Fuß zu besuchen. Allerdings kann es sehr laut sein, daher sollte man einen gesunden Schlaf haben, wenn man sich für ein Hotel im Raval entscheidet.

MAL EHRLICH

EL RAVAL BEI NACHT

In sämtlichen Reiseführern liest man, dass der Raval bei Nacht nicht sicher ist. Es ist zwar längst nicht mehr so gefährlich wie noch vor einigen Jahren, doch als sicher kann man das Viertel nicht wirklich bezeichnen. Wenn es also später wird oder Sie eine nächtliche Runde drehen möchten, lassen Sie sich ein Taxi rufen, damit Sie sich nicht in den dunklen Gassen verlaufen. Sicher ist sicher.

Fonda Espanya

Die Geschichte

Der Stadtteil entstand im 14. und 15. Jahrhundert, außerhalb der alten Stadtmauer. So bedeutet sein Name auch »außerhalb«. Als sich das Stadtgebiet ausbreitete, wurde auch eine Stadtmauer um das neue Viertel El Raval gezogen. Auf den freien Flächen wurden vor allem Klöster, Krankenhäuser und Gärten angelegt.

Während des Ersten Karlistenkrieges um die spanische Thronfolge kam es 1835 in Barcelona zu Aufständen, bei denen viele der Klöster des Raval zerstört wurden. Grund dafür war, dass der Hof von León und die Jesuiten zum Kampf gegen die Königin aufgerufen hatten. Sie wollten Don Carlos auf dem Thron sehen. Infolge der Aufstände wurden zunächst die Jesuiten verboten und 1836 sämtliche Mönchs- und Nonnenklöster aufgelöst. Ihr Besitz wurde verstaatlicht. Auf den ehemaligen Klostergrundstücken entstanden städtische Bauten wie das Gran Teatre del Liceu, der Mercat de la Boqueria und die Plaça Reial.

AUTORENTIPP!

KATALANISCHE SPEZIALITÄTEN

In Barcelona gibt es saisonale Köstlichkeiten, die man sich nicht entgehen lassen sollte. Ganz besonders beliebt sind *calçots*, im Feuer gegrillte Frühlingszwiebeln, die mit *Romesco*, einer speziellen Sauce aus Mandeln, Haselnüssen, getrocknetem Paprika, Essig und Öl traditionell mit den Händen gegessen werden. Die *calçots* gibt es im Winter und Frühjahr. Danach beginnt die Zeit für *alcachofas*, Artischocken. Im Frühsommer sieht man sie in der ganzen Stadt und dann kosten sie auch nur ein paar Cent. Sie werden auf verschiedene Art zubereitet, doch man isst immer nur das Herz und die ganz zarten Blätter. Im Hochsommer und Herbst stehen Schnecken, (*caracoles*) auf dem Speiseplan. Es sind nicht wie bei uns die dicken Weinbergschnecken, sondern kleine Grasschnecken, die emsige Hände auf den Feldern sammeln. Sie werden als Snack aus der Tüte gegessen. Wem das zu exotisch ist, greift besser auf *sardinas* zurück, die sind gegrillt einfach göttlich und haben ebenfalls im Herbst Saison.

AUTORENTIPP!

FÀBRICA MORITZ, FREIZEIT, ESSEN UND BIER

Anfang 2012 wurde die alte Brauerei Moritz neu eröffnet. Es ist das Gebäude der ersten großen Brauerei in Barcelona, die vor über 150 Jahren von Luis Moritz Trautmann, einem Elsässer Braumeister, erbaut worden war. Nach der achtjährigen Renovierung durch den bekannten Architekten Jean Nouvel ist nun auf drei Etagen ein riesiger Restaurationsbetrieb entstanden, in dem auch wieder Bier gebraut wird. Mit 25 Metern Länge steht hier die längste Biertheke von Barcelona. Ein Restaurant bietet katalanische und elsässische Spezialitäten und in Kürze soll auch noch ein Hotel eröffnet werden. Nehmen Sie unbedingt an der Kellerführung teil: Es geht in einen sehr schönen, riesigen Speisesaal. Die alte und die neue Brauerei werden besichtigt, dabei stößt man sogar auf Teile des städtischen Untergrunds.

Fàbrica Moritz. Ronda de Sant Antoni, 39–41, Ecke Carrer Casanova, 08011 Barcelona, Tel. 934 260 050, info@moritz.com, www.moritz.com

Rundgang: historische Bauten – modernes Leben

Wir beginnen unseren Rundgang in der Carrer Sant Pau 9–11, gleich bei der Rambla, mit dem Ⓐ Restaurant »Fonda Espanya« im Hotel Espanya. Wie für den Raval typisch ist die Straße recht schmal, in ihrem weiteren Verlauf wird sie etwas breiter. Unter der Adresse finden wir ein recht neues Restaurant mit einem modernistischen Speisesaal. Das Essen hat einen sehr guten Ruf und für 25–35 Euro kann man hier zu Mittag essen. Doch ob man sich die Speisekarte bringen lässt oder nur auf einen Café hereinkommt, hier gibt es unglaublich viel zu sehen. Achten Sie vor allem auf die Details. Weiter geht es auf der Carrer Sant Pau, Richtung Westen, zur nächsten Querstraße, der Carrer Sant Ramón, in die wir links einbiegen. Diese Gasse ist sehr eng und man kann sich vorstellen, wie ärmlich die Menschen hier einst gelebt haben müssen.

Über die Carrer Marquès de Barberà geht es weiter zur Nou de la Rambla, der wir nach links folgen. Auf der linken Seite unter der Hausnummer 34 ist die Ⓑ London Bar. Diese Bar zählt zu den Klassikern der Stadt und sollte unbedingt besucht werden. Hier verkehrten einst Picasso, Dalí und Hemingway. Die Atmosphäre aus der guten alten Zeit hat sich in die Gegenwart herübergerettet. Wir gehen die Nou de la Rambla zurück, passieren die Straße Sant Ramón und biegen bei der nächsten Kreuzung rechts ab auf die Carrer Sant Oleguer und weiter zur Carrer Sant Pau. Biegt man nun links ab, führt der Weg zu Ⓒ Sant Pau del Camp. Die Kirche des antiken Benediktinerklosters wird auf das Jahr 911 geschätzt und ist somit die älteste von ganz Barcelona. Im Jahr 985 soll das Kloster durch einen Angriff fast völlig zerstört worden sein. Sein Wiederaufbau wird auf

Rundgang

A Fonda Espanya – Das Restaurant befindet sich in einem modernistischen Speisesaal. Es wurde ursprünglich von Domènech i Montaner geplant und eingerichtet. Dieser Ort strahlt Würde und Harmonie aus und besticht durch seine unzähligen originalen Details. Es macht Spaß, in einer solchen Atmosphäre zu speisen.

B London Bar – Eine Institution in Barcelona. Die Einrichtung ist schon über 100 Jahre alt und es hat sich seit ihrer Eröffnung nicht viel verändert. Hier trifft man sich auf einen Absinth und genießt die Livemusik, die auf der kleinen Bühne allabendlich gespielt wird.

C Sant Pau del Camp – Das Kloster ist eines der besterhaltenen romanischen Gebäude der Stadt. Die ältesten Dokumente darüber stammen aus dem 10. Jahrhundert. Kirche, Kreuzgang, Kapitelsaal und Abtei wurden zwischen dem 12. und 14. Jahrhundert erbaut. Die Anlage ist sehr gut restauriert.

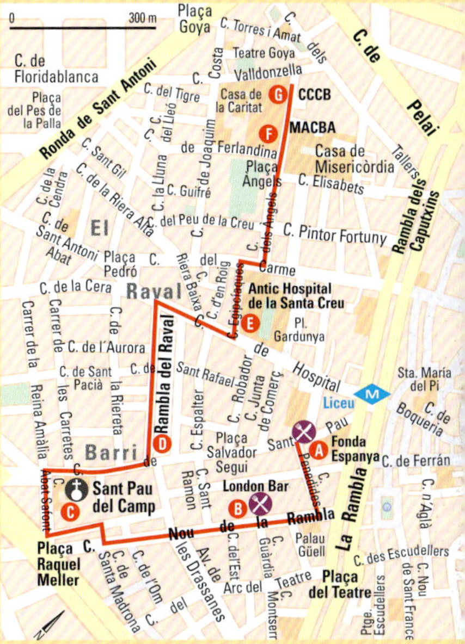

Alternatives Flair im Raval

D Rambla del Raval – Eine sehr schöne Flaniermeile mit Verkaufsständen, in denen sich das Stöbern lohnt. Hier eine fremdländische Spezialität, dort Kleidungsstücke eines katalanischen Designers. Und alles unter freiem Himmel.

E Antic Hospital de la Santa Creu – Es wurde 1401 gegründet und war 400 Jahre lang das zentrale Krankenhaus der Stadt. Heute ist es eine städtische Grünanlage, die sehr viel Ruhe ausstrahlt.

F MACBA, Museu d'Art Contemporani – Das Museum für zeitgenössische Kunst ist auf Seite 120 beschrieben.

G CCCB – Centre de Cultura Contemporània de Barcelona – Das CCCB unterstützt Künstler, indem es ihnen Räumlichkeiten zur Verfügung stellt und deren Kunstwerke an andere Galerien verleiht.

Oben: Das Antic Hospital de la Santa Creu wurde durch ein neues Krankenhaus abgelöst.
Mitte: Das Kleinod Sant Pau del Camp
Unten: Die London Bar, die seit 1909 noch im Originalzustand ist.

das Jahr 1096 datiert. Weiter auf der Carrer Sant Pau kommen wir zur D Rambla del Raval mit der berühmten Katze von Botero. Von hier aus empfiehlt es sich, einfach loszulaufen und sich umzusehen. Es gibt jede Menge Cafés und Restaurants sowie einige sehr interessante Stände unter freiem Himmel. Der Boulevard ist das kleine, aber pulsierende Herz des Raval. Am Ende der Rambla trifft man auf die Carrer de l'Hospital und geht dann nach rechts weiter bis zur Hausnummer 56 auf der linken Straßenseite. Hier ist die gotische Krankenhausanlage E Antic Hospital de la Santa Creu, in der heute die Biblioteca de Catalunya untergebracht ist. Das Krankenhaus war bis 1926 in Betrieb. Hier starb auch der Architekt Antoni Gaudí. Zu Beginn des 20. Jahrhunderts wurde dann die Katalanische Bibliothek gegründet, die 1940 in das alte Hospital einzog. 1998 wurde sie erweitert. Es gibt einen Ausgang zur Carrer del Carme und nach einem kurzen Schwenk nach rechts treffen wir links auf die Carrer dels Ángels, auf der viele gute Restaurants liegen. Wir gehen weiter bis zum F MACBA, dem Museu d'Art Contemporani de Barcelona, dem bekannten Museum, das auf Seite 120 beschrieben wird. Gleich nebenan befindet sich das G Centre de Cultura Contemporània (CCCB), das 1994 erbaut wurde. Das Zentrum hat keine eigene nennenswerte Dauerausstellung, sondern bietet ein stetig wechselndes Programm. Gerade dieser Ort mit den beiden Museen gibt einen Eindruck des neuen Raval. Marode Bausubstanz wurde eingerissen und riesige Kulturpaläste wurden an ihrer Stelle errichtet. Als Folge entstanden inzwischen eine Vielzahl von Kunstgalerien, Ausstellungssälen und Designershops, die zeigen, dass sich das Viertel im Wandel befindet. Es ist dabei, sich zum Kult- und Kulturbezirk der Stadt zu mausern. Wir gelangen über die Carrer de Valldonzella zur Carrer dels Talleres und weiter zur Rambla.

Infos und Adressen

SEHENSWÜRDIGKEITEN

Fonda Espanya. Carrer Sant Pau 9–11, 08001 Barcelona

London Bar. Carrer Nou de la Rambal, 34, 08001 Barcelona

Sant Pau del Camp. Carrer de Sant Pau, 101, 08001 Barcelona

Antic Hospital de la Santa Creu. Carrer de'l Hospital, 56, 08001 Barcelona

MACBA, Museu d'Art Contemporani. Plaça dels Àngels, 1, 08001 Barcelona

Centre de Cultural Contemporània de Barcelona. Calle de Montalegre, 5, 08001 Barcelona

ESSEN UND TRINKEN

Celler de Tapas. Wie der Name schon sagt: Hier gibt es Tapas. Gehört zur Grupo LT, die über Barcelona verteilt mehrere Lokale unterhält. Die Küche ist offen, den Köchen kann bei der Arbeit zugeschaut werden. 08007 Barcelona, Plaça Universitat, 5, Tel. 933 176 488, Geöffnet: So–Do 12–24 Uhr (Fr und Sa bis 1 Uhr nachts), info@LonjadeTapas.com, www.lonjadetapas.com

El Cafetí. Im Herzen des Raval gelegen, leicht versteckt in einer Passage. Original modernistische Dekoration, etwas angeplüscht, aber sehr angenehm und gemütlich. Unbedingt »Delicias de Bacalao«, Stockfisch mit Apfel und Porree im Blätterteig, probieren. Carrer de Sant Rafael, 18, 08001 Barcelona, Tel. 933 292 419, Geöffnet: Di–So, 13.30–16.30 und 21.30–1.00 Uhr. Montags und an den Abenden von Feiertagen, sowie 3 Wochen im August geschlossen. elcafeti@elcafeti.com, www.elcafeti.com

Rita Rouge. Designerbar, Restaurant und Lounge ganz in Rot im Gegensatz zur blauen Schwester. Carrer Carme, 33, 08001 Barcelona, Tel. 934 813 686, Geöffnet: tägl. 13–17 Uhr, 20–1 Uhr, info@ritarouge.com, www.ritarouge.com

EINKAUFEN

Discos Castelló. Gegründet 1935 ist er die Referenz in klassischer Musik. Was es nicht im Laden gibt, wird bestellt. Carrer dels Tallers, 7, 08001 Barcelona, Tel. 933 025 946, Geöffnet: Mo–Sa 10–20.30 Uhr

Wah Wah. Für Sammler: Jazz, Blues, Soul, Funk, Folk, Beat, Psych, Prog, Surf, Exotica, Garage, Rock 'n' Roll, 70er-Jahre, alles auf Vinyl, Dance 12. Carrer de la Riera Baixa, 14, 08001 Barcelona, Tel. 934 423 703, Geöffnet: Mo–Sa 11–14 Uhr, 17– 20.30 Uhr

Nerea Axiàs. Die junge Designerin verkauft hier eigenen Schmuck und modische Accessoires sowie Skulpturen. Carrer de Ferlandina, 45, 08001 Barcelona, Tel. 932 004 043, Geöffnet: Mo–Fr 10.30–14.30 Uhr

Auch hinter den Türen des Hotel Espanya verbirgt sich ein kunsthistorischer Schatz.

Oben: Paella – ein Klassiker der hiesigen Küche
Unten: Straßenkünstler auf der Rambla

19 Rundgang Les Rambles

Im quirligen Stadtzentrum

Les Rambles, la Rambla, ist die berühmteste Flaniermeile Barcelonas. Sie verbindet die Plaça de Catalunya mit dem Hafen und grenzt das Barri Gòtic zum Raval hin ab. Les Rambles ist gut einen Kilometer lang und bildet das Zentrum der Stadt. Unzählige Cafés und Bars, Restaurants und Geschäfte prägen ihr Bild und Tausende von Menschen tummeln sich auf der Promenade. Doch es gibt auch Sehenswürdigkeiten, die man hier nicht vermutet.

Dem Verlauf der heutigen Rambla folgte früher der Fluss Malla. Daher auch der Name Rambla, der aus dem Arabischen kommt und »Straße zum Meer« bedeutet. Im 19. Jahrhundert gab es im Raval vor allem Industrieanlagen und Wohnungen für die Arbeiter. Hierher kamen die Neubürger aus dem Hinterland auf der Suche nach Arbeit. Das Viertel war sehr dicht bevölkert. Anfang des 20. Jahrhunderts wurde die Stadtmauer abgetra-

MAL EHRLICH

VORSICHT, TASCHENDIEBE

So schön das Flanieren auf der Rambla auch ist, hier wimmelt es von Taschendieben. Nirgends ist die Gefahr so groß wie hier, ausgeraubt zu werden. Halten Sie Ihre Taschen gut fest, tragen Sie Ihre Brieftasche am Körper und meiden Sie Menschenansammlungen. Beliebter Fluchtweg der oft jugendlichen Diebe ist die Metro. Hier verschwinden sie meist auf Nimmerwiedersehen.

Auch das Haus der alten Nudelfabrik Casa Escriba ist ein beredter Zeuge des 20. Jahrhunderts.

gen und es entstand der neue Stadtteil Eixample. El Raval verkam immer mehr, die alten Häuser zerfielen, die alteingesessenen Einwohner verstarben und ihre Familien zogen in bessere Wohnungen.

Nun siedelten sich vor allem Pakistaner an, mieteten ganze Häuser und vermieteten sie unter menschenunwürdigen Zuständen an andere Zuwanderer. 50 Prozent der Bevölkerung von El Raval kommen nicht aus Spanien. Viele Einwohner stammen aus Pakistan und Nordafrika. Aufgrund der Hafenlage ist der Raval auch das Rotlichtviertel von Barcelona. Das Gebiet war lange als Herd für Geschlechtskrankheiten, Tuberkulose und HIV bekannt. Außerdem herrschte hier eine sehr hohe Kriminalitätsrate. Ab 1988 wurde der Raval gesäubert und ist inzwischen sicherer geworden. Der Zuzug von Studenten und Künstlern ließ das Viertel aufblühen und man investierte ordentlich, um moderne Bürgerzentren, Schulen und Sporthallen zu bauen. Eine Umgehungsstraße sorgt dafür, dass der Durchgangsverkehr den Stadtteil nicht noch mehr belastet. Allerdings liegt gerade die Rambla inmitten einer sehr stark befahrenen Straße.

AUTORENTIPP!

FLAMENCO

Der Flamenco ist in Katalonien nicht zu Hause. Das sollte man sich vor Augen halten, wenn man Barcelona besucht. Trotzdem gibt es auch hier eine Flamencoszene, die sich an den aktuellen Trends orientiert, von klassisch bis avantgardistisch. Hier werden alle Stile adaptiert und recht überzeugend umgesetzt. Zwei der drei Flamencotablas findet man im Raval. Im Tablao Cordobés wird ein andalusischer Abend mit Flamenco und andalusischem Essen angeboten, den man online buchen kann. Im Tarantos gibt es unterschiedliche Konzerte, nicht nur Flamenco. Beide Tablaos sind mit der U-Bahn L3 bis Liceu, Drassanes zu erreichen. Jedes Jahr im Mai findet ein Flamenco-Festival (www.ciutatflamenco.com) statt.

Tablao Cordobés. La Rambla 35, 08002 Barcelona, Tel. 933 175 711 Fax 933 176 653, tablao@tablaocordobes.com, www.tablaocordobes.com.

Tarantos. Plaça Reial 17, 08002 Barcelona, Tel. 933 191 789, Fax 933 150 221, info-tarantos@masimas.com, www.masimas.com

AUTORENTIPP!

HERBORISTERIA DEL REI

Das ist der älteste Kräuterladen in ganz Katalonien. Josep Vilá war der Kammerbotaniker von Königin Isabella II. Er gründete das Geschäft 1823. Das Interieur wurde im isabellistischen Stil designt, mit einem Wasserbecken als Blickfang, in dem Blutegel gehalten wurden. Das Becken wird gekrönt durch eine Büste von Linné. Seit 1860 hat sich die Innenausstattung nicht mehr geändert. 1997 wurde das Geschäft mithilfe der Landesregierung restauriert. Heute führt Trinitat Sabatés das Geschäft, sie bezeichnet sich als Kräuter-Künstlerin. Das Angebot ist groß und die Ware günstig. Allerdings ist bereits das Ambiente einen Besuch wert.

Herboristeria del Rei. Calle Vidre 1 08002 Barcelona, Tel. und Fax 93 318 05 12, Geöffnet: Di–Fr 16–20 Uhr, Sa 10–20 Uhr, trinitats@yahoo.es, www.herboristeriadelrei.com

Blick auf die Plaça de Catalunya

Von der Plaça de Catalunya bis zum Wachsmuseum

Die Plaça de Catalunya, der nördliche Punkt der Rambla, ist unser Ausgangspunkt. Es ist der Verkehrsknotenpunkt im Zentrum der Stadt. Hier gibt es eine Metro-Station sowie Busse und Bahnen. Wir begeben uns zur Rambla, wo wir gleich am Anfang, am linken Rand des Mittelstreifens, den Ⓐ Font de Canaletes, einen Trinkbrunnen besuchen. Dieser Abschnitt wird auch Rambla de Canaletes genannt und ist bekannt als Treffpunkt der Fans vom FC Barcelona. Auf der rechten Seite, unter der Hausnummer 115, finden wir die Ⓑ Reial Acadèmia de Ciències i Arts, ein Gebäude, das von dem berühmten Architekten Josep Domènech i Estapà (1858–1917) entworfen und 1894 eingeweiht wurde. Ab 1914 war er auch deren Präsident. Im Erdgeschoss befindet sich das Teatre Poliorama, eines der ältesten und beliebtesten Theater der Stadt. Wer es besucht, darf gespannt sein, denn es ist bekannt für außergewöhnliche Interaktionen zwischen Darstellern und Publikum. Die Rambla heißt hier Rambla dels Estudis, denn früher gab es jede Menge Gebäude der Universität. Die Akademie der Wissenschaft ist das letzte

Ein Spaziergang

A Font de Canaletes – Gleich am Anfang der Rambla befindet sich die »Font de Canaletes«, ein gusseiserner Trinkwasserspender aus dem 19. Jahrhundert. Die Legende sagt, dass jeder, der daraus trinkt, nach Barcelona zurückkehren wird.

B RACAB – Reial Acadèmia de Ciències i Arts – Die Königliche Akademie der Wissenschaft und Kunst wurde 1764 gegründet und zog 1796 in dieses Gebäude ein. Seit 1910 beherbergt es auch ein Theater. Hier befindet sich die erste öffentliche Uhr von Barcelona.

C Compañía General de Tabacos de Filipinas – Das neoklassizistische Gebäude von 1880 beherbergt heute das Hotel 1898.

D Església de Betlem – Barockkirche aus dem 17. Jahrhundert: Sie steht mitten im Trubel der Rambla und lädt ein, ein wenig zu rasten und zu ruhen.

E Palau Moja – Ein neoklassizistischer Palast, in dessen Salon Ausstellungen stattfinden.

F Palau de la Virreina – Eines der bedeutendsten zivilen Bauwerke Kataloniens, von 1778, im Barockstil. Hier ist die Kulturabteilung des Rathauses untergebracht.

G Boqueria/ Mercat de Sant Josep, siehe Seite 124 – Die farbenprächtigste Markthalle der Stadt.

Blumenstand auf der Rambla

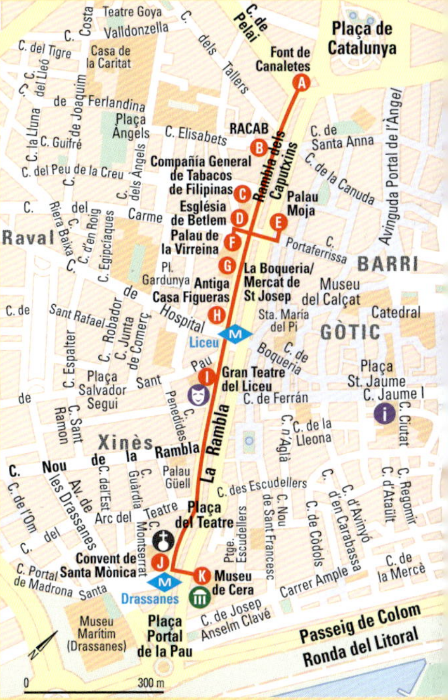

Auf der Plaça de la Boqueria befinden sich Mosaike von Miró.

H Antiga Casa Figueras – Ein modernistisches Wohnhaus aus dem Jahr 1902, in dem früher eine Nudelfabrik untergebracht war.

I Gran Teatre del Liceu, siehe Seite 128 – Das Opernhaus Barcelonas wurde nach einem Brand 1994 erweitert und renoviert.

J Convent de Santa Mònica – In dem ehemaligen Kloster des 17. Jahrhunderts ist das Museum »Centre d'Art de Mònica« untergebracht.

K Museu de Cera – Das Wachsmuseum befindet sich in einem Renaissancepalast.

Gebäude, das erhalten blieb. Weiter geht es Richtung Hafen, zur **C** Compañía General de Tabacos de Filipinas, unter der Hausnummer 109. Der neoklassizistische Palast verfügt über eine Dachterrasse, auf der es sich sehr gut frühstücken lässt. Der Boulevard heißt im Folgenden Rambla de Sant Josep oder Rambla de les Flors, denn es gibt hier viele fest installierte Blumenstände. Der Weg führt uns zur **D** Església de Betlem, einem Ruhepol im Getümmel der Stadt. Die ehemalige Jesuitenkirche ist von außen recht unscheinbar. Ihre barocke Originalausstattung wurde im Bürgerkrieg durch ein Feuer völlig zerstört. Bekannt ist die Kirche durch ihre wunderschöne Krippe, die das Leben in Bethlehem darstellt und ab Dezember besichtigt werden kann. Genau gegenüber steht der **E** Palau Moja. Die Markgrafen de Moja ließen den Palast zwischen 1775 und 1790 erbauen. Er verbindet Elemente des späten Barock mit Einflüssen des französischen Klassizismus. Heute ist ein Teil der katalanischen Landesregierung hier untergebracht. Ein wenig weiter, auf der rechten Seite, kommen wir zum **F** Palau de la Virreina. Hier kann man die Ausstellung der »Riesen von Barcelona« besuchen. Dabei handelt es sich um mehrere Me-

Typisches Straßencafé

Links: Die gut besuchte Rambla
Oben: Auch das Straßenpflaster atmet Kreativität – hier von Miró
Mitte/Unten: Straßenkünstler unterhalten Barcelonas Gäste.

Oben: *Der Kater* von Fernando Botero im Raval
Mitte: Street Art im Raval
Unten: Straßenkiosk für den Happen auf die Hand

EL RAVAL UND DER HAFEN

Eines der vielen besetzten Häuser im Raval

ter hohe Pappmascheefiguren, die bei Festen und Umzügen zum Einsatz kommen. Unser nächstes Ziel ist die **G** Boqueria oder Mercat de Sant Josep (siehe Seite 124). Mit der Hausnummer 83 finden wir die **H** Antiga Casa Figueras, in der heute eine Konditorei untergebracht ist. Besonders auffällig sind die zahlreichen Mosaike an der Fassade. Das Gebäude wurde von Antoni Ros i Güell entworfen. Wir flanieren weiter, was in Barcelona auch »*ramblejar*« genannt wird, abgeleitet von »Rambles«. Dieser Abschnitt heißt Rambla dels Caputxins und wir finden hier unser nächstes Ziel, das **I** Gran Teatre del Liceu (mehr dazu auf Seite 128). Ein Stückchen weiter auf der linken Seite liegt der Zugang zur Plaça Reial, dem zentralen Platz des Raval. Ab hier bis zum Hafen befinden wir uns auf der Rambla de Santa Mònica und kommen nach circa 300 Metern zur Hausnummer 7, dem **J** Convento de Santa Mònica. Hier wird zeitgenössische Kunst gezeigt, wobei die Ausstellungen einen sehr guten Ruf haben. Unser letztes Ziel ist das **K** Museu de Cera. Es liegt auf der linken Seite, hinter der Rambla, in der Passage Banca, 7. In dem beeindruckenden Palast finden sich über 360 Persönlichkeiten aus Kultur und Geschichte, in Wachs verewigt.

Infos und Adressen

SEHENSWÜRDIGKEITEN

Font de Canaletes. Plaça de Catalunya. Am linken Rand des Mittelstreifens der Rambles

Reial Acadèmia de Ciències i Arts. La Rambla, 115, 08002 Barcelona

Compañia General de Tabacos de Filipinas. Rambla dels Estudis, 109, 08017 Barcelona

Església de Betlem. Rambla, 107, 08018 Barcelona

Palau Moja. Rambla, 118, 08018 Barcelona

Palau de la Virreina. Plaça de la Virreina,1, 08024 Barcelona

Bouquería/Mercat de Sant Josep. Rambla, 85, 08002 Barcelona

Antiga Casa Figueras. Rambla, 83, 08002 Barcelona

Gran Teatro del Liceu. Rambla, 51, 08002 Barcelona

Eglésia de Sant Pau del Camp im Raval

Convento de Santa Mònica. Paseo de Convento de Santa Mònica, 103, 08002 Barcelona

Museu de Cera. Passatje Banca, 7, 08002 Barcelona

ESSEN UND TRINKEN

L'Antic Forn. Wenige Meter von der Plaça Catalunya entfernt liegt dieses klassische Restaurant, das sich auf Gegrilltes spezialisiert hat. Es bietet aber auch traditionelle katalanische Küche an, darunter Spezialitäten wie den *Xató de Vilanova*, einer *escarola* (Endivie) mit *bacalao* (Thunfisch), Oliven und Romesco, die im Winter und Frühjahr zu *calçots*, gegrillten Frühlingszwiebeln, gegessen wird. Carrer del Pintor Fortuny, 28, 08001 Barcelona, Tel. 934 120 286, Fax 933 017 938, www.lanticforn.com, Frühstück: 9–13 Uhr, 13–17 Uhr und 20–24 Uhr, geschl. an Feiertagen

ÜBERNACHTEN

Barceló Raval. Im Herzen des Raval steht dieses moderne Hotel, Zimmer ab 120 Euro. Rambla del Raval, 17–21, 08001 Barcelona, revenue@barcelo.com, www.barceloraval.com

Hostal Gat Xino. Ein feines Hotel für junge Reisende. Zimmer ab 60 Euro. Carrer Hospital, 155, 08001 Barcelona, Tel. 933 248 833, Fax 933 248 834, hotelgatxinogatrooms.com, www.gatrooms.com

INFORMATION

Eine Touristeninformation befindet sich gegenüber dem Kaufhaus Cort Ingles, an der Ostseite der Plaça Catalunya. Plaça de Catalunya, 17–S. 08001 Barcelona, Tel. 932 853 834, Geöffnet: tägl. 9–21 Uhr, info@barcelonaturisme.cat, www.barcelonaturisme.cat

Eine weitere Touristeninformation ist direkt auf der Rambla. La Rambla, 115, 08001 Barcelona, Tel. 932 853 834, Geöffnet: tägl. 9–21 Uhr, darüber hinaus gibt es noch einige Infopunkte auf der Route. info@barcelonaturisme.cat, www.barcelonaturisme.cat

Mitte: Das MACBA passt eigentlich wie die Faust auf's Auge im Raval. **Unten:** Es gibt perfekt die Spannung zwischen Vergangenem und Gegenwart wieder.

20 MACBA – Museu d'Art Contemporani de Barcelona

Der Raval – ganz modern

Das Museum für moderne Kunst ist selbst ein Kunstwerk. Es bietet riesige Flächen, offene Hallen, Galerien und Ausstellungssäle und verfügt über die größte Sammlung der Kunst des 20. Jahrhunderts in Katalonien. Es finden regelmäßig Sonderausstellungen namhafter Künstler, darunter Bildhauer, Maler, Fotografen und Filmschaffende, statt. Den Besuch dieses Museums sollte man nicht versäumen.

Es wirkt schon ein wenig seltsam, wenn man durch graue, enge Gassen wandelt, gar nicht sicher ist, ob man noch auf dem richtigen Weg ist und plötzlich vor einem riesigen, strahlenden Gebäudekomplex steht. Eben noch befand man sich inmitten von Einwanderern und ihren Geschäften, nun ist man umgeben von trendiger Architektur und coolen Ausstellungen. Doch gerade diese Kontraste machen das Stadtviertel zu dem, was es heute ist: Ein zum Teil geplantes, zum Teil gewachsenes Geflecht aus Vergangenheit, Gegenwart und Zukunft.

El Raval ist ein authentisches Viertel, in dem das städtische Leben in seinen sämtlichen Spielarten nebeneinander existiert. Darum hat auch ein Projekt wie das Museum für moderne Kunst hier seinen Platz. Bis es 1995 eröffnet wurde, gab es in Barcelona gar kein Museum für zeitgenössische Kunst. Bereits seit Ende der 1950er-Jahre war die Stadt bestrebt, ein solches zu schaffen. Nach vielen Ansätzen und zahlreichen Rückschlägen hatte man es dann endlich geschafft. Das Museum, vom amerikanischen Stararchitekten Richard Meier entworfen, fand Platz auf dem Grundstück des ehemaligen Armenhospizes.

Neubau in historischer Umgebung

Das Gebäude wird dominiert von seiner Hauptfassade, die eine Länge von 120 Metern aufweist. Am gesamten Bauwerk herrschen gerade Linien vor und es ist schneeweiß gestrichen. Die Geradlinigkeit der Fassade steht im Kontrast zum seitlichen Rundkörper, der die Ausstellungsräume der vier Geschosse verbindet. Mit diesen beiden unterschiedlichen Elementen nimmt der Architekt sowohl die Geometrie der Stadtstrukturen Barcelonas als auch die Rundungen ihrer sakralen Gebäude auf. Die Beschattungsanlage vor der riesigen Glasfront unterstützt den Eindruck der geraden Linie, denn sie ist in weiße Rechtecke aufgeteilt und wirkt ein wenig wie ein Gitter.

Es war ein Anliegen des Architekten, das gesamte Gebäude mit Tageslicht zu durchfluten, was ihm durch die Fensterfront und mehrere Oberlichter gelungen ist. Selbst im Untergeschoss werden die Galerien durch Sonnenlicht beleuchtet. Die Transparenz setzt sich in den vielfältig unterbrochenen Trennwänden der Ausstellungssäle und den Glasbauten im Fußboden des oberen Galerieganges konsequent fort.

Der Zugang zum Museum erfolgt über eine äußere Rampe. Der Museumsrundgang beginnt im großen, dreigeschossigen Atrium und führt über Aufgänge zu den oberen Ebenen. Für die Präsentation der Kunst stehen verschiedene Raumtypen zur Verfügung. Es gibt sowohl Säle mit durchgehendem Obergeschoss und offenem Grundriss für die Aufnahme großer Wechselausstellungen, als auch

AUTORENTIPP!

CENTRE DE CULTURA CONTEMPORÀNIA DE BARCELONA – CCCB

Neben dem MACBA liegt das CCCB, das Zentrum für Zeitgenössische Kultur in Barcelona. Es bietet Raum für sämtliche kulturelle Phänomene, die die Stadt hervorbringt. Hier werden Ausstellungen, Musik- und Tanzvorführungen, Kurse, Filme und viele weitere Veranstaltungen organisiert. Es gibt zudem einen riesigen Innenhof, ein Archiv, eine Bibliothek und ein recht gemütliches Café. Über die aktuellen Ausstellungen und Angebote informiert die Website.

CCCB. Montalegre, 5, 08001 Barcelona, Tel. 933 064 100, Fax 933 064 101, Geöffnet: Di–So 11–20 Uhr. Mo, außer an Feiertagen, Ruhetag. Der Eintritt beträgt 6 Euro pro Ausstellung, ermäßigt 4 Euro; Mi und für Jugendliche bis 16 Jahre Eintritt frei. Erreichbar mit der Metro, Linien 1,2 und 3 bis Catalunya oder Universitat; mit dem Bus Turístic bis zur Plaça Catalunya. info@cccb.org, www.cccb.org

Man merkt, dass hier einer der besten Architekten des 20. Jahrhunderts am Werk war – Richard Meier.

Oben: Mag es auf den ersten Blick wie ein Fremdkörper wirken, das Museum gehört nirgendwo anders hin als in den Raval.
Unten: Die Linien des Gebäudes geben der zeitgenössischen Kunst ein würdiges Zuhause.

kleine, intime Räume, die für die Betrachtung von kleinformatigen Werken geeignet sind. Neben den Ausstellungen veranstaltet das MACBA auch Seminare, Workshops und Vorträge über moderne Kunst. Alljährlich im Juni findet auf dem Gelände des Museums das Sonar Festival für elektronische Musik statt. Es ist das größte Elektro-Festival in Europa. Mit dabei sind einige der besten DJs und es treten verschiedene Musiker auf. Das Museum wird ergänzt durch eine pädagogische Abteilung, eine Fachbibliothek, einen Shop und einen Skulpturengarten mit angrenzendem Café.

Sammlung des 20. Jahrhunderts

In den ausgestellten Sammlungen befindet sich hauptsächlich Kunst des 20. Jahrhunderts. Sie geben eine genaue Vorstellung über die künstlerischen Tendenzen des gesamten Jahrhunderts, besonders aber über die der letzten Jahrzehnte. Eine chronologische Anordnung der Werke gibt es dabei aber nicht. Das Museum wechselt seine Ausstellungen drei- bis viermal im Jahr. Die katalanischen Künstler, wie Joan Brossa, Antonio Saura, Antoni Tàpies, Joan Miró und viele mehr, sind dabei natürlich am stärksten vertreten. Aber auch die Werke zeitgenössischer spanischer Künstler wie Miquel Barceló, Eduardo Chillida oder Jorge Oteiza findet man hier. Doch auch Werke der unterschiedlichsten internationalen Künstler, darunter von Paul Klee, Alexander Calder, Marcel Duchamp, John Cage oder Jean-Michel Basquiat, befinden sich im Fonds des Museums.

Insgesamt verfügt das Haus über einen Fundus von etwa 300 Malereien, 150 Skulpturen, über 8000 Zeichnungen, Keramikarbeiten und Wandteppichen. 2011 kam der Nachlass des katalanischen Fotografen Xavier Miserachs dazu – ein Archiv mit über 80 000 Negativen.

Infos und Adressen

MUSEUM

MACBA – Museu d'Art Contemporani. Plaça dels Angels, 1, 08001 Barcelona, Tel. 934 120 810, Fax 934 124 602, Geöffnet: 25. Juni–24. Sept. tägl. außer Di 11–19.30 Uhr, Sa 10–21 Uhr, So und an Feiertagen 10–15 Uhr. Di, außer an Feiertagen, Ruhetag. Vom 25. Sept.–24. Juni schließt das Museum an Wochentagen 30 Minuten früher. Eintritt 9 Euro, ermäßigt 7 Euro. Freier Eintritt für Jugendliche bis 14 und Senioren ab 65 Jahre. Mit Barcelona Card 20 % Rabatt.
comunicacio@macba.cat, www.macba.es

ESSEN UND TRINKEN

Rita Blue. Restaurant mit Kellerbar und Livemusik Plaça de Sant Agustí, 3, 08001 Barcelona, Tel. 933 424 086, Geöffnet: Mo–So 20–21 Uhr, Fr und Sa bis 3 Uhr, info@ritablue.com, www.ritablue.com

Ca l'Isidre. Ein Familienbetrieb, in dem katalanische Küche modern zubereitet wird, mit saisonalen und frischesten Produkten des Markts. Absolut hochwertig und nicht billig! Carrer de les Flors, 12, 08001 Barcelona, Tel. 934 411 139, Fax 934 425 271, Geöffnet: Mo–Sa 13.30–16 Uhr, 20.30–23 Uhr, geschl. So und an Feiertagen, info@calisidre.com, www.calisidre.com

ÜBERNACHTEN

Casa Camper. Dieses Boutique-Designhotel ist in einem Gebäude aus dem 19. Jahrhundert untergebracht. Seine 25 Zimmer – einschließlich der fünf Suiten – zeichnen sich durch kreatives Design und einen tollen Sinn fürs Detail aus. Doppelzimmer gibt's ab 175 Euro. Carrer d'Elisabets, 11, 08001 Barcelona, Tel. 933 426 280, Fax 933 427 563, ebarcelona@casacamper.com, www.casa camper.co

VERANSTALTUNGEN

MACMA. Alljährlich im Juni findet das Sonar Festival für elektronische Musik statt. www.sonar.es

Der weite Platz vor dem Museum wird gerne von Jugendlichen besucht, die hier mit ihren Skateboards üben.

Mitte: La Boqueria – der Bauch Barcelonas – diesen Spitznamen hat sich dieser weltberühmte Markt verdient.
Unten: Doch leider sind Stände wie dieser eher selten geworden.

21 Mercat de Sant Josep
Einkaufsparadies La Boqueria

In Barcelona hat jeder Stadtteil seine Markthalle. Insgesamt sind es 39, doch die bekannteste ist »La Boqueria«, wie sie von den Einheimischen genannt wird. Sie liegt im Herzen der Stadt und ist mit einer Fläche von über 6000 Quadratmetern der größte Markt Spaniens. Nicht zuletzt der Vielfalt und Qualität seiner Produkte verdankt dieser Markt seinen Ruf und verhalf damit der Stadt zu ihrem großen gastronomischen Prestige.

Die Markthallen des Mercat de Sant Josep liegen an der Straße Les Rambles im Raval. Sie befinden sich im touristischen Zentrum der Stadt und sind dementsprechend gut besucht. Der Ursprung geht ins frühe 13. Jahrhundert zurück, als hier, außerhalb der Mauern, am Stadttor Boqueria, ein Fleischmarkt abgehalten wurde. Boqueria bedeutet Fleischerei. Weil immer mehr Fußgänger über die Ramblas kamen, wurde der Marktplatz stets beliebter und größer. Im Gegensatz zur innerstädtischen Enge war hier Platz für viele Händler. Im 18. Jahrhundert wurden mehrere Märkte an dieser Stelle zusammengelegt und 1826 erstmals

MAL EHRLICH

UNGELÖSTES PROBLEM

Drogen und Prostitution sind ein Problem rund um die Markthalle. Auch tagsüber kann es zu eindeutigen Angeboten an Touristen kommen. 2011 hat die Stadt deshalb versucht, die Prostitution aus dem Raval und der Boqueria zu verbannen. Völlig ist es ihr aber noch nicht gelungen.

Marktregeln erlassen. Inzwischen gab es mehr als 100 Stände mit unterschiedlichstem Angebot. 1827 gründete man den heutigen Markt und 1836 beschloss die Stadtverwaltung die Errichtung einer überdachten Halle. Im Jahr 1840 wurde auf dem Grundstück des ehemaligen Klosters Sant Josep mit dem Bau begonnen und 1848 der erste ständige Markt eingeweiht. Zunächst aber nur für die Fleischhändler. Man entschloss sich noch im selben Jahr, zusätzlich einen Fischmarkt hinter dem Palau de la Virreina zu errichten. Ab 1861 durften auch Obst- und Gemüsehändler sowie Blumenstände in die Hallen einziehen.

La Boqueria einst und heute

1869 gab es die letzte Erweiterung zur heutigen Größe. Hierzu wurden die Gebäude jenseits der Carrer de Jerusalem abgerissen. Die Eisenstruktur, die den Markt noch immer bedeckt, entstand im Jahr 1914. Sie besteht aus fünf identischen Körpern und besitzt keine Außenmauern oder metallenen Wände. Ebenfalls aus dieser Zeit stammt der modernistische Bogen am Haupteingang, der von dem Architekten Antoni de Falguera i Sivilla entworfen wurde. Er ist ebenfalls aus Gusseisen und mit farbigen Glasfenstern verziert. Die Verkleidungen der Fenster bestehen aus einem Mosaik aus Keramikteilchen, dem sogenannten *trencadís*. Dieser Stil ist eine Erfindung des Modernisme und wurde sehr häufig angewandt. Die Fensterverkleidungen an der Boqueria sind nach Entwürfen von Antoni Gaudí entstanden.

Heute gibt es auf den 6000 Quadratmetern Fläche rund 300 Marktstände, die in elf Gängen angeordnet sind. Die meisten Händler betreiben ihr Geschäft in der Boqueria bereits seit Generationen. Es gibt sehr exotische Produkte, aber auch alles, was die Hausfrau für den täglichen Bedarf benö-

AUTORENTIPP!

GOURMETFÜHRUNG – RUNDGANG MIT GENUSS

Das städtische Tourismusbüro bietet einen zweistündigen Rundgang durch die gastronomische Kultur Barcelonas an. Auf dem Programm stehen der Besuch der Granja Viader, wo man Schokoladengenüsse probieren kann, ein Abstecher zum Klostercafé Caelum, zu unterschiedlichen Konditoreien und natürlich zu den Markthallen La Boqueria und Santa Caterina. Die Führungen finden auf Englisch, Spanisch und Katalinisch statt. Die Teilnahme kostet 19,50 Euro für Erwachsene und 7 Euro für Kinder. Treffpunkt ist im Informationsbüro an der Plaça Catalunya 17.

Führungen. Fr und Sa um 10 Uhr auf Englisch, Sa um 10.30 Uhr auf Spanisch und Katalanisch

Wie in jedem Markt kann man auch in der Boqueria gut und frisch Essen – doch machen Sie sich auf Wartezeiten gefasst.

Oben und Mitte: Man kann sagen was man will, der Fischmarkt ist und bleibt spektakulär.
Unten: Hier kann man fast alles kaufen.

tigt. Auffallend ist, dass sämtliche Produkte aufs Feinste dargeboten werden. Obst ist auf Hochglanz poliert und farblich abgestimmt in Pyramiden gestapelt. Frischware wird angestrahlt, damit es ganz besonders appetitlich aussieht und selbst Süßigkeiten und Nüsse liegen nicht einfach nur da, sondern werden so drapiert, dass es schwerfällt, an den Köstlichkeiten vorbeizugehen, ohne sie zu probieren. In den letzten Jahren hat sich in der Markthalle die Mode verbreitet, Obst, Schinken und Wurst als Fingerfood vorbereitet zu verkaufen. Die Touristen unter den 25 000 Besuchern, die die Boqueria täglich aufsuchen, freuen sich über den Service, aber die Einheimischen sind oft genervt, denn die Markthalle wird immer mehr zur Sehenswürdigkeit. Inzwischen gibt es auch Stimmen, die einen Qualitätsverlust der Waren bemängeln.

Riesige Auswahl

Es ist gut möglich, dass Sie viele der Produkte, die hier angeboten werden, noch nie gesehen haben. Man sagt sogar, dass sich die katalanischen Sterneköche gerne von den Auslagen in der Boqueria inspirieren lassen. Das Sortiment ist so groß, dass man es bei einem einzigen Besuch gar nicht voll erfassen kann. Es gibt Obst- und Gemüsestände, an denen es tagesfrische Produkte aus der ganzen Welt gibt, ebenso an den Fischständen, die neben Frischfisch auch sämtliche Arten von Meeresfrüchten, Stockfisch und Konserven führen. Bäcker- und Konditoreistände, sämtliche Arten von Fleisch und Wurst, Öle, Essige und Gewürze, Süßwaren, Trockenfrüchte und Spielwaren, aber auch gewöhnungsbedürftige Speisen wie Regenwürmer und Ameisen kann man hier probieren. Eine vollständige Erfassung des Angebots durch den Besucher ist schier unmöglich. Bei der Boqueria heißt es: Sehen, wählen und probieren.

Infos und Adressen

ESSEN UND TRINKEN

Markthalle Sant Josep/La Boqueria. La Rambla, 91, 08001 Barcelona, geöffnet: tägl. außer So von 6–20 Uhr. Viele Stände öffnen erst gegen 8 Uhr und schließen bereits um 19 Uhr. Mit der Metro L3 bis Liceu.

Pinotxo. Eine schlichte Theke in der Boqueria, wo es ab 6 Uhr morgens frische kulinarische Köstlichkeiten gibt. Eine Institution. La Rambla, 91, 08001 Barcelona, Tel. 933 171 731, Mo–Sa 6–16 Uhr, im Aug. geschl.

Au Port de la Lune. Französische Küche in einem authentischen französischen Bistro, direkt an der Seite der Boqueria. Plaça de Sant Galdric, 1, 08001 Barcelona, Tel. 932 703 819, Fax 934 416 942, Mo–Sa 13.30–16 Uhr und 21–24 Uhr, So 12–16 Uhr, info@casaleopoldo.com, www.casaleopoldo.com

Marsella. Die älteste Bar Barcelonas. Den Bürgerkrieg hat sie nahezu unbeschadet überstanden und ist heute noch so beliebt wie eh und je. Spezialität: Absinth. Carrer de Sant Pau, 65, 08001 Barcelona, Tel. 934 427 263, geöffnet: Mo–Do 22–2 Uhr, Fr und Sa bis 3 Uhr, So geschl.

Es gibt Stände mit wahren Kunstwerken.

Attic. Das moderne Restaurant bietet auch Menüs für Gruppen an. Besonders Frauen sind sehr von der Atmosphäre angetan. Reservieren Sie, aber kommen Sie nicht zu spät, ab 22 Uhr wartet man lange auf einen Tisch. Mediterrane Küche mit sehr persönlicher Note ab etwa 30 Euro. La Rambla, 120, 08001 Barcelona, Tel. 933 02 48 66, Geöffnet: tägl. 13–1 Uhr, an den Wochenenden bis 0.30 Uhr. Durchgehend warme Küche. mk1@angrup.com, www.angrup.com/attic/restaurante-barcelona/index.php

Manche Stände bieten auch Degustationen an.

Mitte: Wie jede Weltstadt leistet sich auch Barcelona ein Opernhaus.
Unten: Eine Bühne, die bekannt ist für Ihre Wagner-Inszenierungen.

22 Gran Teatre del Liceu
Ein Opernhaus mit bewegter Geschichte

Das Gran Teatre del Liceu zählt zu den bedeutendsten Opernhäusern Europas. Im großen Saal haben 2286 Zuschauer Platz und fast täglich finden Aufführungen statt, neben den wichtigsten Werken der Klassik auch Brodwaytanz und Konzertmusik. Hier gibt es die größten Wagner-Festspiele außerhalb Bayreuths statt. Berühmte Dirigenten haben in der Oper gastiert, darunter Richard Strauss, Igor Strawinsky und Hans Swarowsky.

Das Gran Teatre del Liceu ist das größte Opernhaus der Stadt. Es liegt direkt an der Rambla und hat königliche Wurzeln. Im Jahr 1837 gründete die »Sociedad Dramática de Aficionados«, die Liebhaber dramatischer Kunst, ein musikalisches Konservatorium, das unter der Leitung von Königin Isabell II. im folgenden Jahr zum »Liceo Filármonico Dramático Barcelonés«, zur Philharmonischen und Dramatischen Lehranstalt von Barcelona, wurde.

Das Projekt erwies sich als sehr erfolgreich und erweckte bei einigen Geschäftsleuten die Idee, ein deutlich größeres Opernhaus zu bauen als es das Königshaus vermochte. Es wurde die »Societat de Propietaris«, die Gesellschaft der Eigentümer, gegründet, und durch Aktienhandel wurden beachtliche Gewinne erwirtschaftet. Diese flossen in den Bau der neuen Oper, die 1847 eröffnet werden konnte. Verantwortlich zeichnete Miquel Garriga i Roca (1804–1888), der in dieser Zeit als städtischer Architekt und Stadtplaner in Barcelona wirkte. Das neue Musiktheater hatte 4000 Sitzplätze und war das größte in ganz Europa. Mitte der 1850er-Jahre trennte man die Oper vom Konservatorium. Sie wurde nun von den Mitgliedern der Gesellschaft kommerziell betrieben. Die Theater- und Opernproduktionen vergab man an Investoren, die die Erlöse aus dem Ticketverkauf erhielten.

Der Wiederaufbau der Oper

1861 wurden Bühne und Auditorium durch ein Feuer komplett zerstört. Bereits nach einem Jahr konnte das Haus wiedereröffnet werden. 1877 entschloss man sich zu einer Renovierung. Danach wurde die Oper über 100 Jahre lang unverändert weiter betrieben. In den 1970er-Jahren wurde das Finanzierungssystem geändert. Die Oper ging in eine Trägerschaft über, die aus der Stadt Barcelona, der katalanischen Regionalregierung und der Societat del Gran Teatre del Liceu bestand, die sich aus der Societat de Propietaris entwickelt hatte. Seit 1986 gab es Pläne zur Erweiterung und Modernisierung, doch ein Brand kam diesem Bestreben zuvor. Am 31. Januar 1994 wurde das Liceu fast vollständig zerstört.

Nach dem ersten Schock entfachte eine landesweite Diskussion um den Wiederaufbau des Opernhauses. Schließlich wurde die Stiftung »Fundació del Gran Teatre del Liceu« geschaffen, in die das Vermögen und alle Rechte eingingen. Seither befindet sich die Oper in öffentlicher Trägerschaft. Für die Restaurierung des Gebäudes startete die Stiftung eine groß angelegte Spendenaktion, die als riesiger Erfolg verbucht werden konnte. Die Hälfte der Kosten konnte damit gedeckt werden.

In den folgenden fünf Jahren wurde das Gebäude nach den Plänen von Solà Ignasi de Morales (1942–2001) wiederaufgebaut, der sich auf Wie-

AUTORENTIPP!

MUSICALS

Vor einigen Jahren begann ein Trend, der sich heute in verschiedenen städtischen und internationalen Produktionen widerspiegelt. Einige Theater haben sich auf Musicals spezialisiert, darunter das Teatre Musical, das Teatre Tivoli und das Victoria. Verschiedene Spielstätten findet man im sogenannten »El Paral-lel«, der als DIE Theaterstraße Barcelonas gilt. Sie liegt im Bezirk Montijuic und war zu Anfang der 1920er-Jahre eine sehr populäre, aber durchaus zwielichtige Amüsiermeile. Inzwischen wurden verschiedene Theater restauriert, so zum Beispiel das »El Monlino« von 1898. Die Burlesqueshows sind ein ästhetisches und pikantes Vergnügen. Drei Shows von Donnerstag bis Sonntag, 18.30 Uhr und 21.30 Uhr.

El Molino, Vila i Vila 99 (Av Paralell) 08004 Barcelona, Tel. 932 055 111, info@elmonilobcn.com, www.elmolinobcn.com. Den Spielplan für alle Musicaltheater finden Sie unter: www.broadwaybarcelona.com

Neben öffentlich zugänglichen Räumen besitzt das Liceu auch einige private Räume, die für Veranstaltungen vermietet werden.

Oben: Wie an allen Weltbühnen ist es nicht leicht, hier Karten zu bekommen. Doch Anstrengung lohnt!
Mitte: Der Spiegelsaal
Unten: Die Große Treppe

derherstellungen spezialisiert hatte. Von ihm sind auch die Rekonstruktionen des berühmten Pavillons von Mies van der Rohe in Barcelona sowie die Altstadtsanierungen von Marseille und Tarragona. Unter seiner Leitung hielt man sich sehr eng an die Originale von 1861 und 1877. Unversehrte Teile wurden wieder installiert und die zerstörten Räume möglichst getreu wiederaufgebaut. Dazu zählen die Fassade, das eindrucksvolle Foyer und der repräsentative Spiegelsaal.

Trotzdem wurde das Haus mit modernster Technik ausgerüstet und der große Saal den modernen Erkenntnissen der Akustik angepasst. Die obersten der sechs Zuschauerebenen bekamen Monitore, damit die Aufführung auf allen Plätzen optimal verfolgt werden kann. Unterhalb des Saales ist ein Restaurant eingerichtet worden, wo die Besucher die Pausen angenehm verbringen können. Am 7. Oktober 1999 wurde dann das Gran Teatre del Liceu wiedereröffnet und konnte sich schnell einen Platz in der nationalen und internationalen Kulturszene erobern.

Besichtigung des Opernhauses

Das Opernhaus kann täglich besichtigt werden. Zwischen 11.30 Uhr und 13.00 Uhr kann man selbstständig durch das Gebäude streifen und das Foyer, den großen Konzertsaal, den Spiegelsaal und einige Logen besuchen. Der Rundgang dauert etwa 20 Minuten. Bei der Führung, die sicher ein Erlebnis für Technikinteressierte ist, geht es zusätzlich hinter die Bühne und zu weiteren betrieblichen Einheiten. Diese Tour findet täglich um 10.00 Uhr statt und man ist rund 1,5 Stunden unterwegs. Die Führungen werden in Englisch, Spanisch und Katalanisch abgehalten. Karten für den Rundgang erhalten Sie im Untergeschoss, an der Kasse neben dem Café.

Infos und Adressen

SEHENSWÜRDIGKEITEN

Gran Teatre del Liceu. La Rambla 51–59, 08002 Barcelona, Tel. 934 859 900, Fax 934 859 918, Der kleine Rundgang kostet 5 Euro, die Führung 10 Euro. Während der Proben und Aufführungen kann das Theater nicht besichtigt werden. Mit der Barcelona Card gibt es 20 % Rabatt. lopd@liceubarcelona.cat, www.liceubarcelona.com

ESSEN UND TRINKEN

Espai Liceu Gastronòmic-Café im Theater. Essen wird hier zu sehr günstigen Preisen nur mittags unter der Woche serviert. Ansonsten handelt es sich um eine Cafeteria. La Rambla, 51–59, 08001 Barcelona, Tel. 933 435 664, Geöffnet: Mo–Fr 13–16 Uhr. Cafeteria: Mo–Sa 9.30–20 Uhr

Casa Leopodo. Seit mehr als 80 Jahren bekannt wird das Restaurant hauptsächlich von Intellektuellen und Künstlern besucht. Serviert werden vor allem Fisch und Meeresfrüchte, außerdem katalanische Schmorgerichte. Carrer de Sant Rafael, 24, 08001 Barcelona, Tel. 934 413 014, Fax 934 416 942, Geöffnet: Di–Sa 13–16 Uhr und 21–23 Uhr, So 13–16 Uhr; geschl. So-abend und an Feiertagen, Mo sowie im Aug. und 7–15 Jan., info@casaleopoldo.com, www.casaleopoldo.com

ÜBERNACHTEN

Hostal Opera Ramblas. Zentral gelegen und eine günstige Alternative zum Hotel. Einzelzimmer ab 45 Euro, Doppelzimmer ab 63 Euro. Carrer de Sant Pau, 20, 08001 Barcelona, Tel. 933 188 201, Fax 933 185 033, info@operaramblas.com, www.operaramblas.com

EINKAUFEN

Santa Rita. Hier finden Sie Ihre Mitbringsel. Eine große Auswahl an Büchern, Musik und ausgefallenen Geschenkideen verleitet zum Stöbern. Doctor Dou, 11, 08001 Barcelona, Tel. 932 69 08 00

Der Konzertsaal, der nach dem Brand wieder aufgebaut wurde, besticht durch seine Akustik.

Mitte: In jeder großen Stadt Spaniens gibt es eine Plaza Reyal oder Plaza Mayor. Hier heißt der Platz eben Plaça Reial.
Unten: Hier stehen die »Jugendsünden« von Gaudí – zwei Laternen.

23 Plaça Reial – der Publikumsmagnet
Eine historische Stätte

Umringt von neoklassizistischen Gebäuden steht in der Mitte des Platzes der Drei-Grazien-Brunnen, umgeben von Laternen, die von Antoni Gaudí entworfen wurden. Tagsüber geht es hier ruhig zu und so lädt die Plaça zum Pausieren ein, um dem Trubel der nahen Rambla zu entfliehen. Nachts aber wird er zum beliebten Treffpunkt und in den Cafés, Restaurants und Discos geht es auch schon mal hoch her.

Die Plaça Reial liegt östlich der Rambla im Stadtteil Gòtic, der seinen »Haupteingang« aber über die Rambla hat. Es gibt noch drei weitere Zugänge, die jedoch sehr klein sind und leicht übersehen werden. Einen am Carrer de Ferran im Norden und zwei weitere südöstlich über den Carrer de Vidre und über die Passage Bacardi, wobei Letzterer abends verschlossen wird.

Die Entstehung des Platzes

Dort, wo heute die Plaça Reial liegt, stand zuvor das Kapuzinerkloster Santa Madrona. Es wurde während des Ersten Karlistenkrieges 1835 angezündet, überstand das Feuer aber relativ gut. Das Klostergebäude wurde zur Schule umfunktioniert und in die Klosterkirche zog ein Theater ein. Doch 1845 riss die Stadt die Überreste des Klosters ab, um an seiner Stelle den neuen Platz anzulegen. Nach Entwürfen des Architekten Francesc Daniel Molina i Casamajó (1812–1867) entstand hier von 1848 bis 1895 eine rechteckige Bebauung in neoklassizistischem Stil. In der Architektur unterscheidet sich die Begrifflichkeit innerhalb Europas in dieser Epoche ein wenig. Während man in Deutschland vom Klassizismus spricht, nennt sich der Stil in Spanien »Neoklassizismus«.

Molina entschied sich in Anlehnung an den Call für die schmalen Zugänge zur Plaça und schuf damit eine Verbindung zu dem Geflecht der engen mittelalterlichen Gassen. Die Wohn- und Geschäftshäuser sind vierstöckig und im Erdgeschoss mit Arkadengängen versehen. In der Mitte des Platzes steht der gusseiserne Brunnen mit den drei Grazien aus dem Jahr 1876. In der römischen Mythologie sind sie Göttinnen der Anmut. Sie sind Töchter von Zeus und Eurynome und heißen Euphrosyne, »der Frohsinn«, Talía, »die Blühende« und Aglaia, »die Glänzende«. In der Kunst werden sie meistens nackt und sich berührend dargestellt. Dieser Tradition folgen die Figuren auf dem Brunnen nur zum Teil. Die bekleideten Grazien stehen Rücken an Rücken eng beieinander in der Mitte einer großen runden Schale. Über ihren Köpfen erhebt sich eine zweite, kleinere Schale, die die Figuren wie ein Dach schützt.

Überall auf dem Platz stehen hohe Palmen sowie die berühmten Laternen von Antoni Gaudí (1852–1926), die Fanals. Nachdem Gaudí 1878 sein Studium abgeschlossen hatte, bekam er zunächst den Auftrag, Laternen für den Passeig de Muralla del Mar zu entwerfen. Über den Entwurf kam er aber nie hinaus. Der folgende für die Fanals an der Plaça Reial wurde endlich umgesetzt und kam sehr gut an. Es ist damit Gaudís erster Auftrag von der Stadt Barcelona.

Der Platz war lange Zeit die Flaniermeile der wohlhabenden Bevölkerung, doch im Laufe der Zeit verkam er immer mehr und wurde zum zentralen Drogenumschlagsplatz. Anfang der 1980er-Jahre restaurierte man ihn und verstärkte die Poli-

AUTORENTIPP!

FLOHMÄRKTE IM RAVAL

Barcelona ist bekannt für seine Vielzahl von Floh,- Kunst- und Sammlermärkten. Im Zentrum gibt es zum Wochenende hin einige recht interessante *firas*, wie der Flohmarkt auf Katalanisch heißt.
El Mercat de Sant Antoni, rund um die gleichnamige Markthalle, findet jeden Sonntag statt. Auf dem beliebten Markt gibt es Secondhandbücher, Zeitschriften, Comics, Postkarten, Briefmarken und vieles mehr. Viele Anwohner verkaufen oder tauschen hier ihre gebrauchten und neuen Sachen. Im Volksmund wird der Markt auch »Mercat de Col«, Kohlmarkt, genannt. El Mercadillo de la Plaça de Sant Josep gibt es an jedem Wochenende. Katalanische Künstler, die in verschiedenen Stilrichtungen und in unterschiedlichen Techniken malen und ausstellen, nehmen auch Aufträge entgegen.

El Mercat de Sant Antoni. Ronda Sant Pau/Carrer Comte d'Urgell. Jeden So 8–15 Uhr, Mit der Metro L2, Lila Linie bis Sant Antoni.

El Mercadillo de la Plaça de Sant Josep. Plaça de Sant Josep/ Las Ramblas, Sa 11–22, So 11–14 Uhr, Ebenfalls mit der L 3 bis Liceu.

Die Plaça Reial ist zum Leidwesen der Anwohner bis in die Morgenstunden mit recht lautstarkem Leben gefüllt.

Oben: In den Arkaden finden sich etliche Restaurants und Bars.
Mitte: Im Tarantos wird klassischer und zeitgenössischer Flamenco angeboten.
Unten: Das Café Barcelonas an der Plaça Reial

zeipräsenz, sodass sich wieder Handel und Gastronomie ansiedelten. Der Platz gilt heute als sicher.

Beliebte Flaniermeile

Nach Sonnenuntergang geht es im Sommer meistens hoch her. Die Cafés, Bars, Restaurants, Nachtlokale und Diskotheken auf der nördlichen und östlichen Seite des Platzes sind sehr beliebt bei Einwohnern und Touristen. An der Westseite stehen Wohnhäuser und Pensionen, deren Eingänge sich an der Rambla befinden. Hier gibt es von beiden Seiten Lärm, dessen sollte man sich bewusst sein, falls man an einer derart zentralen Stelle einchecken möchte.

In den Bierkneipen auf der Plaça werden »*jarras*« ausgeschenkt, das bedeutet »Kanne«. Sie haben ein Volumen von einem halben Liter. Üblicherweise wird Bier in Spanien in einer *caña* ausgeschenkt, die 200 Milliliter fasst. Im Sommer gibt es zahlreiche Veranstaltungen, von Musik über Kunst bis hin zu Theater, sodass sich ein Blick in den Veranstaltungskalender lohnt.

Der Briefmarken- und Münzenmarkt

Fira de Nautumismo heißt der Markt, der jeden Sonntag auf der Plaça Reial abgehalten wird. Unter Philatelisten und Numismatikern, wie Münzsammler auch genannt werden, gilt diese Adresse als bester Handelsplatz für Briefmarken und Hartgeld aus der ganzen Welt. Neben den einschlägigen Ständen gibt es auch einige Kunsthandwerker, die sich hier einfinden. Wenn der offizielle Markt zu Ende ist, treffen sich die Menschen aus der Nachbarschaft und verkaufen, was der Haushalt entbehren kann. Es lohnt sich also, den Marktbesuch nicht zu früh anzusetzen.

Infos und Adressen

SEHENSWÜRDIGKEITEN

Fira de Nautumismo. Plaça Reial, Jeden So 10–14.30 Uhr, mit der Metro L3 (grüne Linie) bis Liceu

ESSEN UND TRINKEN

Les Quinze Nits. An der Plaça Reial gelegen, bietet dieses Restaurant, das zu einer Kette mit 14 Lokalen gehört, seinen Gästen günstige und schmackhafte Menüs, vor allem mittags. Reservierungen werden nicht angenommen. Plaça Reial, 6, 08002 Barcelona, Tel. 933 173 075, Geöffnet: tägl. 12–23.30 Uhr

Ocaña. Das Ocaña erstreckt sich über drei historische Gebäude, die acht Jahre lang restauriert wurden. Es ist schon jetzt *das* In-Bistro von Barcelona, obgleich es erst im März 2012 eröffnet hat. Ergänzt wird das Café-Bistro durch eine Cocktail-Lounge. Restaurant und Bar werden noch restauriert. Plaça Reial, 13–15, 08002 Barcelona, Tel. 936 764 814, Geöffnet (Café): tägl. 8–1 Uhr, www.ocana.cat

ÜBERNACHTEN

Boutique Hotel DO Reial. Dieses Hotel ist in einem jüngst restaurierten Gebäude an der Plaça Reial untergebracht. Es verfügt nur über 18 luxuriöse Zimmer, die meisten mit Blick auf die Plaça. Es hat einen kostenlosen Spa-Bereich, einen Swimmingpool und eine Dachterrasse mit unvergleichlichem Ausblick. Einzelzimmer ab 155 Euro, Doppelzimmer ab 240 Euro., Plaça Reial, 1, 08002 Barcelona, Tel. 934 813 666, Fax 933 020 970, info@hoteldoreial.com, www.hoteldoreial.com

Roma Reial. In einem neoklassizistischen Gebäude an der Plaça Reial untergebracht hat es seinen Stil und sein Ambiente trotz umfangreicher Umbauarbeiten behalten. Zimmer ab 70 Euro. Plaça Reial, 11, 08002 Barcelona, Tel. 933 020 366, Fax 933 011 839, info@hotel-romareial.com, www.hotel-romareial.com

VERANSTALTUNGEN

Veranstaltungskalender. Für Musik, Theater und Kunst, gute Informationen unter www.lareial.com

Das Ocaña, benannt nach einem recht schrillen Künstler, der in den 70er- und 80er-Jahren in seinen jetzigen Mauern lebte, eröffnete im Frühjahr 2012 – nach acht Jahren Restaurierungsarbeiten.

24 Palau Güell

Ein beeindruckender Stadtpalast

Der Palast ist eines der frühesten Werke von Antoni Gaudí (1852–1926). Er entwarf ihn für seinen Mäzen, den Industriellen Eusebi Güell (1846–1918), Graf von Güell, der ihm über viele Jahre hinweg zahlreiche Aufträge erteilte. Das Gebäude beeindruckt durch seine Fassade, durch die Eingangshalle mit seiner Lichtkuppel und vor allem durch die Dachterrasse mit ihren 20 bunt verzierten Schornsteinen, die zu einem Wahrzeichen Barcelonas geworden sind.

Das Gebäude liegt an der Nou de la Rambla, nur wenige Meter von der Rambla entfernt, im Zentrum der Stadt. Während alle anderen angesehenen Bürger der Stadt sich im neuen Stadtteil Eixample niederließen, der gerade einmal 30 Jahre alt war, wollte Güell in der Altstadt wohnen bleiben.

Als Gaudí 1878 sein Studium beendete, war er 26 Jahre alt und es war unklar, wie sich seine Karriere entwickeln würde. Im selben Jahr lernte er den studierten Kaufmann und Mäzen Eusebi Güell kennen. Dessen Vater war ein wohlhabender Geschäftsmann und Industrieller. Sein Sohn Eusebi Güell war bereits sehr erfolgreich, als Gaudí ihn kennenlernte. Güell zeigte sich von Gaudís Entwürfen begeistert und erteilte ihm im Jahr 1884 den Auftrag, den Sommersitz der Familie zu reformieren. Schon im Jahr darauf betraute er ihn dann mit dem Bau seines neuen Stadtpalastes, dem Palau Güell, und schenkte ihm damit sein volles Vertrauen.

Mitte: Im Eingangsbereich bereits beweist Gaudí seinem großen Gönner sein Können.
Unten: Er sicherte sich so seinen Mäzen.

Selbst die Stallungen suchen ihresgleichen.

Das durchdachte Konzept

Der Zustand des Raval war Ende des 19. Jahrhunderts mehr als schlecht. Unkontrollierte Zuwanderung und die Überlastung der Infrastruktur hatten zu unhaltbaren sanitären und sozialen Zuständen in der Altstadt geführt. Darum schlug Güell seinem jungen Architekten für den Bau des Palastes eine Ausrichtung nach innen vor, um die Privatsphäre der Bewohner zu schützen. Dies ermöglichte dem Kunst- und Kulturförderer, in seinem Haus Konzerte zu veranstalten, Lesungen abzuhalten oder Vorträge zu organisieren, während auf der Straße ungezügelter Lärm herrschte. Güell hatte bestimmte Vorstellungen: Um eine zentrale Eingangshalle sollten vertikale Proportionen angelegt werden, die sich vom Erdgeschoss bis zur Dachterrasse erstreckten. Als Abschluss wünschte er sich eine Kuppel, in die ein zentrales Oberlicht eingelassen sein sollte. Während die Fassade eher schlicht gehalten wurde, wollte der Unternehmer im Inneren keinen Luxus missen. Der Palast vereinte Geschäftliches und Privates. Das Erdgeschoss, die Beletage, wurde gewerbsmäßig genutzt, im ersten Stock lebte die Familie, und die

AUTORENTIPP!

CAFÈ DE L'OPERA

Die Anfänge gehen auf das Ende des 18. Jahrhunderts zurück. Vor dem Gebäude fuhren die Kutschen in Richtung der umliegenden Dörfer ab und so war es zu Beginn eine Art Raststätte. Mit dem Bau des Theaters entwickelte sich das Lokal zu einer klassischen Chocolaterie, im Stil eines Wiener Caféhauses. Aus dieser Zeit sind noch die Wandspiegel erhalten. Um die Jahrhundertwende wurde es dann zum Café und Bistro. Damals trug das Lokal den Beinamen »La Malloquina« und war eine der nobelsten Adressen der Stadt. Adel und Großbürger trafen sich hier. Im Jahr 1928 kaufte ein Vorfahr der heutigen Besitzer den Betrieb und gestaltete ihn im Jugendstil um. Das Cafè de L'Opera öffnete 1929 seine Pforten und hat den Betrieb bis heute niemals eingestellt. Die Betreiber sind stolz auf drei Gästebücher, in denen sich berühmte Menschen über viele Jahrzehnte hinweg verewigt haben.

Cafè de L'Opera. Rambla, 74, 08001 Barcelona, Tel. 933 17 75 85, geöffnet: tägl. 8.30–2.30 Uhr, www.cafeoperabcn.com

Oben: Gaudí zieht sein Konzept durch …
Mitte: … und schafft sein erstes großes Meisterwerk.
Unten: Er baut der Familie des Grafen Güell ein Stadthaus mit großem Luxus.

Dienerschaft hatte im Dachgeschoss ihre Unterkünfte. Das Untergeschoss wurde genutzt, um ein ungestörtes Ein- und Austreten zu gewährleisten. Die Bauphase dauerte von 1885 bis 1890, der Baubeginn selbst war im Oktober 1886.

Die gelungene Umsetzung

Gaudí standen nur 18 x 22 Meter Grundfläche zur Verfügung, um alle Wünsche seines Auftraggebers zu verwirklichen. Er löste die Aufgabe zur vollsten Zufriedenheit und schuf eines der schönsten Gebäude des katalanischen Modernisme. Im Gegensatz zu anderen Bauten Gaudís ist die Fassade des Palau Güell sehr bescheiden. Vorherrschend ist grauer Kalkstein und es gibt fast keine Ornamentik. Zwei riesige Bögen prägen den Eingangsbereich, der mit schmiedeeisernen Gittern, Zierwerk und Tiersymbolen fast wie eine Festung wirkt. Dieser Eindruck war offenbar beabsichtigt und sollte Einbrecher abhalten. Durch die Einfahrt konnten Kutschen über Rampen ins Untergeschoss des Palastes fahren, wo die meist gut situierten Besucher unbehelligt aussteigen und die Treppe zu den Wohn- und Veranstaltungsräumen nehmen konnten. Diese Wagenhalle zählt zu den interessantesten Räumen, die Gaudí geschaffen hat. Im Geschoss darüber befanden sich Büros, eine Bibliothek und das Vestibül, von dem aus man in die verschiedenen Geschosse und Räume gelangte.

Der gesamte Innenbereich ist mit Marmor ausgestattet, es gibt Buntglasfenster und jeden erdenkbaren Luxus der Zeit. Die Beletage verfügt über diverse Ausstellungs- und Mehrzweckzimmer sowie über einen großen 17 Meter hohen Salon, dessen Design und Dekor ebenfalls von Gaudí stammt. Er ließ sogar Möbelstücke für den Palast herstellen. In einem Zwischengeschoss, das über einen prächtigen Treppenaufgang zu erreichen ist,

Das Dach des Palau Güell

wurden Musikabende veranstaltet. Im nächsten Stock lagen die Schlafzimmer des Ehepaares Güell und die Kinderzimmer sowie das Badezimmer.

Das Dachgeschoss, in dem die Bediensteten wohnten, war ausgestattet mit einer Küche und einer Waschküche sowie mit Schlafzimmern. Auf der Dachterrasse stehen die 20 bunten, verspielten Kamine, die nicht nur zum Heizen, sondern auch zur Belüftung des Gebäudes dienen. Als der Palast zur Weltausstellung 1888 offiziell eingeweiht wurde, war er noch nicht fertig. Die Arbeiten gingen bis 1890. Die Schornsteine wurden erst 1895 nachträglich installiert. Im Jahr 1984 wurde der Palau Güell, neben anderen Bauwerken Gaudís, in die Liste der Kulturdenkmäler der UNESCO aufgenommen. Seit Mai 2011 kann man ihn, nach siebenjähriger Restaurierung, wieder besuchen.

Infos und Adressen

Palau Güell. Carrer Nou de la Rambla 3–5, 08001 Barceona, Tel: 93 472 57 75/ 5771, www.palauguell.cat, göffnet von Apr.–Sept. Di–So 10–20 Uhr, letzter Einlass 19 Uhr, Okt.–März: Di–So 10–17.30 Uhr, letzter Einlass 16.30 Uhr. Der Eintritt beträgt 12 Euro, ermäßigt 8 Euro: Kinder mit Ausweis, Studenten und Senioren sowie Gruppen nach vorheriger Anmeldung. Rollstuhlfahrer bitte ebenfalls anmelden. Mit der Metro L3 oder mit dem Bus Turístic bisLiceu.

ESSEN UND TRINKEN

Bar Cañete. In ziemlich kurzer Zeit hat sich diese Tapa-Bar mit andalusischem Flair einen Ruf in Barcelona geschaffen. Carrer de la Unió, 17, 08004 Barcelona, Tel. 666 955 287, geöffnet: Mo–Sa 13–1 Uhr, So geschl.

ÜBERNACHTEN

Husa Oriente. In einem vollständig restaurierten Gebäude aus dem 19. Jahrhundert, direkt an den Ramblas gelegen. Die Zimmer verfügen über komplett ausgestattete Badezimmer und kostenlosen WLAN-Internetzugang. Es gibt ruhige Zimmer, die zum alten Klosterhof hinausgehen, und Zimmern, die einen wunderschönen Blick auf die berühmten Ramblas bieten. Übernachtung ab 120 Euro. La Rambla, 45, 08001 Barcelona, Tel. 933 022 558, www.hotelhusaoriente.com

Hotel San Ramón. Eine wirklich günstige Variante, in Barcelona einzuchecken. Zimmer ab 30 Euro. Carrer de Sant Ramon, 15, 08001 Barcelona, Tel. 933 296 022 www.pensionsanramon.com

Mitte: Das Kolumbusdenkmal in Barcelona ist eines der bekanntesten ganz Spaniens.
Unten: Es wurde anlässlich der Expo 1888 am 1. Juni des gleichen Jahres am Hafen eröffnet.

25 Drassanes Reials i Museu Marítim

Das maritime Erbe

Die Drassanes Reials sind königliche Werften aus dem Mittelalter, die größten und besterhaltenen der Welt. Im Jahr 1280 wurde mit dem Bau der Anlage begonnen und 500 Jahre lang war sie in Betrieb. Bereits 1941 eröffnete das Museu Marítim hier seine Pforten. Auf mehr als 10 000 Quadratmetern Fläche zeigt es alle Aspekte des Lebens auf See und dokumentiert die enge Verknüpfung zwischen Barcelona und dem Meer.

Ganz am Ende der Ramblas liegen die Drassanes Reials mit dem Schifffahrtsmuseum, gleich gegenüber vom Hafen. Die ersten acht Hallen wurden direkt am Wasser erstellt, danach kamen noch acht weitere Richtung Stadt dazu – und im 17. Jahrhundert weitere drei Hallen auf der östlichen Seite, in Richtung Rambla.

Schiffbau auf königlichen Werften

Die alte Werft von Barcelona entsprach nicht mehr den Bedürfnissen des 13. Jahrhunderts, das vom Wettlauf um die Vormachtstellung im Mittelmeer geprägt war. Peter der Große, König von Aragón (1276–1285), befahl um 1280 den Bau einer neuen Anlage außerhalb der Stadtmauern. Zunächst genügte ein rechteckiges Gelände, das mit einer Mauer eingefasst war und an jeder Ecke einen Turm besaß. Heute stehen noch zwei dieser Türme. Alfons IV. (1327–1336) ließ die Werft überdachen, doch wegen chronischer Geldnot zog sich der Bau bis zur Regierungszeit von Peter IV.

Drassanes Reials i Museu Marítim

Die Verwaltung der Handelsschiffahrt ähnelt eher einem Casino als einem Verwaltungsgebäude.

(1336–1387) hin. Er bekam Unterstützung vom Stadtrat, sodass ab 1378 acht parallele Hallen entstanden. Sie haben gotische Gewölbe und Holzdächer, deren Bögen von quadratischen Pfeilern getragen werden. König Johann (1387–1396), der sich mehr um die Jagd als um die Staatsgeschäfte kümmerte, ließ die Drassanes weiter ausbauen. Er wollte damit auch den Bedürfnissen der katalanischen Kaufleute nachkommen. König Johann ließ den Innenhof überdachen und eine zweistöckige Vorhalle errichten. Die strenge und funktionale Architektur der Anlage erlaubte den Bau von 30 Galeeren gleichzeitig. Damit war Aragón seinen Konkurrenten überlegen und konnte zu einer Militär- und Handelsmacht im Mittelmeerraum aufsteigen. Die meisten Schiffe der katalanischen Flotte kamen aus Barcelona. Doch die Werft wurde immer größer. Am Ende des 15. Jahrhunderts hatte sie bereits 16 Hallen. 1578 übernahm die Generalität von Katalonien die Verwaltung und ließ 1618 drei weitere Produktionshallen erstellen, die getreu den mittelalterlichen Gebäuden konstruiert wurden. In der Mitte des 18. Jahrhunderts wurden die beiden mittleren Hallen des ältesten Abschnitts verbunden und erhöht. In dieser Zeit ging die Werft in den Besitz des Heeres

AUTORENTIPP!

MIRADOR DE COLÓN – DAS KOLUMBUS-DENKMAL

Auch die Kolumbus-Säule wurde zur Weltausstellung 1888 aufgestellt. Sie erinnert an die Heimkehr von Kolumbus nach der Entdeckung Amerikas und an den Empfang durch die katholischen Könige. Das Denkmal wurde von Gaietà Buïgas i Monravá entworfen und hat eine Höhe von 60 Metern. Die bronzene Statue des Seefahrers steht auf einer Eisensäule. Sie misst sieben Meter und ist ein Werk des Bildhauers Rafael Atché. An der Basis stehen acht riesige bronzene Löwen – ein Relief zeigt Motive der Entdeckung. Per Aufzug gelangt man auf die Aussichtsplattform, den »Mirador de Colón«, mit einem sehr schönen Blick über die Rambla und den Hafen.

Plaça del Portal de la Pau. Geöffnet: Okt.–Mai tägl. 8.30–18.30 Uhr und Juni–Sept. tägl. 8.30–20.30 Uhr. Eintritt: Erwachsene 4 €, Kinder 4 bis 12 Jahre 3 €.

Die Front der Drassanas Reiales mit den zwei zusammengelegten Hallen

über und wurde befestigt. Schiffe baute man hier nicht mehr, zunächst wurde das Gelände zur Kaserne und später zum Waffenarsenal. 1935 übernahm es wieder die Stadt, restaurierte es und stellte es dem Museu Marítim zur Verfügung. Seit 1976 steht die Anlage unter Denkmalschutz.

Das Museu Marítim

Bereits seit 1929 gibt es das Schifffahrtsmuseum, das sich zur Aufgabe gemacht hat, das Leben an, auf und mit dem Meer zu dokumentieren, zu beschreiben und erlebbar zu machen. Seit 1941 befindet es sich in den Drassanes Reials und gehört zu den beliebtesten Museen Barcelonas. Zur ständigen Ausstellung gehört auch der dreimastige Schoner »Santa Eulàlia«, der 1919 vom Stapel lief. Es ist ein typisches Handelsschiff seiner Zeit. Es liegt im Port Vell, rund 500 Meter vom Museum entfernt.

Innerhalb des Geländes werden weitere Schiffe ausgestellt, darunter ein Nachbau der Galeere von Don Juan de Austria (1547–1578), dem Kommandeur über die spanische Flotte bei der Seeschlacht von Lepanto (1571), bei dem die Türken von einer Mittelmeerunion zurückgeschlagen wurden. Die »Real«, 1571 in Barcelona gebaut, war sein Flaggschiff. Auf den 10 000 Quadratmetern Ausstellungsfläche gibt es sehr viele interessante Dinge zu entdecken; und es gehört sogar ein Planetarium zum Museum.

Bis voraussichtlich 2014 ist die ständige Ausstellung jedoch geschlossen. Das Museum sollte restauriert, das pädagogische Konzept überarbeitet und in neuem Glanz bereits Anfang 2012 wiedereröffnet werden. Man machte bei den Arbeiten jedoch archäologische Funde, sodass die Restaurierung unterbrochen werden musste. In Barcelo-

Oben: Die Drassanes Reiales, eines der ältesten Gebäude der zivilen gotischen Bauwerke, war wie eine Burg befestigt.
Unten: Im Innenhof befindet sich unter anderem dieses originale Modell eines historischen U-Boots.

Drassanes Reials i Museu Marítim

Bis heute scheiden sich die Geister wohin der Finger des Kolumbus auf dem Denkmal zeigt.

na kommt es häufig vor, dass nicht erwartete Dinge ans Licht kommen. Nun sucht man nach einer Möglichkeit, die neuen Funde und die Arbeiten zu verbinden und versucht die Ausstellung Anfang 2014 wieder zu eröffnen. Bis dahin kann das Museum trotzdem besucht werden, denn es finden ständig Wechselausstellungen statt, viele Aktivitäten laden zum Mitmachen ein.

Wanderausstellungen wie »Piraten im Mittelmeer« oder temporäre Ausstellungen wie »Frau sein« ergänzen das Programm. Auch für Familien gibt es tolle Angebote, beispielsweise ein Besuch im Planetarium, das erklärt, wie die Seefahrer früher navigierten und eine Reise, die über die sieben Meere führt. Der Besuch des Museu Marítim ist auch ohne den Zugang zur Dauerausstellung ein tolles Erlebnis. Noch ist auf allen Internetseiten von und über Barcelona zu lesen, das Haus würde 2012 öffnen. Fragen Sie also lieber direkt vor Ort, denn falls noch mehr Funde gemacht werden, könnten sich die Arbeiten nochmals verzögern.

Infos und Adressen

SEHENSWÜRDIGKEITEN

Museu Marítim de Barcelona. Avinguda de les Drassanes, S/N, 08001 Barcelona, Tel. 933 429 920, Öffnungszeiten des Museums: Mo–So 10–19.30 Uhr. Die Wiedereröffnung ist für Anfang 2014 vorgesehen. Öffnungszeiten für die Sonderausstellung: Mo–So 10–20 Uhr, So ab 15 Uhr Eintritt frei. Besichtigung des Schoners Santa Eulàlia im Hafen: von Apr.–Okt. Di–Fr 10–19 Uhr, Sa 14–19 Uhr, So und Feiertage 10–19 Uhr. Der Schoner segelt jeden Sa 10–13 Uhr. Von Nov.–März nur bis 17.30 Uhr. Der Eintritt für die Ausstellung und den Besuch des Schiffes kostet 3,50 Euro, ermäßigt 1,75 Euro. Nur die Besichtigung des Schiffes kostet 1 Euro, für Kinder frei. m.maritim@diba.cat, www.mmb.cat

ESSEN UND TRINKEN

Dra. Mitten Im Museum Drassanes Reials gelegen. Hier gibt es Livemusik. Avinguda de les Drassanes, S/N, 08001 Barcelona, Tel. 933 175 256, Cafeteria: Mo–Fr 9–2 Uhr, im Frühling und Sommer: Do und Fr 21–3 Uhr, So–Mi geschlossen.

Quimet & Quimet. Eigentlich für Touisten zu weit abgelegen. Aber es ist eine der authentischsten Tapas-Bars. C/ Poeta Cabanyes, 25, 08004 Barcelona, Tel. 934 423 142, Mo–Fr 12–16 Uhr und 19–22.30 Uhr, Sa 12–1 Uhr, So geschl.

Bollywood. Das Bollywood hat eine empfehlenswerte Hinduküche, in der auch vegetarisch gekocht wird. Avinguda de les Drassanes, 27–29, 08001 Barcelona, Tel. 935 181 889, Mo–So 11–23 Uhr, www.bollywood-spain.com

In der Kirche, etwas versteckt oberhalb des Hochaltars im ausgeschilderten »Camarín«, steht die große gotische Statue der Mercè.

26 Basílica de la Mercè

Kirche der Schutzheiligen Barcelonas

Die ehemalige Klosterkirche stammt aus dem Spätbarock, ihr Interieur ist aus dem Rokoko. Auffällig sind ihre außergewöhnliche Fassade und ihr reiches Inneres. Sie zählt zu den schönsten und bekanntesten Gotteshäusern der Stadt, denn sie ist der Patronin Barcelonas geweiht. Die Statue der Jungfrau ist weithin sichtbar auf der Kuppel angebracht und zählt zu den Wahrzeichen Barcelonas.

Die Basilica de la Mercè heißt auf Katalanisch »Basílica de la Mare de Déu de la Mercè«. Sie liegt im Stadtviertel Gòtic, ganz nah bei der Rambla und dem Kolumbus-Denkmal, an der Plaça de la Mercè, und ist über den Carrer Anselm Clavé zu erreichen.

Die heutige Basilika erhebt sich über einer Vorgängerkirche, die zwischen 1249 und 1267 erbaut worden war. Die Kirche im ursprünglich gotischen Stil wurde während des 14. und 15. Jahrhunderts leicht verändert und vergrößert. Die größte Renovierung fand 1775 im Stil des italienischen Barock statt. Der Architekt war Josep Mas i Dordal. Von ihm stammt auch der Palau Mojo (1776 bis 1786) auf der Rambla. Die Kirche gehörte zum Kloster Mercedaria. Das Kloster wurde 1835 beschlagnahmt und ging später in den Besitz des Militärs über. Darum kann es nicht besichtigt werden.

Die Jungfrau de la Mercè

Der Legende nach erschien die Jungfrau in der Nacht des 24. September 1218 gleichzeitig König

Basílica de la Mercè

Die Basilica de la Mercè ist eines der wenigen schönen barocken Gotteshäuser in Barcelona.

Jaume I., Sant Pere Nolasc und Sant Ramón de Penyafort und erteilte ihnen den Auftrag, christliche Mönche von den Mauren zu befreien. Im Jahr 1687 war Barcelona von einer schlimmen Heuschreckenplage heimgesucht, sodass die Leute bei der Jungfrau Mercè um Hilfe baten. Die Heuschrecken verschwanden und die Jungfrau bekam den Status der Patronin der Stadt. Der Papst erkannte dies aber nicht an und so vergingen fast 200 Jahre, bis das Patronat im Jahre 1868 von Rom ratifiziert wurde. Seither feiert man den 24. September als Tag der Schutzheiligen und seit 1902 ist es das größte Stadtfest in Barcelona.

Die Fassade ist sehr auffällig, denn ihr Eingangsbereich hebt sich deutlich vom Rest der Kirche ab. Zu den Seiten hin verbreitert er sich wellenförmig. Dieser Trick wurde bei der Restaurierung 1775 angewandt, um das Portal in die enge Häuserflucht einzufügen. Den offenen Vorplatz gab es damals noch nicht, er wurde erst 1981 angelegt. Ein weiterer Pluspunkt ist, dass die massige Fassade durch den Vorbau aufgelockert und zusätzlich Raum gewonnen wurde. Josep Mas i Dordal bediente sich dabei der Ideen des römischen Architekten Francesco Borromini, der ein Jahrhundert zuvor gerne solche Effekte benutzte.

AUTORENTIPP!

FESTA DE LA MERCÈ – DAS GRÖSSTE STADTFEST

Jedes Jahr am und um den 24. September wird das berühmteste Fest von Barcelona, zu Ehren von Mare de Deu de la Mercè, gefeiert. Seit 1902 hat es die Form eines Festivals. Die Veranstaltungen finden nicht nur vor der Basilika, sondern über die ganze Innenstadt verteilt statt. Dieses Konzept ist von vielen Gemeinden in Katalonien übernommen worden. In Barcelona dauert die Party fünf Tage lang, es gibt Hunderte von Aktivitäten. Traditionell gehören die großen Feuerwerke, die Castellers, die berühmten Menschentürme und die Gigantes, die Parade der Riesen, zum Programm. Die Castellers finden auf der Plaça de Jaume statt und die Parade der Pappmaschee-Riesen führt von der Plaça de la Mercè zur Kathedrale und zur Plaza de Sant Jaume. Leider gibt es keine Website zur Veranstaltung, per Suchfunktion lässt sich der aktuelle Termin im Internet jedoch finden.

Ende des 18. Jahrhunderts nahmen sich viele Baumeister seine Werke zum Vorbild. Die Fassade selbst ist eher schlicht. Über dem Portal thront eine Fensterrose und rechts wird das Ensemble von einem Turm überragt. 1870 wurde an der Seite in der Carrer Ample die gotische Fassade der Kirche Sant Miguel eingefügt. Sie ist im Flamboyant-Stil gearbeitet und stammt aus dem 15. Jahrhundert. 1888 kam die große Kuppel über der Vierung hinzu, die von der Plastik »Nuestra Señora de la Merced« gekrönt wird.

Die Kirche verfügt über ein weites, zentrales Mittelschiff sowie über zwei Seitenschiffe und acht gotische Kapellen. Der Chor wird durch ein lateinisches Kreuz geformt und mit der Kuppel abgeschlossen. Die Kirche trägt den Begriff »Basilika« in ihrem Namen, womit die Aufteilung des Innenraums durch Säulen oder Pfeiler in drei oder mehr Längsschiffe beschrieben wird. In diesem Fall werden die Seitenschiffe durch riesige Bögen, die sich über mächtigen Pfeilern spannen, vom Mittelschiff getrennt. In der katholischen Kirche ist »Basilika« außerdem eine Auszeichnung als Kirche von herausragender Bedeutung. Der Basilica de la Mercè wurde der Titel »Basilica Menor« 1923 von Papst Pius XI. verliehen.

Die Massigkeit des Innenraums, der typisch für die katalanische Gotik ist, wird gemildert durch die feine Ausstattung im Stil des Rokoko. Verzierungen in Marmor und Stuck herrschen vor, die aufwendige Gestaltung der umlaufenden Galerie im ersten Stock tut ihr Übriges. Die vorherrschende Farbe ist Gold. Der größte Schatz der Basilica de la Mercè ist die gotische Madonna »Mare de Déu de la Mercè« von 1361, die dem Bildhauer Pere Moragues zugeschrieben wird. Sie kann im ersten Stock im »Camarín«, dem Heiligenschrein, besucht werden.

Oben: Die Capilla, die dem Portal der heute verschwundenen Kirche San Miguel angeschlossen ist
Unten: Seitenaltar in der Basílica de la Mercè

Infos und Adressen

SEHENSWÜRDIGKEITEN

Basílica de la Mercè. Plaça de la Mercè 1, 08002 Barcelona, Tel. 933 15 27 56, 933 10 50 51, Fax 933 15 27 56. Geöffnet: Mo–So 10–13 Uhr und 18–20 Uhr. Der Eintritt ist kostenlos.

ESSEN UND TRINKEN

El Racó del Port. Eigentlich das Restaurant vom Hotel Catalonia Port, es ist aber eigenständig. Katalanische Küche nach Markt und recht günstig. Carrer Ample, 1, 08002 Barcelona, Tel. 934 423 142. Geöffnet: Mo 13.30–15.30 Uhr, Di–Fr 13.30–15.30 Uhr und 20.30–22.30 Uhr, Sa 20–22.30 Uhr, So- und Feiertage geschl.

Limbo. Eines der intimsten Restaurants in dieser Gegend. Carrer de la Mercè, 13, 08002 Barcelona, Tel. 933 107 699. Geöffnet: Mo–Fr 13.30–16 Uhr, Di–Do 20.30–23.30, Fr und Sa 20.30–0.30 Uhr, So Ruhetag. limborestaurante@gmail.com, www. limborestaurante.com

Il Mercante di Venezia. Ein romantisches Restaurant mit italienischer Küche. In der Nähe der Ramblas und des Hafens gelegen. Die Einrichtung darf durchaus barock genannt werden, doch es ist sehr gemütlich. Geöffnet: Mo–So. 12–16 Uhr und 20–24 Uhr. Carrer de Josep Anselm Clavé, 11, 08002 Barcelona, Tel. 933 171 828, ilmercantedivenezia96@gmail.com, www.ilmercantedivenezia.es

ÜBERNACHTEN

Catalonia Port. Dieses jüngst eingeweihte Hotel befindet sich nur eine Straße vom Port Vell entfernt, bis zu den Ramblas sind es nur wenige Meter. Es ist ein idealer Ausgangspunkt. Das Haus ist mit den modernsten Einrichtungen ausgestattet und bietet Zimmer ab 108 Euro. Carrer del Marquès de Barberà, 22, 08001 Barcelona, Tel. 933 424 244, port@hotelescatalonia.es, www.hoteles-catalonia.com

Basílica de la Mercè

L'EIXAMPLE, GRÀCIA

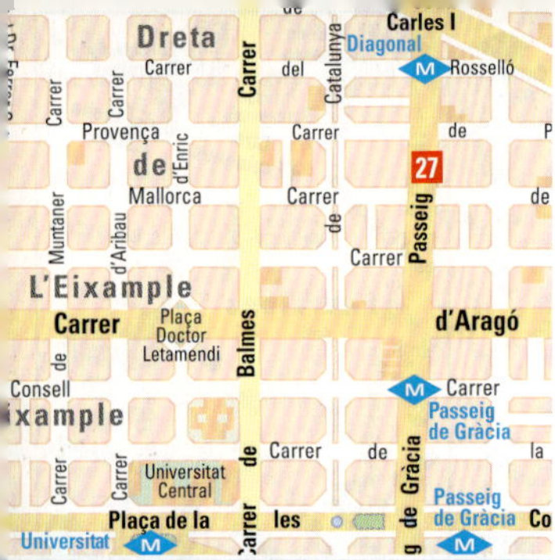

Seite 148/149: Treppenaufgang zum Parc Güell
Mitte: Das Eixample, ein lebendiges Viertel
Unten: Hier schmiegt sich modern an alt.

27 Passeig de Gràcia
Prachtboulevard im neuen Stadtzentrum

Eine der wichtigsten Straßen der Stadt, angelegt als breite Flaniermeile mit Bäumen, Bänken, jeder Menge Kunst und unzähligen Geschäften. Nirgends sonst auf der Welt gibt es so viele Bauwerke, Skulpturen und Anlagen aus der Belle Époque. Hier finden sich auf 1500 Metern Lebenslust und Luxus in geballter Form. Nicht zuletzt dem Passeig de Gràcia verdankt Barcelona seinen Ruf als Einkaufsmetropole.

Das Stadtviertel L'Eixample ist auf dem Reißbrett entstanden. Es liegt zwischen der Altstadt, Ciutat Vella, und ehemaligen Kleinstädten wie Sants, Gràcia und Sant Andreu. Der Stadtplaner und Architekt Ildefons Cerdà (1815–1876) entwarf Mitte des 19. Jahrhunderts die Straßenzüge wie ein Schachbrettmuster. Es wurde im großzügigen neuen Stil, dem Modernisme, gebaut – und selbst die Begrünung mit den zahllosen Bäumen gehört zum Plan. Dieser Stadtteil wurde zum Inbegriff

MAL EHRLICH

TOP MANTA – TOP ILLEGAL

Man sieht sie überall, die fliegenden Händler mit ihrer auf einer Decke, *manta*, ausgebreiteten Ware. Aber Vorsicht! Nicht nur das Handeln auf der Decke ist verboten, sondern auch das Kaufen. Sie machen sich strafbar, wenn Sie bei diesem Angebot zuschlagen – und wahrscheinlich sind Sie nicht so schnell wie der Verkäufer, der mit einer Handbewegung sein Geschäft eingepackt und das Weite gesucht hat.

des modernen Barcelona als Stadt des Fortschritts und der Kultur. Vorbei die Zeit der engen Gassen, dunklen Ecken und maroden Mauern. L'Eixample, das bedeutet Erweiterung, zeigte den Weg in die Zukunft. Dieses Denken spiegelt sich im Passeig de Gràcia, dem schönsten und wichtigsten Boulevard des Viertels, wider. Es ist auch heute noch die angesagteste Einkaufsstraße der Stadt, es gibt Cafés, Bars und Restaurants. Und es gibt den Modernisme. Der Passeig de Gràcia wird gerne als Freilichtmuseum des Jugendstils bezeichnet.

Modernisme – katalanischer Jugendstil

Der Begriff »Modernisme« bezeichnet in Katalonien eine umfassende künstlerische Bewegung, die sich Ende des 19. Jahrhunderts entwickelte und bis in die ersten Jahrzehnte des 20. Jahrhunderts fortdauerte. Dabei ist der Stil keine rein katalanische Angelegenheit. In Deutschland spricht man vom Jugendstil, in Österreich von der Sezession, in Frankreich wird er als Art nouveau bezeichnet. In England und den USA kennt man ihn allerdings als Modern Style. In Katalonien hat er über die Kunst hinaus auch eine politische Bedeutung. Er ist Ausdruck der beginnenden Separationsbewegung, die bis in unsere Tage anhält. Es geht um die Erhaltung der katalanischen Sprache und Kultur und um die wirtschaftliche Abgrenzung zum restlichen Spanien. Bis zum Ende des Mittelalters war Katalonien selbstständig. Der neue Reichtum des Industriezeitalters schlug sich im Bau von Fabriken und Eisenbahnstrecken nieder, in der Entwicklung der Landwirtschaft und im voher nie da gewesenen Wachsen der Städte. In Barcelona wird zu dieser Zeit der moderne Stadtteil L'Eixample mit dem Passeig de Gràcia angelegt, der sich zu einer der bekanntesten Straßen Europas entwickelt.

AUTORENTIPP!

LA ROCA VILLAGE – OUTLET-PARADIES

An der Autobahn AP7, Richtung Costa Brava, an der Ausfahrt 12 – Cardedeu, liegt ein riesiges Outlet-Shopping-Ressort, das in Form einer Kleinstadt erbaut wurde. Es bietet ein besonderes Einkaufserlebnis, denn die 100 führenden Marken haben sich hier angesiedelt und gewähren bis zu 60 Prozent Nachlass auf ihre Ware. Ein Touristenbüro, Tax-free-Geschäfte, Kinderbetreuung und jede Menge hübsche Restaurants komplettieren das Angebot.
Ganz in der Nähe des Passeig de Gràcia, im Carrer Casp, fährt von Mo–Sa ein Bus zu Roca Village. Die Hin- und Rückfahrt kostet pro Erwachsenem 12 Euro, die Busse verkehren von 9 Uhr bis 21 Uhr, alle zwei bis drei Stunden.

Weitere Infos:
www.larocavillage.com

Hier kommt man in Kauflaune.

AUTORENTIPP!

OSMOSIS – MEIN LIEBLINGS-RESTAURANT

Ein kleines Restaurant auf zwei Etagen. Frederic, Ignasi und Team verzaubern ihre Gäste immer wieder. Es gibt nur ein Menü, und die Karte dient nur zur Information. Gegessen werden die fünf Gänge, die Frederic kocht. Das Mittagsmenü kostet 27 Euro, abends und am Wochenende gibt es sieben Gänge für 45 Euro. Und die Gäste kommen immer wieder.

Osmosis. Carrer Aribau, 100, 08036 Barcelona, Tel. 934 545 201, geöffnet täglich 13.30–15.30 Uhr und 20.30–23.30 Uhr. info@restauranteosmosis.com, www.restauranteosmosis.com.

Viele Prachtbauten säumen den Passeig de Gràcia – hier der Sitz von Loewe.

Ausflug ins Shopping-Paradies

Die berühmte Shopping Line erstreckt sich von der Altstadt zur Plaça de Catalunya über die Avinguda Diagonal und den Passeig de Gràcia bis zur Moll d'Espanya im Hafen. Sie ist fünf Kilometer lang und kann mit 35 000 Geschäften aufwarten. Hier gibt es, was das Herz begehrt und auch, wovon man zuvor noch nie gehört hat. Ein Großteil der Straßen sind Fußgängerzonen, sodass man seine komplette Aufmerksamkeit dem Einkaufen widmen und zwischendurch auch noch die wichtigsten Sehenswürdigkeiten der Stadt besuchen kann. Auf der Shopping Line sind sämtliche namhaften Geschäfte Spaniens sowie viele internationale Edelmarken vertreten. Allein das Kaufhaus El Corte Inglés betreibt hier vier Filialen.

Künstlerviertel Gràcia

Bis zur Eingemeindung im Jahr 1898 war Gràcia ein unabhängiges Dorf, das durch den Passeig de Gràcia mit der Stadt verbunden war. Auf der Fläche zwischen Barcelona und Gràcia entstand der neue Stadtteil L'Eixample, der sehr großzügig, modern und sauber wirkt. Doch überquert man die Avingua da Diagonal und läuft ein wenig in nördliche Richtung, ändert sich das Straßenbild völlig. Hier beginnt das alte Gràcia mit seinen schmalen, wirren Gassen, kleinen Plätzen und alten Häusern. Wegen der billigeren Mieten haben sich Künstler und Studenten angesiedelt, und es geht ruhiger und gemütlicher zu als im Rest der Stadt. Jedes Jahr, an den beiden Wochenenden nach dem 15. August, findet in Gràcia die Fiesta Major, das große Stadtfest, statt. Dann kommen Tausende von Menschen zum Feiern. Direkt an das Viertel Gràcia grenzt im Norden der Park Güell mit vielen Werken des berühmten Architekten Antoni Gaudí (1852–1926) an.

Infos und Adressen

EINKAUFEN

Designkaufhaus Vinçon. Befindet sich in einem Haus von 1899, das ursprünglich für den Maler Ramón Casas i Castro (1866–1932) von Antoni Rovira i Rabassa (1845–1919) entworfen wurde. Casas zählt zu den wichtigsten katalanischen Künstlern des 20. Jh. – Hier gibt es neben Büro-Utensilien,Tischdecken, Möbeln und kleinen Mitbringseln auch einen Internetshop. Passeig de Gràcia, 96, 08008 Barcelona, Tel. 932 156 050, geöffnet: Mo–Sa 10–20 Uhr, info@vincon.com, www.vincon.com

Kaufhaus El Corte Inglés. Versace, Armani, Calvin Klein, Cartier, Antonio Miró und Burberry finden Sie genauso wie H & M, C & A oder Zara. Plaça de Catalunya, 14, 08002 Barcelona, geöffnet: Mo–Sa 10–22 Uhr

Vinoteca Torres. Seit September 2008 können Sie hier in gut gestaltetem Ambiente alle Weine des »Imperiums Torres« verkosten. Dazu gibt es leckere Tapas. Passeig de Gràcia, 78, 08006 Barcelona, Tel. 932 726 625, Die Bar ist geöffnet von Mo–So 8–2 Uhr und das Restaurant von 12–16 Uhr sowie 20–1 Uhr, www.lavinotecatorres.com

Die Bodegas Torres haben am Passeig ihre elegante Bar eröffnet.

Mauri. Mauri ist ein Multi-Restaurant: Teehaus, Café, eine Confiserie und und und … Seit 1929. Rambla de Catalunya, 102 und 103, 08008 Barcelona, Tel. 932 151 020 und 932 158 146, Fax 934 870 653, geöffnet: Mo–Fr 8–21 Uhr, So und Feiertage 9–5 Uhr, www.pasteleriasmauri.com

Das schlichte Ambiente des Osmosis bietet den perfekten Rahmen, um zu genießen.

ÜBERNACHTEN

Hotel Sixty Two. Eine absolut exklusive Adresse mitten auf dem Passeig de Gràcia, zwischen den beiden Gaudí-Gebäuden Casa Mila und der Casa Batlló. In direkter Nachbarschaft zu Weltmarken wie Gucci, Chanel etc., Zimmer ab 155 Euro. 08025 Barcelona, Passeig de Gràcia, 62, Tel. 932 724 180, Fax 932 724 181, www.sixtytwohotel.com

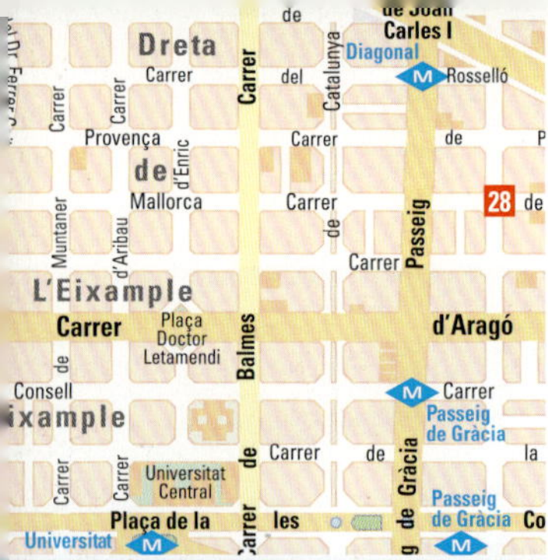

Oben und unten: Die Manzana de la Discordia – der Block der Zwietracht – bekam diesen Namen wegen eines Wettstreits der Bauherren um das schönste Gebäude.

28 Modernisme

Rundgang im Zeichen des Jugendstils

Während der Belle Époque, der Zeit vor dem Ersten Weltkrieg, hatte der Jugendstil seine Blütezeit. Die katalanische Strömung, der Modernisme, definiert sich in der Architektur durch florale Verzierungen, geschwungene Formen, asymmetrische Linien, seine große Farbigkeit und die Verarbeitung unterschiedlichster Materialien. In Barcelona sind mehr als 120 Gebäude aus dieser Zeit erhalten und meist in hervorragendem Zustand.

Die Bauwerke von Antoni Gaudí (1852–1926) werden ab Seite 164 separat vorgestellt. Wir beginnen unseren Rundgang am Passeig de Gràcia 132. Am schnellsten gelangt man mit der Metro L3 und L5 bis Diagonal und geht dann weiter zu Fuß zur Ⓐ Casa Fuster. Erbaut wurde sie für die aus Mallorca stammende Adelsfamilie Fuster. Zu ihrer Zeit galt sie als das teuerste Wohnhaus ganz Barcelonas. Lluís Domènech i Montaner (1850–1923) entwarf das Gebäude zusammen mit seinem Sohn Pere Domènech i Roura (1881–1962). Der Bau ist gekennzeichnet durch die dreiteiligen Fenster, die rosafarbenen Säulen und die zarte Blumendekoration im Kontrast zum weißen Marmor. Dieser findet hier reichlich Verwendung. Trotzdem wirkt das Haus schlicht und elegant. Seit 2004 wird das Gebäude als Hotel genutzt.

Wir gehen zurück über den Passeig de Gràcia bis zur Avinguda Diagonal, wo wir links abbiegen und bei der Hausnummer 442 zur Ⓑ Casa Comalat gelangen. Eine erste Auffälligkeit ist, dass es zwei Fassaden hat. Die rückseitige liegt am Carrer Còr-

Der Formenreichtum des katalanischen Modernisme ist unter anderem an der Casa Milà von Gaudí zu bewundern.

cega 316. Sie besticht durch ihre üppigen, asymmetrischen Holzgalerien, ihre bunten Kachelmosaike und wirkt insgesamt sehr lebendig. Ein hübsches Detail ist das »Harlekinhütchen«, das die Fassade krönt. Die Hauptfassade an der Avinguda Diagonal ist aus Stein und wirkt geordnet, aber dekorativ. Die hölzerne Eingangspforte ist mit schmiedeeisernen Elementen versehen, zu beiden Seiten befinden sich große, sehr kurvige Balkone, die fast organisch wirken.

Unsere nächste Station ist der C Palau Baró de Quadras, heute die Casa Àsia, auf der anderen Straßenseite, Hausnummer 373. Auffällig an dieser Fassade ist die feine Steinmetzarbeit des Bildhauers Eusebi Arnau i Mascort (1864–1933) im plateresken Stil. Auch an diesem Bauwerk gibt es zwei Fassaden, die rückseitige liegt am Carrer Rosellón 279. Sie ist mit farbigem Sgraffito sowie einem Erker, der über das gesamte erste Geschoss läuft, dekoriert. 1979 wurde das Gebäude zum »katalanischen Kulturgut« erklärt. Heute beherbergt es die Casa Asia, ein Kulturzentrum. Es kann auch von innen besichtigt werden. Dienstags bis freitags von 10–20 Uhr und an Sonn- und Feiertagen von 10–14 Uhr. Der Eintritt ist frei.

AUTORENTIPP!

MUSEU EGIPCI

Das Ägyptische Museum gehört zur Stiftung »Fundació Arqueològica Clos«, die dazu beitragen möchte, antike Kunst und Kultur bekannt zu machen. Auf 2000 Quadratmetern gibt es eine ständige sowie auch temporäre Ausstellungen. Kurse und Kulturveranstaltungen wie Studienreisen, ebenso ein Museumsshop ergänzen das Angebot. Die Sammlung enthält Stücke aus verschiedenen Epochen der ägyptischen Kultur. In jedem Jahr, seit 2006, finden Ausgrabungen in Kairo statt, die von der Stiftung finanziert werden. Zwischen Mai und September finden im Museum ägyptische Bankette statt.
Die Teilnahme kostet 35 Euro. Jeden Donnerstag um 20.30 Uhr.

Museu Egipci. Calle Valencia 284, 08007 Barcelona, Tel. 934 880 188. Geöffnet ist das Museum von Mo–Sa 10–20 Uhr sowie So 10–14 Uhr. Der Eintritt beträgt 11 Euro, ermäßigt 8 Euro. Für Gruppen gibt es nach Voranmeldung einen Rabatt. Mit der Metro L2, L3 oder L4 bis Passeig de Gràcia oder mit dem Bus Turístic bis Casa Batlló/Fundació Antoni Tàpies. www.museuegipci.com

Zitate vergangener Epochen

AUTORENTIPP!

FUNDACIÓ ANTONI TÀPIES
Die Stiftung befindet sich im alten Verlagshaus Montaner i Simon. Gegründet wurde die Fundació Antoni Tàpies im Jahr 1984 durch den Künstler Antoni Tàpies (1923–2012) selbst. Er wollte der modernen und klassischen katalanischen Kunst einen Raum geben und sie fördern, in dem Ausstellungen organisiert werden und Vorträge, Veranstaltungen und Filmreihen stattfinden. Jedes Jahr wird, durch Spendengelder finanziert, ein Werk eines Künstlers aufgekauft. Inzwischen hält die Stiftung eine der wichtigsten Sammlungen katalanischer Kunst weltweit.

Fundació Antoni Tàpies. Aragó 255, 08007 Barcelona, Tel. 934 870 315, Fax 934 870 009. Geöffnet: Di–So 10–20 Uhr, Mo geschl. Eintritt 7 Euro, ermäßigt 5,60 Euro. Mit der Barcelona Card 20 % Rabatt. Freier Eintritt am 18. Mai und 24. Sept. Metro mit der L2, L3 oder L4 bis Passeig de Gràcia oder mit dem Bus Turístic bis Casa Batlló/Fundació Antoni Tàpies.www.fundaciotapies.org

e Xavier Le Roy

Wir gehen weiter und finden gegenüber die Nummern 416–420, D Casa Terrades oder Casa de les Punxes. Das große Wohnhaus wirkt mittelalterlich, denn seine Ziegelsteinfassade verleiht ihm ein monumentales Aussehen. Die spitzen Giebel und Türme an den abgerundeten Ecken tun ihr Übriges. Das Gebäude bildet einen Komplex, der von drei Straßen umschlossen wird. An der nächsten Kreuzung schwenken wir nach rechts auf den Carrer del Bruc und gehen weiter zur nächsten Ecke.

Wir biegen rechts ein auf den Carrer Mallorca bis zur Nummer 291–293, der E Casa Thomàs. An diesem Gebäude tauchten erstmals die für Lluís Domènech i Montaner charakteristischen Dekorationen auf, wie die Sonnenblumen an den Balkonbrüstungen. Typisch ist auch die reich geschmückte, neogotische Fassade. Im Erdgeschoss war die Druckerei des Eigentümers untergebracht und im ersten Stock lebte die Familie. An der nächsten Ecke, Nummer 278, treffen wir auf den Palau Montaner. Josep Domènech i Estapà (1858–1917) zählt zu den modernistischen Architekten, vertritt aber eine eigene Linie, den Eklektizismus. Darunter versteht man das Zitieren von Stilelementen aus vergangenen Epochen an einem modernen Bauwerk.

So erinnert das Stadthaus an eine italienische Renaissancevilla, doch die bunten, wunderschönen Keramikfriese sind eindeutig dem Modernisme zuzuschreiben. Das Highlight dieses Gebäudes ist die Treppe zum ersten Stock. Heute ist eine Abteilung der Landesregierung hier untergebracht. Wir nehmen den Carrer de Roger de Llùria in Richtung Avinguda Diagonal und gehen an der nächsten Kreuzung nach links in den Carrer de Provença. Weiter bis zum Passeig de Gràcia, wo wir direkt an der Ecke unter der Hausnummer 92 auf die

Rundgang L'Eixample

A Casa Fuster – Wohn- und Geschäftshaus von 1911. Es war das letzte Bauwerk von Domènech i Montaner (1850–1923). Heute ist es ein Hotel.

B Casa Comalat – Wohn- und Geschäftshaus von 1911. Architekt war Salvador Valeri i Pupurull (1873–1954).

C Palau Baró de Quadras – Stadtpalast des Barons von Quadras, von 1906. Heute Casa Àsia, mit dem Asiatischen Kulturzentrum. Architekt war Josep Puig i Cadafalch (1867–1956).

D Casa Terrades, Casa de les Punxes – Das »Haus der Spitzen«, ein Wohn- und Geschäftshaus, wurde 1905 fertiggestellt. Es ist von Josep Puig i Cadafalch (1867–1956).

E Casa Tomas – Das Wohn- und Geschäftshaus wurde 1898 als zweigeschossiger Bau fertiggestellt und 1912 aufgestockt. Architekt war Lluís Domènech i Montaner (1850–1923).

F Palau Montaner – Bis zum ersten Stockwerk wurde der Stadtpalast 1889 bis 1891 von Josep Domènech i Estapà (1858–1917) errichtet und 1896 von Lluís Domènech i Montaner (1850–1923) vollendet.

G Casa Milà (La Pedrera) – Siehe Gaudí-Rundgang Seite 165.

H Editorial Montaner i Simon – Das Verlagshaus von Lluís Domènech i Montaner (1850–1923), das

1881 bis 1882 fertiggestellt wurde, gehört zu den ältesten des Modernisme. Heute beherbergt es die Stiftung Antoni Tápies und heißt Fundació Tàpies.

I Casa Batlló – Siehe Gaudí-Rundgang Seite 165.

J Casa Amatller – Wohn- und Geschäftshaus aus dem Jahr 1900 von Josep Puig i Cadafalch (1867–1956).

K Casa Lleó Morera – Wohn- und Geschäftshaus von 1905. Architekt war Lluís Domènech i Montaner (1850–1923).

L Casas Rocamora – Wohn- und Geschäftshaus von 1914. Entworfen wurde es von Joaquim (1854–1938) und Bonaventura (1862–1940) Bassegoda i Amigó.

Die Casa Comalat

AUTORENTIPP!

MUSEU DEL MODERNISME CATALÀ – MMCAT

Das im März 2011 eröffnete Museum widmet sich ausschließlich dem katalanischen Jugendstil. Es ist in einem modernistischen Wohn- und Fabrikgebäude aus dem Jahr 1904 untergebracht und verfügt über 1000 Quadratmeter Ausstellungsfläche. Hier werden rund 350 Werke von 42 Künstlern präsentiert. Die Sammlung umfasst Möbel, Skulpturen, dekorative Kunst und Malerei. Das Museum arbeitet die Unterschiede in den Werken der verschiedenen modernistischen Designer und Künstler heraus, indem es einen Überblick über ihr Schaffen gibt. Natürlich sind Arbeiten von Antoni Gaudí (1852–1926) zu sehen, doch auch weniger bekannte Namen werden Sie hier finden.

MMCAT. Balmes, 48, Tel 932 722 896, Fax 932 724 276. Geöffnet: Mo–Sa 10–20 Uhr, So 10–14 Uhr, der Eintritt beträgt 10 Euro, freier Eintritt mit der Barcelona Card. Per Metro mit der L2, L3 oder L4 bis Passeig de Gràcia oder mit dem Bus Turístic bis Casa Batlló/Fundació Antoni Tàpies.mmcat@mmcat.cat, www.mmcat.cat

Es lohnt sich im L'Eixample öfter mal nach oben zu sehen.

G Casa Milà oder La Pedrera treffen. Dieses Bauwerk von Antoni Gaudí wird iab Seite 164 beim Rundgang beschrieben.

Wir spazieren den Passeig de Gràcia hinunter und genießen die Geschäfte auf dem beliebten Prachtboulevard. Bei der nächsten großen Kreuzung, dem Carrer de Aragó, gehen wir nach rechts und kommen nach wenigen Metern zur Hausnummer 255, der H Editorial Montaner i Simon, dem ehemaligen Verlagshaus Montaner i Simon. Mit der Planung beauftragte Ramón Montaner (1832–1921) 1879 seinen Neffen Lluís Domènech i Montaner. Es ist ein dreigeschossiger Industriebau mit gusseisernen Trageelementen und rotem Backstein. Damit wurden große Flächen ausgefüllt, die nötig waren, um die Druckmaschinen im Erdgeschoss zu installieren. Die Fenster der Fassade sind bunt und mit Symbolen geschmückt, das Gebäude besitzt einen zentralen Patio und wirkt insgesamt wie ein Palast. Das Konstruktionsprinzip des Verlagshauses übernahm der Architekt später bei der Planung des Castell dels tres Dragons (1888). Heute heißt das Gebäude Fundacio Tàpies und beherbergt ein Museum.

Wir gehen zurück zum Passeig de Gràcia und finden unter der Nummer 43 die I Casa Batlló von

Antoni Gaudí , die Sie auf der Seite 167 finden. Gleich daneben, Passeig de Gràcia 41, erhebt sich die J Casa Amatller. Ein älteres Gebäude wurde umgebaut, indem eine Fassade mit gestuftem Giebel und eine durchlaufende Galerie sowie eine Empore mit floralen Motiven angefügt wurden. Ebenfalls an der Fassade findet man den heiligen Georg, der mit dem Drachen kämpft, ein wichtiges Motiv der katalanischen Separationsbewegung. Im Innenhof wurde die Treppe zum ersten Stockwerk restauriert und das Innere mit Möbeln, Lampen und Fenstern modernistisch ausgestattet. Der Kamin ist ein Werk des Bildhauers Eusebio Arnau i Mascort (1864–1933). Heute befindet sich das Institut Amatller für hispanische Kunst in diesem Gebäude. Im Erdgeschoss finden Ausstellungen statt.

Direkt in der Nachbarschaft, mit der Nummer 35, steht die K Casa Lleó Morera. Leider sind die modernistischen Elemente nach einem Umbau fast völlig zerstört, das Erdgeschoss wurde aber inzwischen wiederhergestellt. Es bietet eine Laterne sowie einen Bogen mit sehr schönen Skulpturen. An den Balkonen finden sich bildhauerische Arbeiten sowie modernistische Fenster im zweiten Stock. In der Belle Étage sind Glasfenster, Skulpturen, Mosaike und Kacheln erhalten.

Ein klein wenig weiter, auf dem Passeig de Gràcia 6–14, stehen die L Casas Rocamora. Ein großer Häuserkomplex, der verschiedene Gebäude ästhetisch vereint. Verschiedene Eingänge sind durch eine einheitliche Fassade verbunden. Sie ist aus Stein und ihre halbrunden Fenster treten als Blickfang hervor. Die Balkone, ihre gedrehten Geländer sowie verschiedene dekorative Elemente sind ebenfalls in Stein gearbeitet. Diese Formen wiederholen sich bis hinauf zum Giebel und geben der Fassade ein einheitliches Aussehen.

Oben: Die Fassade der Casa Lleó Morera wird oft mit dem Palau de la Música verglichen.
Unten: Sie steht in der Manzana de la Discordia in bester Gesellschaft.

Infos und Adressen

SEHENSWÜRDIGKEITEN

Palau Montaner. Carrer Mallorca, 278, Führungen: Sa 10.30 Uhr auf Englisch, Sa 11.30 Uhr, So 10.30 Uhr und 12.30 Uhr auf Katalanisch; Sa 12.30 Uhr, So 11.30 Uhr auf Kastillanisch, Anmeldung unter Tel. 933 177 652

Casa Fuster. Passeig de Gràcia, 132, 08008 Barcelona

Casa Comalat. Passeig de Gràcia, 442, 08008 Barcelona

Palau Baró de Quadras. Passeig de Gràcia, 373, 08008 Barcelona

In vielen Häusern stehen auch heute noch – oder wieder – Möbel der Epoche.

Casa Terrades, Casa de les Punxes. Passeig de Gràcia, 416–420, 08008 Barcelona

Casa Thomas. Carrer Mallorca, 291–293, 08008 Barcelona

Palau Montaner. Carrer Mallorca, 278, 08008 Barcelona, Führungen unter Tel. 93317765: Samstags um 11.30 Uhr in Katalanisch, um 12.30 Uhr in Kastillanisch und um 10.30 Uhr in Englisch. Sonntags um 10.30 Uhr und 12.30 Uhr in Katalanisch und um 11.30 Uhr in Kastillanisch.

Casa Milà/La Pedrera. Passeig de Gràcia, 92, 08008 Barcelona

Editorial Montaner i Simon. Carrer de Aragó, 255, 08008 Barcelona

Casa Batlló. Passeig de Gràcia, 43, 08008 Barcelona

Casa Amatller. Passeig de Gràcia, 41, 08008 Barcelona

Casa Lleó Morera. Passeig de Gràcia, 35, 08008 Barcelona

Casas Rocamora. Passeig de Gràcia 6–14, 08008 Barcelona

ESSEN UND TRINKEN

La Dama. Das gehobene Restaurant befindet sich in der Casa Sayrach, einem der letzten Gebäude des Modernisme von 1918. Beste Küche in feinster Umgebung. Av. Diagonal, 423,08008 Barcelona, Tel. 934 545 201. Geöffnet: tägl. 13–15.30 Uhr und 20–23.30 Uhr,www.ladama-restaurant.com

Ponsa. Das Ponsa ist ein traditionelles Restaurant im besten Sinne: exzellente katalanische Küche zu guten Preisen. Carrer d'Enric Granados, 89 08008 Barcelona Tel. 934 531 037. Geöffnet: Mo–Sa 13.30–15.45 Uhr, 21–23.45, So 13–15.45 Uhr. www.restauranteponsa.com

La Polpa. In diesem angenehm eingerichteten Restaurant isst man immer gut. Dreigängiges Mittagsmenü unter 10 Euro. Auch die Karte kann sich sehen lassen. Die Küche ist mediterran,orientalisch gefärbt. Carrer d'Enric Granados, 57, 08008 Barcelona, Tel. 933 238 308. Geöffnet: tägl. 13–15.45 Uhr und 20.30–23.30 Uhr. www.lapolpa-restaurant.com

La Palmera. Tipp der Autorin! Ein kleines Restaurant, das eingerichtet ist wie ein Lagerhaus. Man sollte unbedingt versuchen, im alten Teil einen der kleinen Tische zu bekommen. Die Küche ist sehr klein und einsehbar, und dennoch schafft man es hier, die Gäste zu überraschen. Unbedingt das Degustationsmenü probieren. Sechs Vorspeisen und sechs Hauptspeisen, aus denen je drei auszusuchen sind, oder – wenn man zu zweit dort ist – einmal alles bitte! Carrer d'Enric Granados, 69, 08008 Barcelona, Tel. 934 532 338. Geöffnet: Mo–Sa 13–15.45 Uhr, 20.30–23.35. Frühstück von 10–13 Uhr, So geschl., www.lapalmera.cat

Etapes. Ein kleines, feines Restaurant mit sehr gutem Preis-/Leistungsverhältnis. Freundliches Personal serviert moderne katalanische Küche. Unbedingt zu empfehlen. Carrer d'Enric Granados, 10, 08008 Barcelona, Tel. 933 236 914. Geöffnet: tägl. 13.30–15.30 Uhr und 20.30–23.30 Uhr. www.restaurantetapes.com

Cacao Sampaka. Barcelona liebt Schokolade. Hier wurde lange vor dem Film »Chocolat« heiße Schokolade mit Chili serviert. Carrer del Consell de Cent, 292. 08007 Barcelona, Tel. 932 720 833 Fax 934 872 623. Geöffnet: Mo–Sa 9–21 Uhr; Cafeteria 9–20.30 Uhr. www.cacaosampaka.com

ÜBERNACHTEN

Casa Fuster. In einem der exklusivsten Modernismegebäude, gelegen am Ende des Passeig de Gràcia, wurde vor wenigen Jahren ein Hotel untergebracht. Die Räume sind luxuriös, und es gibt nicht nur eine fantastische Dachterrasse, sondern auch ein gutes Restaurant. Übernachtung ab 172 Euro. Passeig de Gràcia, 132, 08008 Barcelona, Tel. 932 553 000, Fax 932 553 002, Casafuster@hotelescenter.com, reservas@hotelcasafuster.com, www.hotelescenter.es/casafuster/

Granados 83. Wie die meisten der Derbyhotels in Barcelona, ist dies ein Designhotel. Es bietet 77 Zimmer in einer verkehrsberuhigten Zone. Parallel zum Passeig de Gràcia in einer Zone mit vielen empfehlenswerten Restaurants gelegen. Zimmer je nach Saison 80–280 Euro. Carrer Enric Granados, 83, 08008 Barcelona, Tel. 934 929 670, Fax 934 929 690, www.derbyhotels.com/en/hotel-granados-83/

The 5 rooms. Wer mal nicht ins Hotel möchte, ohne auf Luxus zu verzichten, ist hier richtig! Drei Typen von Zimmern: Junior-Suites und Appartements sowie ein persönlicher Service werden hier angeboten. Die Chefin spricht Deutsch. Doppelzimmer mit Frühstück ab 135 Euro, als Einzelzimmer 115 Euro. Unsere Empfehlung! C. Pau Claris, 72, 1. St., 08010 Barcelona, Tel. 933 427 880, Fax 933 427 881, info@the5rooms.com, www.thefiverooms.com

Splendom Suites. Ein Boutique-Hotel, in dem man in zwei Räumen, auf 70 Quadratmetern, ab 75 Euro wohnen kann. València 194, 08011 Barcelona, Tel. 934 521 030, Fax 934 512 467, info@hsplendomsuites.net, www.splendomsuites.net

EINKAUFEN

Delishop. In diesem Geschäft findet der Kunde mehr als 650 Produkte aus sieben Kontinenten. Hier kann man nach Herzenslust internationale Spezialitäten einkaufen, ohne dafür eine Reise unternehmen zu müssen. Carrer de Mallorca, 241, 08008 Barcelona, Tel. 932 151 546, Fax 932 151 546. Geöffnet: Mo–Sa 10–21 Uhr, info@delishop.es, www.delishop.es

Colmado Quílez. Eine Feinschmeckerinstitution in Barcelona. Hier gibt es besondere Getränke: vom Luxus-Mineralwasser bis zum Champagner, und Delikatessen, von der Edelkonserve bis hin zu frischem Schinken und Käse. Rambla de Catalunya, 63, Barcelona, Tel. 932 152 356. Geöffnet: Mo–Fr 9–14 Uhr und 16.30–20.30, Sa 9–14 Uhr, quilez@lafuente.es, www.lafuente.es

Im Restaurant La Palmera sollte man unbedingt im Inneren essen.

Oben: Für die Casa Battló ließ sich Gaudí von einem Drachen inspirieren.
Unten: Er tobte sich auch im Inneren fantasievoll aus.

29 Gaudí – die Gebäude

Ein Leben für die Architektur

Antoni Gaudí (1852–1926), einer der bekanntesten Architekten der Welt, war auch als Designer und Techniker tätig. In all seinen Werken hebt er sich ab als origineller Geist, dessen Lieblingsmotive organische Formen sind. Wegen einer rheumatischen Erkrankung konnte er als Kind nicht draußen spielen und betrachtete stattdessen die Natur. Die Umsetzung dieser frühen Beobachtungen wurde zu seinem Charakteristikum.

Seine Kindheit verbrachte Gaudí in Reus. Von 1873 bis 1878 studierte er an der Architekturschule in Barcelona und arbeitete nebenher für verschiedene Architekten. Gaudís erster großer Auftrag war die Planung einer Fabrik und eine Arbeitersiedlung von 1878 bis 1882, die jedoch nicht umgesetzt wurde. Bereits 1878 lernte er Eusebi Graf von Güell (1846–1918) kennen, der sein Förderer und Auftraggeber wurde. 1883 übernahm Gaudí das Projekt Sagrada Família, mit dessen Bau 1882 begonnen worden war. Von 1914 bis zu seinem Tod 1926 widmete er sich ausschließlich dieser Aufgabe. Stationen seines Schaffens sind der Palau Güell (1886) und die Casa Calvet (1898), für die er 1900 den Preis als bestes Gebäude des Jahres von der Stadt Barcelona erhielt. Weitere wichtige Werke: Park Güell (1900 bis1914), Casa Batlló (1904) und Casa Milà (1906). Gaudí war nie verheiratet. Nach einer gescheiterten Liebe entschied er sich für ein tiefreligiöses Leben. Am 7. Juni 1926 wurde er auf dem Weg zur Baustelle, vom morgendlichen Gebet in der Kirche Sant Felip Neri kommend, von der Straßenbahn erfasst. Er starb drei Tage später. Seit

2000 läuft ein Seligsprechungsverfahren für Antoni Gaudí. Wahrscheinlich wird er 2016, anlässlich seines 90. Todestages, seliggesprochen.

Rundgang – das architektonische Erbe Gaudís

Palau Güell ist auf Seite 136 eingehend beschrieben. Er steht im Stadtteil Raval. Ebenso die Laternen auf der Plaça Reial, die Ihnen dort sicher bereits aufgefallen sind. Wir beginnen unseren Rundgang am Passeig de Gràcia 43, wo wir auf die Ⓒ Casa Battló treffen. Am einfachsten nehmen Sie die Metro L2, L3 oder L4 bis zur Haltestelle Passeig de Gràcia oder den Bus Turístic bis Casa Batlló/Fundació Antoni Tàpies.

Die Ⓒ Casa Battló zählt zu den bekanntesten Bauwerken Barcelonas. Der Passeig de Gràcia war zur besten Adresse der Stadt geworden und die reichen Bürger wetteiferten um das schönste, luxuriöseste und teuerste Gebäude am Prachtboulevard. Der Abschnitt, an dem auch die Casa Battló zu finden ist, wird im Volksmund »Häuserblock der Zwietracht« genannt, denn hier steht ein modernistischer Palast neben dem anderen. Unter der Hausnummer 43 stand bereits ein Gebäudekomplex aus dem Jahr 1877. Sein Besitzer, der Industrielle Josep Batlló i Casanovas († 1934), engagierte Antoni Gaudí. Er schlug vor, das Haus abzureißen. Doch Gaudí überzeugte den Auftraggeber, das Gebäude von Grund auf zu sanieren. Zwischen 1904 und 1906, auf der Höhe seiner Schaffenskraft, ließ Gaudí ein weiteres Stockwerk sowie ein Dachgeschoss hinzufügen. Allerdings gab es Probleme mit der Stadtverwaltung und so schuf Gaudí das berühmte geschwungene Dach mit den rautenförmigen Ziegeln, die den Schuppen eines Drachens nachempfunden sind. Dieses Motiv setzt sich am gesamten Gebäude weiter

AUTORENTIPP!

DACH DER CASA MILÀ – LA PEDRERA

Es ist wie ein Spaziergang durch eine verzauberte Welt, voller Farben und Formen und einem unglaublichen Ausblick über die Stadt. Der Besuch einer Wohnung und der Kunstausstellung in der ersten Etage sind ebenfalls im Preis inbegriffen. Zunächst geht es durch eine Gaudí-Ausstellung auf dem riesigen Dachboden und dann zum eigentlichen Highlight der Besichtigung, dem Dach. Beachten Sie, dass das Fotografieren verboten ist. Mit der Barcelona Card gibt es 20 % Rabatt. Einen Audioguide in deutscher Sprache erhalten Sie für 4 Euro. Tickets können auch über die Website gebucht werden. Am besten mit der Metro L3 und L5 bis U-Bahnhof Diagonal fahren.

La Pedrera. Provença 261–265, 08008 Barcelona, Tel. 902 400 973. Geöffnet: März–Okt. tägl. 9–20 Uhr, Nov.–Febr. tägl. 9–18.30 Uhr, 1. Jan. 11–18.30 Uhr; am 25. Dez. geschl. Eintritt: 16,55 Euro, für Kinder bis 12 Jahre 8,25 Euro, Studenten und Behinderte 14,85 Euro, www.lapedrera.com

0 300 m
N
SARRIÀ-SANT GERVASI
Bellesguard
Universitat Telecomunicacions
Pl. de la Bonanova
Museu de la Salle Bonanova
Planetarium
Institut Obrebros Invàlids
Pl. Borràs
Sarrià
Museu Clarà
Col·legi de les Teresianes
St. Gervasi de Cassoles
Parc del Turó del Putget
Ronda del General Mitre
Parc de Monterols
Museu Automòvil
Parc Güell
Plaça de Lesseps
Museu de la Salle Gràcia
Casa Vicens
Gràcia
Mercat de l'Abaceria Central
La Sagrada Família
Sagrada Família
Plaça de Gaudí
Plaça de la Sagrada Família
EIXAMPLE
Plaça de Pablo Neruda
Pl. Mossèn Jacint Verdaguer
Mercat Concepció
Esquerra de l'Eixample
Pl. de Tetuan
Casa Milà
Pl. de Joan Carles I
Palau Robert
Casa Batlló
Gran Via de les Corts Catalanes
Plaça de Catalunya
La Ribera
Plaça de la Universitat
Universitat Central
Museu d'Art Contemporani
Mercat de la Boqueria
Mus. del Calçat
Catedral
CIUTAT VELLA
Plaça Reial
El Raval
Plaça de Pedralbes
Finca Miralles
Museu Etnogràfic A. Amazonia
Finca Güell
Plaça de Prat de la Riba
Plaça d'Afós
Les Tres Torres
Plaça de Sant Gregori Taumaturg
Parc del Turó
Plaça de Francesc Macià
Plta. de la Creu de Magòria
Plaça del Dr. Ignasi Barraquer
Mercat Galvany
Plaça del Doctor Ferrer i Cajigal
Universitat Industrial
Mercat del Ninot
Presó Model
Esquerra de l'Eixample
Plaça dels Països Catalans
Sants Estació
Plaça d'Eusebi Güell
Museu Palau de Pedralbes
Jardín del Palau de Pedralbes
Museu Carrosses
Plaça de Pius XII
Pl. de la Reina Maria Cristina
Museu d'Arts Decoratives
les Corts
LES CORTS
Parc Bederrida
Camp Nou (Estadi del Futbol Club Barcelona)
Palau Blaugrana Museu
Rambla del Brasil
Gran Via de Carles III
Avinguda Diagonal
Via Augusta
Passeig de Gràcia
Av. del Dr. Marañón
Ronda de Dalt

Rundgang

Ⓐ **Palau Güell** – Carrer Nou de la Rambla, 3–5, (siehe S. 136).

Ⓑ **Laternen auf der Plaça Reial** – Die Straßenlaternen waren Gaudís erster Auftrag, den er von der Stadt Barcelona bekam. Gaudí, gelernter Schmied, entwarf die Laternen 1878.

L'EIXAMPLE UND GRÀCIA

Ⓒ **Casa Battló** – Seine Fassade macht ein wenig den Eindruck, als bestehe sie aus Schädelknochen und Gebeinen. Besondere Details im Innern sind die Lüftung, die Fenster und die Decken.

Ⓓ **Casa Milà (La Pedrera)** – In der Casa Milà kann eine typische Wohnung aus dem Jugendstil besichtigt werden. Außerdem beherbergt das Gebäude eine Ausstellung.

Ⓔ **Sagrada Família** – siehe S. 180

Ⓕ **Casa Vicens.** Dieses Gebäude kann nur von außen betrachtet werden. Es ist das erste Werk Gaudís, das Aufsehen erregte. Ein Wohnhaus mit wunderschönen Verzierungen (siehe S. 172).

Ⓖ **Parc Güell** – Der Park Güell liegt hoch über der Stadt und ist eine der bekanntesten Sehenswürdigkeiten Barcelonas. Mit dieser Grünanlage hat Gaudí einen Märchenwald geschaffen.

LES CORTS, SARRIÀ-SANT GERVASI

Ⓗ **Finca Güell** – Av. Pedralbes, 77. Die Pavillons waren Gaudís erster Auftrag von Güell. Er schuf ein Pförtnerhaus, einen Pferdestall und die Mauer.

Ⓘ **Col-legi de les Teresianes** – Carrer de Ganduxer 85–105. In dieser Schule experimentierte Gaudí intensiv mit den Kettenbögen, die in seinen Werken zur Konstante wurden.

Ⓙ **Finca Miralles** – Passeig de Manuel Girona, 55–6. Wie ein kleines Hexenhaus wirkt die Finca, an der Gaudi viel mit Metall gearbeitet hat.

Ⓚ **Bellesguard**, Carrer de Bellesguard 16–20. Landhaus auf quadratischem Grundriss. Es befindet sich in Privatbesitz und kann nicht besichtigt werden.

Bei vielen seiner Gebäude ging Gaudí neue Wege und schuf Richtungweisendes, wie an der Casa Milà.

AUTORENTIPP!

CINES VERDI-FILME IN ORIGINALFASSUNG

Ein Muss für Cineasten! In den Programmkinos laufen täglich zehn verschiedene Filme – und alle gleich vier Mal. Kinderfilme jeden Nachmittag und in Sonderprogrammen. Über die Website kann man sowohl Eintrittskarten als auch Filmplakate erwerben. Beide Kinos liegen dicht beieinander. Seit Mai 2012 gibt es zudem einen Kinosaal, in dem Filmklassiker gezeigt werden. Auch er befindet sich im L'Eixample, montags ist Kinotag.

Verdi Barcelona. Carrer de Verdi, 32 und **Verdi Park Barcelona.** Carrer Torrijos, 49, 08012 Barcelona. Beide erreicht man mit der Metro L3 bis U-Bahnhof Fontana
Tel. 932 387 990,
www.cines-verdi.com

Sala »Retorn al Passat«. Calle de San Antonio María Claret, 168, 08025 Barcelona, Tel. 932 387 990, www.cines-verdi.com, Mit der L5 bis Sant Pau/Dos de Maig

Detail am Dach der Casa Battló.

fort. Das Kreuz auf dem Dach stellt die Lanze des Heiligen Georg, Sant Jordi, dar, die er in das Untier gestoßen hat.

Die Casa Batlló gilt als entscheidendes Werk im Schaffen von Gaudí, denn sie ist völlig frei von Elementen anderer Epochen. Während der Architekt zuvor immer wieder auf die Gotik und den Barock zurückgreift, findet er jetzt seinen ganz eigenen Stil, der aus den Beobachtungen der Natur resultiert. Er verkleidet die Außenwände mit Stein, Keramik und Glas, in reicher Farbigkeit und einer sanften Wellenbewegung. Dadurch glitzert die Fassade in der Sonne und wirkt fast wie ein impressionistisches Gemälde. Die steinernen Balkone wirken wie Knochen und stellen in der Symbolik des Gebäudes auch die Knochen der Opfer dar.

Zusammen mit den großen Erkern der Belle Étage, die das Maul des Drachens darstellen, beherrschen sie den unteren Teil der Fassade. Der obere Abschnitt ist geprägt durch die maskenförmigen, schmiedeeisernen Balkone, die die Haut des Untiers imitieren. Es gibt aber auch die Meinung, die Balkone verkörperten Totenköpfe. Im Inneren vergrößerte Gaudí den Lichthof und ließ ihn mit strahlenden Fliesen auskleiden, um eine möglichst große Reflektion zu erreichen. Außerdem dient der Schacht zur Ventilation. Die eindrucksvollsten Räume sind die Belle Étage, in der die Eigentümer logierten, und das Dachgeschoss. Sie sind beispielhaft für den Naturalismus, der sich durch die späteren Werke zieht. Die Casa Batlló steht seit 1962 unter Denkmalschutz und wurde 2005 in die Liste des UNESCO-Weltkulturerbes aufgenommen. Das Gebäude wurde 1995 umfassend restauriert und kann besichtigt werden.

Wir gehen den Passeig de Gràcia hinauf bis zur Nummer 92, der D Casa Milà. Der Unternehmer

Gaudí – die Gebäude

Pere Milà i Camp (1874–1940) war von der Casa Batlló sehr begeistert. Er beauftragte Gaudí 1906 mit dem Bau der Casa Milà. Es wurde Gaudís persönlichstes Wohnhaus, doch es gefiel weder dem Eigentümer noch der Bürgerschaft von Barcelona. Schnell hatte sich das Gebäude den Spottnamen »La Pedrera«, der Steinbruch, eingefangen. Der Name geht auf die üppigen Formen der Fassade zurück, die wie eine ungezügelte, wellenförmige Steinskulptur wirkt. Im Kontrast dazu stehen die gusseisernen Balkone und Terrassengitter, die jedoch nicht weniger massig wirken. Das Gebäude besitzt keine tragenden Wände. Die Last ruht auf einer Eisenkonstruktion.

In den Plänen des Architekten waren bereits Aufzüge vorgesehen, diese wurden jedoch erst später eingebaut. Die Tiefgarage allerdings war von Anfang an vorhanden. Ein ausgeklügeltes Belüftungssystem macht heute noch Klimaanlagen im Gebäude überflüssig. Für ausreichend Frischluft und Licht sorgen Licht- und Luftschächte. Die Casa Milà wurde 1984 in die Liste des UNESCO-Kulturerbes aufgenommen. Heute gehört sie der Caixa de Catalunya, der katalanischen Sparkasse, die die etwa 1000 Quadratmeter große Beletage für Kunstausstellungen nutzt. Gaudí beendete die Arbeiten 1910 und widmete sich danach ausschließlich seinem Lebenswerk, dem Tempel der Sagrada Família.

Wenn Sie nicht zu Fuß über die Avinguda Diagonal bis zur Sagrada Família laufen möchten, so können Sie gleich bei der Casa Milá, an der Haltestelle Diagonal, die Metro Linie 5 bis zur Sagrada Família nehmen. Die Kirche E Sagrada Família wird ab Seite 172 eingehend besprochen.

Mit der Metro L5 geht es zurück zur Diagonal und von dort mit der L3 weiter zur Haltestelle Fonta-

Oben: Die Casa Milà – Ein Besuch auf dem Dach lohnt sich.
Mitte: Das Gebäude war seinerzeit sehr umstritten und handelte sich den Namen »La Pedrera« – der Steinbruch ein.
Unten: Blick ins Innere

AUTORENTIPP!

PARFÜM–MUSEUM
Das Museum zeigt rund 5000 Parfüm- und Duftflaschen verschiedener Kulturen und Zivilisationen. Von prähistorischen und ägyptischen Behältern über griechische Keramik, römisches und punisches Glas bis hin zu arabischen und orientalischen Fläschchen sowie Fläschchen aus dem 18. und 19. Jahrhundert. Es zeigt die Entwicklung der Düfte in Verbindung mit dem historischen, kulturellen und geografischen Hintergrund und die industrielle Herstellung in unserer Zeit. Das Museum gibt es bereits seit 1961, es gehört zu einer Parfümfabrik. Der Eingang befindet sich in der Parfümerie Regia, in einem modernistischen Gebäude.

Parfüm-Museum. Passeig de Gràcia, 39, 08007 Barcelona,
Tel. 932 160 121, und 932 160 146.
Geöffnet: Mo–Fr 10.30–20 Uhr,
Sa 11–14 Uhr. Der Eintritt beträgt
5 Euro, ermäßigt 3 Euro.
www.museudelperfum.com

Es lohnt sich, mal ein Taxi oder den Bus Turístic (rote Route) zu nehmen und sich einige der anderen Gebäude Gaudís anzusehen.

na. Wir gehen die Gran de Gràcia hinauf und biegen bei der nächsten Kreuzung, dem Carrer de les Carolines, links ab. Die Casa Vicens ist eines der ersten Werke Gaudís. Er schuf sie 1883 bis 1888 für Eusebi Graf Güell (1846–1918). Bei dem Wohnhaus ist der Bezug auf die islamische Architektur augenscheinlich, es trägt aber auch eindeutige gotische Züge. Die Eisengitter sind als Zwergpalmen ausgearbeitet, anfangs gehörte noch ein Garten zum Haus, der jedoch einer Erweiterung in den Jahren 1925 bis 1926 weichen musste. Vom U-Bahnhof Fontana aus geht es per Metro L3 zwei Stationen weiter zur Haltestelle Vallcarca, direkt am G Park Güell. Die Beschreibung des Parks finden Sie ab Seite 180.

Die Werke von Antoni Gaudí sind über das gesamte Stadtgebiet verteilt. Wenn Sie die weiteren Punkte unseres Rundgangs besuchen möchten, kommen Sie am schnellsten per Taxi, Metro oder Bus dorthin. Sie liegen in den Stadtvierteln Les Corts, Sarrià und Sant Gervasi.

Infos und Adressen

SEHENSWÜRDIGKEITEN

Palau Güell. Carrer Nou de la Rambla, 3, 08001 Barcelona
Laternen auf der Plaça Reial. 08001 Barcelona
Casa Battló. Passeig de Gràcia, 43, 08007 Barcelona
Casa Milà »La Pedrera«. Passeig de Gràcia, 92, 08008 Barcelona
Sagrada Família. Plaça de la Sagrada Família, 08008 Barcelona
Parc Güell. Carrer d'Olot, 13, 08024 Barcelona
Finca Güell. Av. Pedralbes, 7, 08034 Barcelona
Col-legi de les Teresianes. Carre de Ganduxuer 85–105, 08022 Barcelona
Finca Miralles. Pg. de Manuel Girona, 55–57, 08034 Barcelona
Bellesguard. Carrer de Bellesguard, 16–20, 08022 Barcelona

ESSEN UND TRINKEN

Cafè del Sol. Die Bar bietet Konzerte, Ausstellungen und Videoprojektionen, bevorzugt werden Rock und Pop gespielt. Gelegen an einem belebten Platz mit sehr schöner Terrasse, verkehren hier meist die Einheimischen. Es gibt Tapas. Metro L3 bis Fontana. Plaça del Sol, 08012 Barcelona, Tel. 934 155 663. Geöffnet: So–Do 13.30–2.30, Fr und Sa 13–3 Uhr, www.la-boca.com/cafe-del-sol/
El Mató de Pedralbes. In einem alten Gebäude untergebracht, bietet das Lokal in rustikalem Flair vor allem traditionelle katalanische Gerichte, Fleisch und saisonale Speisen wie *Escudella, Calçots* und *Cargoles a la llauna*, Schnecken aus der Grillpfanne. Drei Gänge gibt es hier für circa 30 Euro. Reservierung wird empfohlen. Carrer Bisbe Català 9, 08034 Barcelona, Tel. 932 047 062, Mo–Sa 13–15.45 Uhr und 20.30–23.34 Uhr, So 13–15.45 Uhr
El Jardí de l'Abadessa. Ein Garten, eine Bar, ein Restaurant. So definiert man sich hier selbst. Mediterrane saisonale Küche, bekannt für ihre leichten Sommergerichte. Carrer Abadessa d'Olzet, 26, 08034 Barcelona, Tel. 932 803 754, Fax 932 806 522. Geöffnet: Mo–Fr 13–16 Uhr und 21–23.30 Uhr, abadessa@jardiabadessa.com, www.jardiabadessa.com
Picus. Nahe der Casa Vicens verströmt dieses Restaurant ein liebenswertes und ruhiges Ambiente, in dem die Farbe Rot dominiert. Traditionelle und moderne katalanische Küche zu einem sehr guten Preis-Leistungs-Verhältnis. Carrer dels Santjoanistes, 8, 80006 Barcelona, Tel. 934 152 281. Geöffnet: Mo–Mi 13–15.30 Uhr, Do–Sa 13–15.30 Uhr und 21–23 Uhr. So geschl., Betriebsferien im Aug., www.picus.es, restaurant@picus.es
Neichel. Das Neichel ist eines der besten Restaurants Barcelonas und hat einen internationalen Ruf. Das Essen ist Luxus pur. Kreative mediterrane Küche mit allerfeinsten Zutaten. Es gibt auch ein Mittagsmenü. Das Restaurant befindet sich im Hotel AC Victoria Suites. Carrer de Beltrán i Rózpide, 7–9, 08434 Barcelona, Tel. 932 038 408. Geöffnet: Di–Sa 13–15.15 Uhr und 20.30–23 Uhr. Geschl. So, Mo und Feiertage, neichel@relaischateaux.com, www.neichel.es
Blau Cafè. An einem ruhigen Ort, ganz in der Nähe des Bellesguard, das auch als »Casa Figueras« bekannt ist, wird hier mittags ein günstiges, aber gutes Menü angeboten. Carrer de Roura, 50, 08017 Barcelona, Tel. 934 173 705. Geöffnet: Mo–Fr 8.30–16.30 Uhr, www.blaucafe.com

ÜBERNACHTEN

Hotel AC Victoria Suites Barcelona. Alle Zimmer dieses Hotel sind luxuriöse Suiten, in bester, ruhiger Lage. Zimmer ab 130 Euro. Carrer Beltrán i Ròzpide, 7–9, 08034 Barcelona, Tel. 932 069 900, Fax 932 805 267, acvictoriasuites@ac-hoteles.com, www.victoriabcn.com
Aparthotel Silver. 50 Appartements in Gràcia, in der Nähe der Casa Vicens und dem Passeig de Gràcia. Ab 99 Euro für 2 Personen. Calle Bretón de los Herreros, 26, 08012 Barcelona, Tel 932 189 100, Fax 934 161 447, reservations@hotelsilver.com, www.hotelsilver.com

30 Temple Expiatori de la Sagrada Família

Das große Bauwerk der Sühne

Mit dem Bau der »Sühnekirche der Heiligen Familie« wurde 1882 begonnen. Ab 1883 übernahm Antoni Gaudí (1852 bis 1926) die Bauleitung – und er änderte sämtliche vorhandenen Pläne nach seinen Vorstellungen. Kirche und Baustelle nehmen eine Fläche von fast 18 000 Quadratmetern ein. Der Bau dauert seine Zeit. Bis heute werden die Arbeiten ausschließlich durch Spenden finanziert. Die Kirche soll 2026 fertig sein, zum 100. Todestag des Architekten.

Nach der Sagrada Família wurde das Stadtviertel benannt, in dem sie liegt. Es ist Teil des Bezirks L'Eixample im Zentrum der Stadt und ein wichtiger Tourismusfaktor. Die Kirche ist ein dominierender monumentaler Bau, nimmt einen kompletten Straßenblock ein und wird begrenzt durch die Carrer de Mallorca im Süden, im Westen durch die Carrer de Sardenya, im Norden liegt die Carrer de Provença und im Osten die Carrer de Marina.

Die Sagrada Família hat in den letzten Jahren viele Fortschritte gemacht, man arbeitet bereits an den zentralen Türmen.

MAL EHRLICH

FAMILIENUNFREUNDLICH

Ein Besuch der Kirche La Sagrada Família ist besonders für Familien ein teures Vergnügen. Leider gibt es kein Familienticket. Zwar wird das Eintrittsgeld für den Bau verwendet und die Überschüsse werden gespendet, doch Kinder ab zehn Jahren als Erwachsene einzustufen ist doch eher unüblich. Da hilft auch der Rabatt über die Barcelona Card nicht wirklich weiter.

Zur Baugeschichte des Gotteshauses

Der Buchhändler José María Bocabella y Verdaguer (1815–1892) hatte auf einer Italienreise im Jahr 1874 die Idee, eine so imposante Kirche zu erbauen wie die italienischen. Es sollte eine Sühnekirche werden, allein durch Spenden finanziert. Über seinen Verein »Espiritual de Devotos de San José«, die geistlichen Verehrer des heiligen Josef, startete er eine Sammelaktion, die so erfolgreich war, dass bereits 1881 das Grundstück erworben werden konnte. Das Gelände befand sich in völlig unbebauter Lage, abseits der Innenstadt. Als Bauleiter konnte der Architekt der Diözese, Francisco de Paula del Villar (1828–1901) gewonnen werden. Die Grundsteinlegung erfolgte am 19. März 1882, dem Tag des Heiligen Josef. Geplant war eine deutlich kleinere, neugotische Kirche. Doch Architekt und Verein überwarfen sich und Paula del Villar legte die Arbeit nieder.

Der junge, unerfahrene Gaudí wurde 1883 Bauleiter. Ein Teil der Krypta und die Apsis waren bereits erstellt und Gaudí übernahm sie, überarbeitete aber die Gewölbe. 1885 war sein neues, beeindruckendes Gesamtkonzept fertig. Es hatte bereits 18 Türme, stand aber noch deutlich unter gotischem Einfluss. Weitere großzügige Spenden ließen die Pläne für die Kirche immer weiter wachsen. Bei Gaudís Tod 1926 waren nur die Krypta, die Apsis, der Kreuzgang mit der Rosenkranzkapelle und die Geburtsfassade fertig. Vier Türme standen kurz vor der Vollendung, doch das Ableben des Architekten und die Finanzierungsprobleme ließen die Arbeiten nur schleppend vorangehen. Während des Bürgerkriegs wurde die Kirche dann in Brand gesetzt und viele Zeichnungen und Modelle Gaudís gingen verloren. Dies führte zum Baustopp.

AUTORENTIPP!

FLOHMARKT ENCANTS VELLS – MERCAT FIRA DE BELLCAIRE

Wie so oft in Barcelona ist der Markt eher unter seinem Spitznamen *Encants Vells*, Markt des alten Zaubers, bekannt. Es ist der größte Flohmarkt der Stadt und einer der ältesten Europas, denn er geht auf das 14. Jahrhundert zurück. Hier bieten rund 500 Händler ihre Waren an. Kleidung, Antiquitäten, Sonderangebote, Platten, Bücher, Krimskrams und jede Menge kleine Schätze kann man hier finden. Jede Woche kommen rund 100 000 Besucher zum Mercat dels Encants.

Encants Vells. Plaça dels Glòries Catalanes, 8, 08018 Barcelona, Tel. 932 463 030, Geöffnet: Mo, Mi, Fr und Sa 7–17 Uhr, Mit der Metro L1 bis Glòries oder mit der L2 bis Encants

Rundgang

A Hauptschiff

B Seitenschiffe

C Querschiff

D Vierung

E Chor, darunter die Krypta

F Apsis mit sieben Kapellen und zwei Treppen

G Sakristei

H Himmelfahrt-Kapelle

I Rosenkranz-Kapelle – einzige Kapelle, die Gaudí selbst fertigstellen konnte

J Sühne-Kapelle

K Taufkapelle

L Fassade der Herrlichkeit (auch Seligkeit), Fachada de la Gloria – An der Fassade der Herrlichkeit wird noch immer gebaut. Sie wird einmal die prächtigste Fassade der Sagrada Família sein. Mit sieben Eingängen und den vier höchsten Türmen. Gaudí wollte die letzten vier Stationen des Menschen zeigen: Tod, Jüngstes Gericht, Hölle und die Seligkeit. Zum 100. Todestag von Gaudí, 2026, soll die Sagrada Família fertig sein.

M Fassade der Geburt, Fachada del Nacimiento – Die Fassade der Geburt Christi wurde zu Lebzeiten Gaudís fertiggestellt. Sie besteht aus drei großen Portalen und vier Glockentürmen. Das linke Portal trägt den Namen »Portal der Hoffnung«, das große Mitteltor heißt »Portal der Barmherzigkeit« und die rechte Pforte »Portal des Glaubens«. Die Dreierfassade ist eine Allegorie auf das Wunder der entstehenden, sich ständig wandelnden Natur.

Zum 100. Todestag Gaudís soll der Bau der Basilika beendet sein.

N Fassade des Leidensweges, Fachada de la Pasión – Gaudí arbeitete 1911 an diesem Portal, während er sehr krank war. Es werden die letzten Lebenswochen Jesu (vom Letzten Abendmahl bis zu seinem Tod) dargestellt. Die Figuren sind expressionistisch, die Säulen des Vordachs erinnern an Knochen. Gaudí erlebte die Fertigstellung nicht.

O Kreuzgang – Der Kreuzgang führt außen um die Basilika herum. Er umschließt die Taufkapelle, die Sakristeien, Kapellen und Nebengebäude und wird von den drei Portalen nur zum Teil unterbrochen. Der Durchgang bleibt möglich. Der Kreuzgang wirkt als Puffer, sodass der Straßenlärm nicht ins Innere dringt.

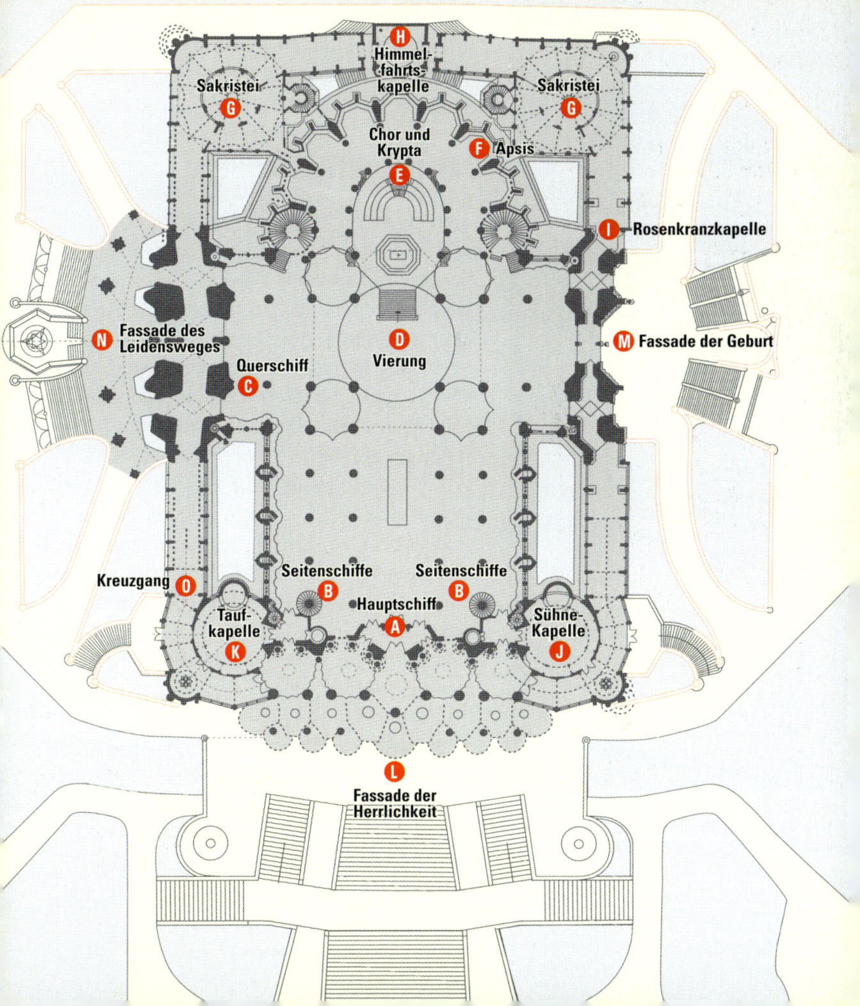

AUTORENTIPP!

JEDE MENGE KUNST UND GALERIEN

Es gibt kaum eine Stadt in Europa, die mit einem derart dichten Netz von Museen, Kunstgalerien und Ausstellungsräumen aufwarten kann. Was heute noch angesagt ist, kann morgen bereits out sein. Deshalb ist es schwierig, bestimmte Ausstellungsorte zu empfehlen. Eine hervorragende Website, die auch in englischer Sprache einen aktuellen und interessanten Überblick über das Kunstgeschehen gibt und zur Vorbereitung auf die Reise dienen kann:

Infos unter: www.artbarcelona.es

Gaudí hat geschafft, was die Meister der Gotik wollten: ein Gebäude aus Licht.

Erst in den 1950er-Jahren wurden die Arbeiten wieder aufgenommen, nachdem die Pläne und Modelle so gut es ging rekonstruiert worden waren. Auf dem Gelände gibt es eine Schule für die Kinder der Handwerker, die, so wie im Mittelalter, ihr Leben auf der Baustelle verbrachten. Der Gründer der Kirche und ihr Architekt sind in der Krypta der Sagrada Família beigesetzt. Die UNESCO nahm die Krypta, die Fassade der Apsis und die Fassade der Geburt in die Liste des Weltkulturerbes auf. Die Kirche wurde im November 2010 von Papst Benedikt XVI. geweiht und bekam den Titel Basilica minor.

Das prächtige Äußere

Gaudí entwickelte eine Statik, die widerstandsfähig, aber leicht war, sodass immense Höhen erreicht werden konnten. Das Hauptschiff der kreuzförmigen Basilika ist 45 Meter hoch, die vier Seitenschiffe 30 Meter. Die Vierung hat eine Höhe von 60 Metern und das Gewölbe über der Apsis von 75 Metern. Sämtliche Elemente wurden ohne Stützpfeiler erbaut. Die acht vollendeten Türme messen bis zu 125 Meter, der Vierungsturm soll 170 Meter hoch werden und damit der höchste Kirchturm der Welt. 12 der geplanten 18 Türme symbolisieren die Apostel, vier die Evangelisten, einer steht für die Jungfrau Maria, und der höchste Turm soll Jesus geweiht sein. Die vollendeten Türme flankieren die Geburtsfassade und die Passionsfassade, die sich an den beiden Enden des Querhauses befinden.

Die Geburtsfassade im Nordosten beschreibt sehr detailgenau die Geburt Christi, seine Kindheit und Jugend. Diese Fassade wird als das größte Vermächtnis Gaudís angesehen, denn er stellte den Symbolgehalt so eindeutig heraus, dass seine Nachfolger die Fassade lesen konnten wie eine

Bauanleitung. Die Skulpturengruppen sind sehr dynamisch und mit großer Hingabe dargestellt. Die Passionsfassade im Westen steht dazu in scharfem Kontrast, denn sie stellt das Leiden und den Tod Christi dar. Diese Fassade wurde erst nach dem Ableben Gaudís begonnen, aber getreu seinen Plänen ausgeführt. Die rechteckigen und strengen Figuren gruppieren sich vor einem äußerst schlichten Hintergrund aus kahlem Mauerwerk.

Verzierungen gibt es an dieser Fassade praktisch keine. Das Vordach überspannt das Portal wie ein Zelt und wird von sechs schrägen Säulen getragen. Die südliche Hauptfassade, die Fassade der Herrlichkeit, wurde noch nicht begonnen. Sie wird einmal 21 Säulen und zwei Kapellen haben und über eine riesige Treppenanlage verfügen. Insgesamt sind elf Eingänge zur Kirche geplant. Das gesamte Bauwerk besitzt eine eindeutig naturalistische Dekoration, man findet Tiere, Wolken und Eiszapfen aus Stein, die Säulen wirken organisch, und die Figuren sind nach natürlichen Vorbildern geschaffen.

Der vielgestaltige Innenraum

Die Sagrada Família kann 14 000 Gläubige aufnehmen und ist für einen Kirchenchor von 1200 Sängern geplant. Sie hat einen kreuzförmigen Grundriss mit fünf Schiffen. An den Chorraum schließt die Apsis mit sieben kleinen Seitenkapellen an. Sie sind der Freude und der Trauer gewidmet. Beidseitig sollen noch je zwei Sakristeien errichtet werden. Unter der Apsis liegt die Krypta, die eine Fläche von 120 Quadratmetern aufweist und mit sieben Kapellen ausgestattet ist. Gaudí ruht in der Christus-Kapelle. Die Länge des Kirchenraumes beträgt inklusive Apsis 90 Meter, bei einer Breite von 45 Metern. Das Hauptschiff

Oben: An der Sagrada Família geht ein Stil in den anderen über.
Mitte: Der Tempel ist mit vielen Kapellen ausgestatttet.
Unten: Die Kapellen verbergen sich hinter einem Wald aus Säulen.

Oben: Unter dem goldenen Baldachin befindet sich der Hauptaltar. **Mitte:** Die Skulpturen wurden noch zu Lebzeiten Gaudís beendet. **Unten:** Durch die vielfarbigen Fenster fällt ein magisches Licht in das Innere.

ist 15 Meter breit und die vier Seitenschiffe je 7,50 Meter. Das Querhaus ist dreischiffig und hat eine gesamte Breite von 30 Metern, ebenfalls 15 Meter für das Hauptschiff und je 7,50 Meter pro Seitenschiff.

Die Natur als Vorbild

Das gewaltige Dach der Basilika wird von Säulen getragen, die wie Baumstämme nach oben streben und sich in der Höhe verzweigen. Die Kuppeln, die in Form von Palmwedeln gestaltet sind, wirken von unten wie riesige Blüten. Durch dieses Blätterdach fällt Tageslicht in das Gebäude.

Es gibt vier verschiedene Arten von Säulen. Die leichtesten sind aus Sandstein erbaut und haben einen Durchmesser von gut einem Meter. Die nächstdickeren Säulen messen 1,40 Meter und sind aus Granit, weiterhin gibt es Basaltsäulen mit einem Umfang von 1,75 Metern, und schließlich die vier riesigen Säulen der Vierung, die 2,10 Meter messen und aus Porphyr bestehen. Porphyr ist ein sehr hartes und widerstandsfähiges Gestein mit Kristalleinlagerungen.

Das gesamte Gebäude ist sowohl innen als auch außen mit unzähligen Figuren und Formen ausgestattet, deren Strukturen der Natur nachempfunden sind. Doch Gaudí hat sich auch zu Spielereien hinreißen lassen. So finden sich an der Außenseite der Apsis zwei riesige Steinschnecken, die die Wand hinunterkriechen, als Hinweis auf die Wendeltreppen im Inneren. Nehmen Sie den Fahrstuhl nach oben, aber laufen Sie nach unten, denn sonst verpassen Sie die wunderschönen Treppen. Bei der Sagrada Família heißt es Augen auf und aufmerksam sein, denn jede Beschreibung kann bei diesem Bauwerk nur ein Anstoß sein. Entdecken muss man es selbst.

Infos und Adressen

SEHENSWÜRDIGKEITEN

Temple Expiatori de la Sagrada Família. Die Kirche ist von Okt.–März von 9–18 Uhr und von Apr.–Sept. von 9–20 Uhr geöffnet. An Weihnachten Erwachsene zahlen 16,30 Euro, Kinder unter 10 Jahren sowie Behinderte ab 65 Jahren mit Begleitperson haben freien Eintritt. Audio-Guide-Führung, auch auf Deutsch, kostet 4,00 Euro, Aufzug 3,00 Euro. Mit der Eintrittskarte können auch das Museum und die Werkstatt Gaudís besucht werden. Mit der Barcelona Card gibt es Rabatt. Karten, jedoch nur ohne Ermäßigung, können online über die Website gekauft werden. An den Kassen gibt es oft lange Wartezeiten. Carrer Mallorca, 401, 08013 Barcelona, Tel. 932 073 031, Metro: L2, L5, Sagrada Família, Bus Turístic: Sagrada Família, www.sagradafamilia.org

ESSEN UND TRINKEN

Els Porxos. Leckere mediterrane Gerichte, direkt neben der Sagrada Família. Carrer Mallorca, 410, 08013 Barcelona, Tel. 932 319 990, Fax 932 317 667. Geöffnet: Mo–So 11.30–24 Uhr, reservas@restaurantelsporxos.com, www.restaurantelsporxos.com.

La Cúpula. Ein Restaurant mit langer Tradition. Mediterrane Küche mit einem Touch französischer Kochkunst. Carrer de Sicília, 255, 08013 Barcelona, Tel. 932 082 061, Fax 932 085 052. Geöffnet: Mo–Sa 13.30–15.30 Uhr und 21–23 Uhr, So 13.30–15.30 Uhr, www.lacupularestaurant.com

Castell de Xàtiva. Die Spezialität hier sind Paella und Meeresfrüchte. Carrer de València, 360, 08013 Barcelona, Tel. 934 583 418. Geöffnet: Di–Sa 13–16 Uhr, 20.30–23.30 Uhr, So13–16.30 Uhr; Mo und So-abend geschl. sowie in den Sommerferien 3 Wo. im Aug.

ÜBERNACHTEN

Hostal Satram. Nur zwei Blocks von der Sagrada Família entfernt liegt dieses kleine Hostal mit 8 Zimmern. Haustiere sind willkommen. Zimmer ab 50 Euro. Carrer de Còrsega, 546, 08025 Barcelona, Tel. 934 460 493, Fax 934 460 493, www.hostalsatrambarcelona.es

Ayre Hotel Rosellón. Das Hotel ist erst vor Kurzem eröffnet worden und zählt zu den Designhotels in Barcelona. Einige der Zimmer haben den Balkon direkt zur Sagrada Família hin. Zimmer ab 85 Euro. Carrer del Rosselló, 390, 08025 Barcelona. Tel. und Fax 932 477 474, rosellon@ayrehoteles.com, www.ayrehoteles.com

Hotel GBB Aranea. Ein modernes Hotel mitten in der Eixample. 2003 eröffnet, zwischen der Einkaufsmeile Passeig de Gràcia und der Sagrada Família. Zimmer ab 70 Euro. Carrer del Consell de Cent, 444, 08013 Barcelona, Tel. 936 009 200, Fax 936 009 201, www besthotelscities.com

Hotel Antibes. Im Zentrum der Eixample, ganz in der Nähe zu allen wichtigen Sehenswürdigkeiten. Zimmer ab 75 Euro. Carrer de la Diputació, 394, 08013 Barcelona, Tel. 932 326 211, Fax 932 657 448, www.hotelantibes.net

EINKAUFEN

Limobebe. Babymode in allen Variationen. Einrichtung für Baby- und Kinderzimmer sowie Spielzeug. Carrer de la Diputació, 278, 08009 Barcelona, Tel. 902 550 883. Geöffnet: Mo–Sa 10.30–14 Uhr und 17–20 Uhr, www.limobebe.com

Andrea Bijarra. Ihre Philosophie ist, gute Mode zu bezahlbaren Preisen anzubieten. Die dazupassenden Schuhe und Accessoires ergänzen das Angebot. Carrer del Rosselló, 277, 08009 Barcelona, Tel. 931 244 326. Geöffnet: Mo–Sa 10–21 Uhr, contacto@andreabijarra.es, www.andreabijarra.es

Agatha Ruiz de la Prada.
Die extravagante Designerin, in der Zwischenzeit international bekannt, präsentiert hier ihre farbenfrohe Mode. Für Frau, Mann und Kind.
Carrer del Consell de Cent, 314
08007 Barcelona, Tel. 932 155 288. Geöffnet: Mo–Sa 10.30–20.30 Uhr,
www.agatharuizdelaprada.com

Mitte: Außerhalb von Barcelona schuf Gaudí den Park für seinen Förderer, den Grafen Güell.
Unten: Der Park wurde zum Weltkulturerbe der UNESCO ernannt.

31 Abstecher zum Parc Güell

Natur und Kunst genial vereint

Der Park zählt zu den meistbesuchten Attraktionen der Stadt. Er wurde von Antoni Gaudí (1852–1926) entworfen, der selbst fast 20 Jahre lang hier lebte. Die Grünanlagen sind wie ein Märchenland gestaltet, alle Bauwerke fügen sich harmonisch in die Landschaft ein und wirken wie ein Teil von ihr. Die Anlage wurde 1922 eröffnet, seit 1984 zählt sie zum Weltkulturerbe der UNESCO.

Der Haupteingang des berühmten Parks liegt am Carrer d'Olot, im Stadtteil Gràcia. Er hat eine Fläche von 17,18 Hektar, etwa 0,7 Quadratkilometer. Mehrere Nebeneingänge gestatten das Betreten des Geländes aus verschiedenen Richtungen. Parc Güell war ursprünglich als Gartenstadt geplant. Der Industrielle und Förderer Gaudís, Eusebi Graf von Güell (1846–1918), erwarb das hügelige Gelände 1885. Es bietet einen famosen Blick auf die Stadt. Fünf Jahre später beauftragte Güell seinen Lieblingsarchitekten Antoni Gaudí mit dem Plan für die Gartenanlage. 60 Parzellen sollten an Bauherren verkauft werden. Die Idee hatte er aus England mitgebracht, wo Gartenstädte sehr beliebt waren. Doch bald wurde klar, dass es für eine solche Wohnanlage, trotz des Baubooms in Barcelona, kein Interesse gab. Nur drei Häuser, eines für Güell, eines, das Gaudí später kaufte, und eines für einen befreundeten Architekten, wurden gebaut. Gaudí erschuf bis 1914 einen wunderbaren Naturraum, der sich in das ursprüngliche Gelände einfügt. Das Projekt Gartenstadt war für Güell ein finanzieller Verlust. Er veräußerte das Gelände an die Stadt, die es zum öffentlichen Park erklärte

Trencadís – Arbeiten mit den Keramikscherben

und diesen 1922 eröffnete. 2011 wurde er nach einer sehr umfangreichen Restaurierung wiedereröffnet.

Ein naturnahes Baukonzept

Der ursprüngliche Plan sah vor, dass die 60 rechteckigen Parzellen von den Eigentümern nach deren Vorstellungen, aber unter Berücksichtigung der Normen, bebaut werden sollten. Gaudí war zuständig für die Bereiche der gemeinschaftlichen Nutzung, dazu gehören die Pförtnerhäuschen am Haupteingang, die Wege und Straßen, die Freitreppe, der zentrale Platz und der Markt. Neben dem Park arbeitete Gaudí an der Sagrada Família. Er entschloss sich, vorgefertigte Module zu erstellen, mit deren Hilfe das riesige Bauvolumen der Gartenanlage bewältigt werden konnte. Der Architekt konzipierte Elemente aus Stahl in verschiedenen Formen, die für unterschiedliche Zwecke eingesetzt wurden. Die Einzelteile wurden mit einem Überzug aus Bruchkeramik versehen, was ihnen ein individuelles Aussehen verleiht und nicht die Serienproduktion verrät. Gaudí passte die Bebauung an das Gelände an und vermied Erdbewegungen, wo immer es möglich war. Er arbeitete mit Stützmauern und Terrassen in organischen Formen, sodass der Gesamteindruck eines gewachsenen natürlichen Terrains entsteht.

AUTORENTIPP!

CASA MUSEU GAUDÍ

Das Haus des Architekten, in das er 1906 zusammen mit seinem Vater einzog, ist 1963 zum Gaudí-Museum erklärt worden. Hier lebte er bis kurz vor seinem Tod. Zu besichtigen sind die ehemaligen Wohnräume wie Wohn- und Schlafzimmer, einige persönliche Gegenstände sowie Möbel, die Gaudí für andere Häuser entworfen hat. Für die Besichtigung der Bibliothek muss man sich vorab anmelden. Das Museum liegt am südlichen Rand des Parks.

Casa Museu Gaudí im Parc Güell. Carretera del Carmel 24, 08024 Barcelona, Tel. 932 193 811, Fax 932 846 446. Geöffnet: Okt.–März tägl. 10–18 Uhr und Apr.–Sept. tägl. 10–20 Uhr, Weihnachten und Neujahr geschl. Der Eintritt beträgt 5,50 Euro, ermäßigt 4,40 Euro. www.casamuseugaudi.org

Oben: Blick von oben auf die Stadt
Mitte: Der berühmte »Drac« im Park Güell
Unten: Und auch hier schuf Gaudí nach der Natur.

Eine wohldurchdachte Gliederung

Der Haupteingang wird von weißen Pförtnerhäuschen flankiert. Betritt man das Gelände, so kann man eintauchen in eine andere Welt, die so friedlich und erholsam ist wie ein Spaziergang durch einen Märchenwald. Nach dem Eingang gelangt man zur Freitreppe, die von der Drachenfontäne, die zum bekanntesten Element des Parks geworden ist, bewacht wird. Der Aufstieg über diese Treppe symbolisiert einen Abschnitt auf dem Weg christlicher Reinigung. Die Wohnhäuser sollten am höchsten Punkt des Geländes liegen. Die Gartenstadt sollte eine Oase außerhalb des Trubels der Stadt sein. Ihre Bewohner hätten alle Einkäufe auf dem Gelände erledigen können. Hierzu schuf Gaudí den Markt, der wie ein griechischer Tempel angelegt ist. 86 Säulen tragen das Gewölbe, das innen mit Sonne und Mond verziert ist und auf dessen Oberseite sich der große Platz befindet.

Beliebter Treffpunkt

Der große Terrassenplatz mit einer Fläche von 3000 Quadratmetern ist das Herzstück des Parks. Hier sollten sich seine Bewohner treffen. Er ist umgeben von einer kunstvoll mit Mosaiken gestalteten Sitzmauer, die sowohl als Begrenzungsmauer, Aussichtsplattform und Sitzmöbel dient. Heute halten sich hier Künstler und Musiker auf, und regelmäßig finden Veranstaltungen statt. Um den Höhenunterschied des Geländes zu bewältigen, entwarf Gaudí Aquädukte, die durch schräge Stützen getragen werden. Um sie natürlicher erscheinen zu lassen, wurden sie mit Kalkstein verputzt. Das Wegenetz war für Gaudí die größte Herausforderung beim Bau des Parks, denn dies fällt eigentlich nicht in das Aufgabengebiet eines Architekten, sondern gehört zum Städtebau.

Infos und Adressen

SEHENSWÜRDIGKEITEN

Parc Güell. Carrer d'Olot, 080024 Barcelona. Der Eintritt in den Park ist frei. Er ist von Dez.–Febr. tägl. 10–18 Uhr geöffnet, im März und Nov. von 10–19 Uhr, im Apr. und Okt. von 10–20 Uhr und im Mai–Sept. von 10–21 Uhr. Mit der Metro L3 bis zur Station Lesseps, anschließend Fußweg oder mit dem Bus Turístic bis Haltestelle Parc Güell. Es geht recht steil bergauf, darum sollte man sich ein Taxi nehmen, wer nicht gut zu Fuß ist. Vor allem im Sommer ist es sehr anstrengend.

ESSEN UND TRINKEN

Tangerina. Am oberen Ende der Carrer de Verdi, ganz in der Nähe der Casa Vicenc und dem Park Güell gelegen, wird hier kreative mediterrane Küche zu vernünftigen Preisen serviert. Carrer de Verdi, 179–181, 08012 Barcelona, Tel. 931 768 962. Geöffnet: Mo–Fr 13–16 Uhr, Do–Sa 21– 24 Uhr, tangerinarestaurant@hotmail.com, www.tangerinarestaurant.com

Ikastola. Mitten im Viertel Gràcia findet sich der Geist des Baskenlandes. Eine landestypische Taverne, in der baskische Spezialitäten serviert werden. Carrer de la Perla, 22, 08012 Barcelona, Tel. 933 680 268. Geöffnet: Mo–Fr 11–1 Uhr sowie Sa und So 18–2 Uhr

Der »Drac« wurde vor wenigen Jahren ein Opfer übelsten Vandalismus, konnte aber wiederhergestellt werden.

ÜBERNACHTEN

Catalonia Parc Güell. Außerhalb des Zentrums, ganz in der Nähe des Parc Güell, liegt dieses Hotel mit Pool in ruhiger Lage und mit guter Anbindung an den öffentlichen Nahverkehr. Zimmer ab 55 Euro. Carrer de la Mare de Déu del Coll, 10, 08012 Barcelona, Tel. 932 191 204, Fax 932 191 269, parkguell.reservas@hoteles-catalonia.es, www.hoteles-catalonia.com

Gaudí lebte eine Zeit lang in diesem Park.

Oben und unten: Das Hospital von Domènech i Montaner war seinerzeit absolut richtungsweisend, wird aber nicht mehr genutzt.

32 Hospital de la Santa Creu i Sant Pau

Ein Krankenhaus im Stil des Modernisme

Das Hospital ist der größte modernistische Profanbau in ganz Katalonien. Das Werk des berühmten Architekten Lluís Domènech i Montaner (1849–1923), von dem auch der Palau de Música Catalunya stammt, erstreckt sich über eine Fläche von 10 Hektar. Es verkörpert die Philosophie des Modernisme, indem es eine perfekte Symbiose aus Kunst, Natur, Humanität und Funktionalität darstellt.

Das Hospital liegt am östlichen Rand des Stadtteils L'Eixample. Für den Komplex, inklusive Parkanlagen, wurde ein Grundstück von zehn Hektar erworben, was neun Straßenblocks des Stadtviertels entspricht. Er liegt am Carrer Sant Antoni Maria Claret.

Historische Bausubstanz

Das Hospital de Sant Creu wurde 1401 im Raval gegründet. Über 500 Jahre lang wurden die Kranken in diesem gotischen Gebäude versorgt, doch ab Mitte des 19. Jahrhunderts kämpften die Gesundheitsbehörden um eine modernere, angemessenere Klinik. Jahrzehnte des Streits zogen ins Land, bis es 1902 endlich zum Neubau kam. Der katalanische Bankier Pau Gil i Serra (1816–1902), der in Paris lebte, hatte testamentarisch den Neubau des Hospitals verfügt und die Hälfte seines Vermögens dafür bestimmt. Zu seinen Ehren erhielt der Neubau zusätzlich seinen Namen, der sich in Barcelona sehr schnell verselbstständigte. Die Anlage wird meist nur »Hospital de Sant Pau«

genannt. Lluís Domènech i Montaner, Direktor der Architektenschule und neben Gaudí der bedeutendste katalanische Architekt, schuf ein Krankenhaus ganz im Stil des Modernisme. Es ist funktional, human, sehr künstlerisch und war auf dem höchsten medizinischen Standard seiner Zeit. Im Jahr 1911, als das Hauptgebäude und neun Pavillons bereits fertig waren, gingen die Mittel aus. Der Bau wurde unterbrochen und erst drei Jahre später weitergeführt. Nun unter der Leitung von Pere Domenèch i Roura (1881–1962), dem Sohn von Domènech i Montaner. Er erstellte, getreu den Plänen seines Vaters, vier weitere Pavillons im modernistischen Stil, obwohl dieser damals bereits nicht mehr modern war. Ende der 1920er-Jahre entwarf Pere Domenèch die letzten Gebäude, darunter die »Casa de Convalescència«, im sogenannten Monumentalstil, der dem Barock nicht unähnlich ist. Das Hospital wurde 1930 eingeweiht. 1997 kam es auf die Liste des UNESCO-Weltkulturerbes.

Bewährtes Hospital und Weltkulturerbe

Lluís Domènech i Montaner plante eine Parkanlage, in der 27 Krankenpavillons und weitere Service- und Verwaltungsgebäude liegen, die unterirdisch miteinander verbunden sind. Die meisten Gebäude sind aus Backstein und mit Mosaiken und Keramik im Mudéjarstil verziert. Das Verwaltungsgebäude am nördlichen Ende des Geländes wirkt sehr mächtig und erinnert an eine Kirche. Hinter dem Hauptgebäude liegt der Pavillon mit den drei Operationssälen. Die 27 Pavillons sind weiträumig auf dem Gelände angelegt. Sie haben einen zentralen Saal, an dessen Seiten die übrigen Räume liegen. Um die quadratischen Blöcke ein wenig aufzulockern, ließ Domènech i Montaner die Ecken mit runden Türmen bestücken.

Infos und Adressen

MUSEUM

Hospital de Santa Creu i Sant Pau. Sant Maria Claret, 167–171, Tel. 933 177 652, Anreise mit der Metro L5 bis Hospital de Sant Pau oder L4 bis Guinardó. Mit dem Bus Turístic bis Sagrada Família. Das alte Hospital hat tägl. geöffnet von 9.30–13.30 Uhr. Führungen finden in verschiedenen Sprachen statt: 10–13 Uhr stündlich in Englisch, um 10.30 Uhr in Französisch, um 11.30 Uhr in Spanisch und um 12.30 Uhr in Katalanisch. Die Anlage kann besucht werden, nach Voranmeldung kann man auch an einer Führung teilnehmen. Melden Sie sich an, es lohnt. Über Weihnachten und Neujahr bleibt der museale Bereich geschlossen. www.santpau.es

ESSEN UND TRINKEN

Bar A Estrela Galega. Papiertischdecken lassen auf den ersten Blick Böses ahnen. Doch hier bekommt man frischesten Fisch und Meeresfrüchte. Ein Geschmackserlebnis, das sich lohnt! Carrer de Rosalía de Castro, 26–28, 08025 Barcelona, Tel. 931 768 911. Geöffnet: Di–Sa 13–17 Uhr und 20–22.30 Uhr, Über Weihnachten und 14 Tage im Aug. geschlossen.

Tradición Moderna. Einfach und ohne Prahlereien ist das kleine Restaurant, dessen Koch authentische peruanische Küche, *Ceviche, Papas à la Huancaina*, roten Reis usw. mit dem Frischen, was der Markt hier bietet, kombiniert. Unbedingt empfehlenswert! Carrer de los Castillejos, 397, 08025 Barcelona, Tel. 934 356 880. Geöffnet: Di–So 13–17 Uhr und 20–23 Uhr

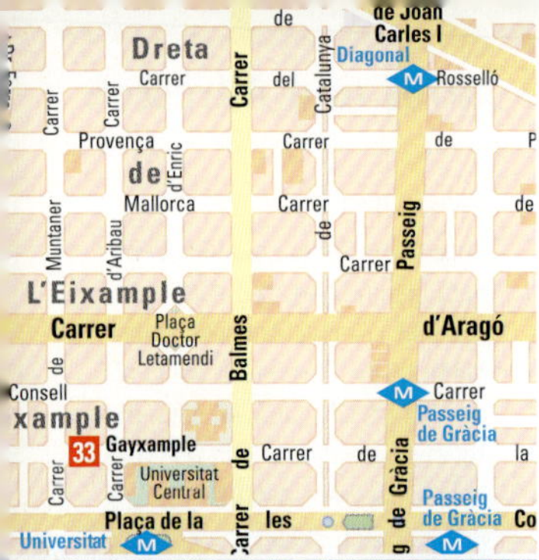

Mitte: Die Casa China gehört nicht mehr zum Modernisme. Sie ist eines der wenigen Beispiele des Art Déco im Zentrum Barcelonas.
Unten: Hotel Axel im Gaixample

33 Gaixample

Liberalität als Tradition

Das weltoffene und tolerante Barcelona zählt zu den Top Ten der schwulen- und lesbenfreundlichen Städte. Es gibt kein spezielles Viertel, doch die meisten Bars und Diskotheken liegen im L'Eixample, darum auch das Wortspiel »Gaixample«. Die Stadt bietet ein breites Angebot an kulturellen Veranstaltungen und Freizeitaktivitäten für das homosexuelle Publikum. Und dieses wird sehr gerne in Anspruch genommen.

Selbst zu Zeiten der Franco-Diktatur waren Barcelona und das rund 30 Kilometer entfernte Sitges Orte der Toleranz gegenüber gleichgeschlechtlicher Liebe. Diese liberale Haltung blieb auch in der neuen Demokratie erhalten.

Unter der sozialistischen Regierung wurde sie in Spanien Gesetz. Homosexuelle Paare sind weitestgehend den heterosexuellen gleichgestellt, und die sexuelle Ausrichtung des Einzelnen bleibt Privatsache. Ebenso wie in Deutschland kann ein Paar sich als Lebensgemeinschaft eintragen lassen oder aber die Ehe miteinander schließen. Mit allen Konsequenzen. In Spanien darf das Paar dann auch Kinder adoptieren und bei lesbischen Paaren, die sich für eine künstliche Befruchtung entscheiden, werden beide Partnerinnen als Elternteile eingetragen. Etwa 150 000 schwule und lesbische Touristen besuchen die Stadt jährlich.

Kunst und Kultur

Barcelona ist bekannt für seine schwulen und lesbischen Festivals, die über das ganze Jahr hinweg stattfinden. Im August heißt es eine Woche lang Party feiern: Sport, Kunst und Leute treffen beim Circuit Festival, an dem rund 50 000 Menschen teilnehmen.

Ein sehr beliebter Treffpunkt ist auch das Barcelona International Gay & Lesbian Film Festival, das jedes Jahr im Herbst in der Filmoteca Catalunya stattfindet. Es werden Spielfilme, Kurzfilme und Dokumentationen gezeigt, die sich an die gesamte homosexuelle Gemeinde richten. Der Gaypride, der traditionelle Marsch, findet im Frühjahr statt und wird von einer Veranstaltungsreihe begleitet. Das Tourismusbüro in Barcelona hat die wichtigsten Veranstaltungen in einer Broschüre zusammengefasst. Diese erhalten Sie vor Ort.

Ausgehen und Feiern

Im Gaixample liegen die meisten Bars, Kneipen, Geschäfte und Diskotheken für Schwule und Lesben. Es erstreckt sich über die Carrer Gran Via, Carrer Aragó, Carrer Aribau und Villarroel. Das Viertel gehört zu dem Stadtteil Esquerra de L'Eixample, südwestlich von Gràcia. Allerdings ist dieser Bereich auch beliebt beim heterosexuellen Publikum, denn es finden sich Lokale aller Couleur im Gaixample. Genau diese Offenheit zeichnet ganz Barcelona aus.

Es ist schwer, bestimmte Bars oder Diskotheken zu empfehlen, denn was heute noch in ist, ist morgen bereits vergessen. Die beste Vorbereitung auf einen Besuch hierfür finden Sie unter den Infos und Adressen. Beachten Sie aber, dass sich die meisten Schwulen-Bars erst nach Mitternacht füllen. Die beste Zeit zum Ausgehen ist in der Regel zwischen 24 und 2 Uhr. Der Eintrittspreis enthält oft ein Getränk freier Wahl. Überlegen Sie sich also gut, welchen Drink Sie sich aussuchen.

Infos und Adressen

ESSEN UND TRINKEN

Dietrich. Bar und Diskothek, ein Muss unter den Bars im Gaixample. Carrer del Consell de Cent, 255, 08011 Barcelona, Tel. 934 517 707. Geöffnet: So–Do 22.30–2.30 Uhr, Fr und Sa 22.30–3 Uhr.

Sweet. Weit entfernt von den Stereotypen der Schwulen-Bars– viel eher das Hexenhäuschen von Hänsel und Gretel. Carrer de Casanova, 75, 08011 Barcelona. Geöffnet: Di–So 20–3 Uhr, sweetcafebcn@yahoo.es, sweetcafebcn.blogspot.com

Punto Barcelona. Früher war dies der Ort, an dem die Nacht begann. Carrer de Muntaner, 63–65, 08011 Barcelona, Tel. 934 536 123. Geöffnet: Mo–So 18–2.30 Uhr.

Bacon Bear. »Die« Bears Bar in Barcelona. Carrer Casanova, 64, 08011 Barcelona. Geöffnet: Mo–So 18–3 Uhr, Happy Hour Do 19–21 Uhr.

Átame. Ein Muss! Minimalistisch dekoriert, monatlich wechselnde Kunstausstellungen. Carrer del Consell de Cent, 257, 08011 Barcelona, Tel. 934 549 273. Geöffnet: Mo–So 18–2.30 Uhr, Fr und Sa bis 3 Uhr

Metro. 2 Tanzflächen und immer wieder Sevillanas, ein Blickfang! Carrer de Sepúlveda, 185, 08011 Barcelona, Tel. 933 235 227. Geöffnet: Mo–So 0–5 Uhr, Fr und Sa 0–6 Uhr.

ÜBERNACHTEN

Axel Hotel Barcelona & Urban Spa. Das erste Axelhotel überhaupt. Auch Freunde der Gay-Szene sind gern gesehen. Aribau 33, 08011 Barcelona, Tel. 933 239 393, www.axelhotels.com

INFORMATION

www.gaybarcelona.net

MUSEU D'ART
MNAC
1000 ANYS D'ART
CATALUNYA 1400
6

SANTS-MONTJUÏC

Carrer de Badal
Carrer de la Constitució
C. dels Jocs Florals
C. de la Noguera
C. d'Olzinelles
C. de Rossend Arús
C. la Ferreria
Pallaresa
C. d'Alpens
C. de Guadiana
Carrer de Gaiarre
Rei Martí
C. del Rei Martí
Sants
C. de Vint-i-Sis de Gener 1641
Hosta-francs
Längste Einkaufstraße Europas
Creu Coberta
C. del Rector
C. St. Nicolau
Bèjar
Tarragona
Carrer de Tarragona
Carrer
C. de Consell de Cent
C. del Príncep Jordi
Filigrana
Parc Joan Miró
Museu del Rock
Watatsumi
Catalonia Barcelona Plaza
Carrer de Parcerisa
Camí de la Cadena
Carrer Quetzal
La Bordeta
Carrer de Bartomeu Pi
C. de Tort
C. de Navarra
C. del Corral
Carrer de Gavà
Carrer de Moianès
Hostafrancs
C. d'Hostafrancs
C. Viladell
Leyva
Plaça Joan Corrades
Crta. de la Bordeta
Plaça d'Espanya
Espanya
Gran Via de les Corts Catalanes
BCN Montjuic, Aparthotel
Hotel Climent.
Ayre Hotel Gran Vía
Carrer de Port
Carrer de la Mineria
C. de Trajà
Carrer de la Font
Carrer de Sant Fructuós
Font Florida
C. de Chopin
C. d'Amposta
C. Morabos
Carrer de Mèxic
Avinguda de la Reina Maria Cristina
La Magòria
34
38
El Polvori
Sants-Montjuïc
Carrer del Segura
C. de la Mare de Déu de Port
Pl. de Llorca
C. Anoia
Carrer
Plaça de Sant Jordi
Avinguda del Marquès de Comillas
Tablao de Carmen
Husa Restauración im Caixa Forum
Luesma-Vega
36
37
La Bodeguita del Poble
La Font de Prades
Av. dels Montanyans
Plaça de Carles Buïgas
Av. de Rius i Taulet
Plaça de l'Univers
La Franca
Lleida
Tècnica
Fira Palace.
Font Màgica
Plaça Marquès de Foronda
Plaça de les Cascades
Passeig de les Cascades
Mirador del Palau Nacional
Av. de la
Carrer de
C. de Font
Mercat de les Flors
35
Oleum MNAC
La Perla
Avinguda de l'Estadi
Botanischer Garten
Pl. Canuto
Can Clos
Teatro de los sentidos
Camí de Can Clos
C. del Foc
C. de Pedrera del Mussol
C. dels Jocs del 92
Jardins De Joan Maragall
Passeig de Santa Madrona
39
Passeig Olímpic
La Font del Gat
Plaça del Sol
42
Restaurant Cafeteria
Plaça Neptú
Carrer dels Tres Pins
Montjuïc
Muntanya de Montjuïc
C. del Doctor Font i Quer
Jardí de Petra Kelly
C. de Can Valero
Passeig del Migdia
Pl. Gran Capità
Carrer de la Cartoixa
Avinguda del Castell
40
Castell de Montjuïc
Cementiri Del Sud-Oest
Can Tunis
Plaça Davant Cementiri
Passeig de Cantunis
Shopping
Ausgehen
Restaurant, Bar, Café
Übernachtungsmöglichkeit
0
200 m

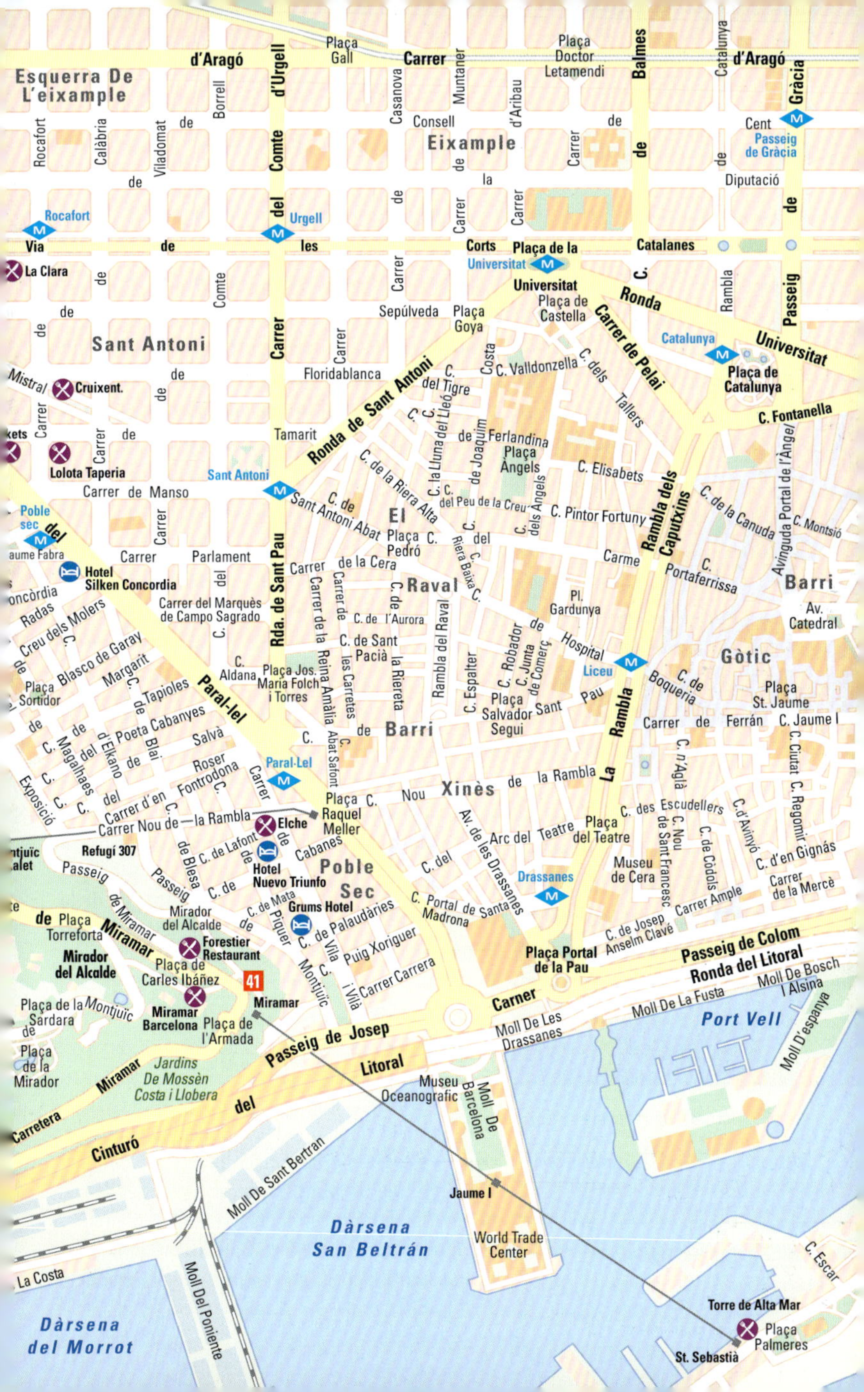

Esquerra De L'eixample
Eixample
Sant Antoni
El Raval
Barri Gòtic
Barri Xinès
Poble Sec
Carrer d'Aragó
Plaça Gall
Plaça Doctor Letamendi
Carrer del Comte d'Urgell
Carrer de Balmes
Passeig de Gràcia
Gran Via de les Corts Catalanes
Carrer del Consell de Cent
Carrer de la Diputació
Plaça de la Universitat
Ronda Universitat
Plaça de Catalunya
Ronda de Sant Antoni
Carrer de Sepúlveda
Plaça Goya
Plaça de Castella
Carrer de Pelai
Floridablanca
Tamarit
Carrer de Manso
Carrer del Parlament
Carrer del Marquès de Campo Sagrado
Rda. de Sant Pau
Paral-lel
Plaça Jos. Maria Folch i Torres
La Rambla
Rambla dels Caputxins
Rambla del Raval
Carrer de Ferrán
Plaça St. Jaume
Av. Catedral
Plaça del Teatre
Museu de Cera
Plaça Portal de la Pau
Passeig de Colom
Ronda del Litoral
Passeig de Josep Carner
Moll De Les Drassanes
Moll De La Fusta
Moll De Bosch I Alsina
Moll D'espanya
Port Vell
Museu Oceanografic
Moll De Barcelona
World Trade Center
Jaume I
Dàrsena San Beltrán
Moll De Sant Bertran
Moll Del Poniente
Dàrsena del Morrot
La Costa
Cinturó del Litoral
Carretera Miramar
Jardins De Mossèn Costa i Llobera
Mirador del Alcalde
Plaça de Carles Ibáñez
Plaça de l'Armada
Miramar
Plaça de la Sardara
Plaça de la Mirador
Refugi 307
Torre de Alta Mar
Plaça Palmeres
St. Sebastià
La Clara
Cruixent.
Lolota Taperia
Hotel Silken Concordia
Elche
Hotel Nuevo Triunfo
Grums Hotel
Forestier Restaurant
Miramar Barcelona
41
Rocafort
Urgell
Universitat
Catalunya
Passeig de Gràcia
Sant Antoni
Poble sec
Paral·Lel
Liceu
Drassanes

Seite 188/189: Das Nationalmuseum
Mitte: Von der Plaça Espanya durch die Torres Venecianes der Weltausstellung von 1929 …
Unten: … gelangt man auf das moderne Messegelände.

34 Plaça Espanya

Zentrum einer Weltausstellung

Vom 20. Mai 1929 bis zum 15. Januar 1930 fand eine zweite Weltausstellung in Barcelona statt. Zusammen mit der andalusischen Hauptstadt Sevilla sollte demonstriert werden, welche wirtschaftliche Macht Spanien darstellt und welche technischen Entwicklungen es vorweisen kann. In Sevilla lag das Hauptgewicht auf den ehemaligen Kolonien, in Barcelona dagegen hießen die drei Schlagworte: Industrie, Kunst und Sport.

Der Stadtteil Sants-Montjuïc bildet mit einem Fünftel der Gesamtfläche Barcelonas den größten Distrikt. Er besteht aus früher eigenständigen Stadtteilen und Städten, die alle um den Berg Montjuïc herum liegen. Auf einem gut einen Quadratkilometer großen Gelände am Montjuïc fand die zweite Weltausstellung in Barcelona statt. Es erstreckt sich von der Plaça Espanya in südwestliche Richtung über das heutige Messegelände bis hin zum Palau Nacional und weiter den Berg hinauf. Die Hauptachse bildet die Avinguda de la Reina Maria Cristina, die von der Plaça Espanya bis zum Palau Nacional verläuft.

Messegelände und Weltausstellung 1929

Die Weltausstellung von 1888 war kein wirklicher Erfolg. Bald fanden sich katalanische Politiker, die die Ausstellung erneut nach Barcelona holen wollten. Die Einwohner waren einverstanden, denn die vorausgegangene hatte ihnen einige Annehmlichkeiten beschert. Die katalanische Regierung stellte der Stadtverwaltung das Gelände auf dem Berg Montjuïc zur Verfügung, der bis dahin militärisch genutzt worden war. Das Projekt wurde durch den Ersten Weltkrieg unterbrochen und konnte erst 1920 fortgesetzt werden. Nachdem 1923 der Militärdiktator Primo de Rivera (1870–1930) in Spanien an die Macht gekommen war, wurde der Ausstellungsplan überarbeitet. Die Militärregierung war an einer großen Ausstellung, bei der sie sich präsentieren konnte, sehr interessiert.

Die zweite Weltausstellung in Barcelona sollte zeitgleich mit der Iberoamerikanischen Ausstellung in Sevilla stattfinden. Sämtliche Symbole des Katalanismus mussten natürlich entfernt werden, darunter waren auch bereits fertiggestellte Bauten für die »Exposición Internacional de Barcelona«. In der Stadt wurden ein neuer Bahnhof und ein Flughafen gebaut und 1923 mit der Metro begonnen. Bereits ein Jahr später war sie in Betrieb.

Anlagen und Gebäude

1929 sollte Spanien das Zentrum der Welt werden. In Sevilla demonstrierten die lateinamerikanischen Staaten ihre engen Bindungen an die alte Kolonialmacht, und in Barcelona wurden spanische Kunstwerke sowie Industrieprodukte ausgestellt. Weitere Programmpunkte waren die spanische Architektur anhand des Poble Espanyol und die Ausstellung der wichtigsten spanischen Kulturdenkmäler als Repliken. Für die Kunstausstellungen errichtete man den Palau Nacional, den Nationalpalast, und rundherum den wunderschönen Park, der schnell zum beliebten Naherholungsgebiet wurde.

Zunächst wurde die Plaça Espanya angelegt, deren Torres Venecianes, die venezianischen Türme, das Tor zur Weltausstellung, bildeten. Sie haben eine

AUTORENTIPP!

MUSEU DEL ROCK
Einzigartig in Europa ist dieses Museum, das sich mit der Geschichte des Rock 'n' Roll beschäftigt. Es gibt Dauerausstellungen über die Beatles, die Rolling Stones, zur nationalen Rockmusik sowie zu den Themenschwerpunkten 1960er-, 1970er-, 1980er-, 1990er-Jahre und ab 2000. In den Wechselausstellungen werden Künstler vorgestellt. Ein absolutes Highlight ist der Veranstaltungssaal mit einer neun Quadratmeter großen Videoleinwand. Livemusik und Musikvideos pur!

Museu del Rock. Gran Via de les Corts Catalanes, 373–385, 4ª planta, local PC2 CP, 08015 Barcelona. Geöffnet: Di–Fr 10–16 Uhr sowie Di und Mi 16–22 Uhr. Eintrittspreis: 5 Euro und 3 Euro für Kinder bis 13 Jahre, Do und Fr 16–22 Uhr sowie Sa und So 9 Euro und 5 Euro für Kinder bis 13 Jahre. Das Museum ist voraussichtlich bis Herbst 2012 geschl. Tel. 934 265 054, Fax 932 890 031, www.museudelrock.com

Oben: Las Arenas de Barcelona
Mitte: Heute ist es ein Einkaufs- und Freizeitzentrum.
Unten: Zu den Stadtfesten, besonders anlässlich der Mercè, werden gigantische Feuerwerke abgebrannt.

Höhe von 47 Metern und sind dem Campanile San Marco in Venedig nachempfunden. Vom Platz aus gewinnt man einen guten Überblick über einen Großteil des Geländes. Heute ist die Plaça Espanya einer der Verkehrsknotenpunkte der Stadt. Mittelpunkt bildet ein riesiges marmornes Denkmal, das auf einer großen Verkehrsinsel liegt. Einen Überblick über den Platz verschafft man sich am besten vom Montjuïc aus. Von den Türmen aus etwa 300 Meter in Richtung Palau National d'Art de Catalunya (MNAC) befindet sich die Plaça de Carles Buïgas mit der Font Màgica, dem Magischen Brunnen. Tagsüber ist er recht unspektakulär aber sobald es dunkel wird, finden allabendlich wirklich magische Wasserspiele – untermalt mit Musik – statt.

Das bebaute Areal der Weltausstellung wurde in drei Abschnitte unterteilt. Auf dem heutigen Messegelände lagen die Ausstellungspavillons, der Verkehrs- und der Transportpalast, die Gebäude der Elektro- und Textilindustrie, der spanische Wohlfahrtspavillon und das Feuerwehrhaus. Etwas höher am Berg fanden die 29 Länderpavillons Platz, der Palast für moderne Kunst, der königliche Pavillon und der Palau Nacional. Auf der obersten Ebene entstand das Sportstadion.

Das Gelände umfasst zusätzlich eine rund 0,8 Quadratkilometer große Parkanlage, die ebenfalls im Zuge der Weltausstellung angelegt wurde. Es gibt Spazierwege, Terrassenanlagen, Brunnen und Gärten. Eine Zahnradbahn führt bis zum höchsten Punkt des Geländes, dem Passeig Central. An der Bergstation wurde eine Aussichtsterrasse eingerichtet, die einen Panoramablick über das Gelände und die umliegenden Berge bietet. Noch während die Weltausstellung lief, konnte eine zweite Bahn bis zum Castell de Montjuïc fertiggestellt werden.

Infos und Adressen

ESSEN UND TRINKEN

Rías de Galicia. Ein Restaurant mit bestem Ruf für Fisch und Meeresfrüchte. Es wird in zweiter Generation von der Familie des Gründers geführt. Carrer de Lleida, 7, 08004 Barcelona, Tel. 934 248 152 und 934 234 570. Geöffnet: Mo–So 13–16 Uhr und 20.30–23.30 Uhr. Geschl. an Weihnachten und Neujahr. info@riasdegalicia.com, www.riasdegalicia.com

Funicular. In einfachem Ambiente werden hier hervorragende Gerichte mit Fisch und Meeresfrüchten serviert. Carrer de Vallhonrat, 28, 09004 Barcelona, Tel. 933 258 538. Geöffnet: Di–Sa 13–16 Uhr und 20–24 Uhr, So 13–16 Uhr

La Clara. Ein Restaurant auf zwei Etagen. Unten geht es rustikal zu, es gibt Tapas. In der ersten Etage ist es elegant. Katalanische Küche. Reservierungen können online getätigt werden. Gran Via de les Corts Catalanes, 442, 08015 Barcelona, Tel. 932 893 460. geöffnet: tägl. 13–24 Uhr, So-abends geschl., www.aclararestaurant.com

ÜBERNACHTEN

Ayre Hotel Gran Vía. Ein kleines Designhotel direkt an der Plaça España. Obwohl an einer der Hauptverkehrsadern gelegen ist es sehr ruhig. Zimmerpreis ab 95 Euro. Gran Via de les Corts Catalanes, 322, 08004 Barcelona, Tel. 933 675 500, Fax 933 675 501, granvia@ayrehoteles.com, www.ayrehoteles.com

B-Hotel. Designhotel direkt neben den Arenas de Barcelona gelegen. Es ist sowohl bei Geschäftsleuten als auch bei Touristen beliebt. Es hat 84 Zimmer auf 6 Stockwerken sowie Swimmingpool und Dachterrasse. Zimmer gibt es ab 110 Euro. Gran Via de les Corts Catalanes, 389–391, 08015 Barcelona, Tel. 935 529 500, Fax 935 529 501, B-Hotel@nnhoteles.es, www.b-hotel.com

Der Innenraum der Arena ist hochmodern ausgebaut.

Mitte: Der Blick von der Plaça Espanya
Unten: Auch der Blick von oben lohnt sich.

35 MNAC – Museu Nacional d'Art de Catalunya

Katalanische Kunst sämtlicher Epochen

El Palacio Nacional, der Nationalpalast, ist das unumstrittene Wahrzeichen der Weltausstellung von 1929. Er sollte einen möglichst großen Wiedererkennungswert haben, ähnlich dem Eiffelturm in Paris. Im Palast fand eine Kunstausstellung mit über 5000 Exponaten spanischer Künstler statt. Heute ist es das Museu Nacional d'Art de Catalunya (MNAC) mit der bedeutendsten Sammlung katalanischer Kunst sämtlicher Epochen.

Der Nationalpalast ist der Kultur gewidmet. Er sollte ein Monument sein, das die spanische Nation vereint. Von der Idee bis zu seiner Umsetzung wurde über 20 Jahre lang debattiert. Der erste Entwurf für das Gebäude stammt vom katalanischen Architekten Josep Puig y Cadafalch (1867–1956), der einer der wichtigsten Vertreter des Modernisme war. Sein Plan sah einfache symmetrische Formen im klassizistischen Stil vor. Nach der Machtübernahme durch die Militärs 1923 wurde ein Architekturwettbewerb zur Überarbeitung des Entwurfs ausgeschrieben. Gewinner waren Enrique Catà (1878–1937) und Eugeni Pedro Cendoya Oscoz (1894–1975), die die Fassaden deutlicher als Symbole der Einheit Spaniens gestalteten.

Der Nationalpalast – Symbol und Wahrzeichen

Der achsensymmetrische Palast wurde in einem historisierenden, eklektischen Stil gebaut. Das bedeutet, es wurden Stilelemente aus unterschiedlichen Epochen in diesem Bauwerk vereint und neu zusammengeführt. Die verschiedenen Stile, die sich im Gebäude vereinen, waren damals bereits aus der Mode. Der Nationalpalast erinnert mit seiner monumentalen Front und den Eckpavillons an den Escorial, das Schloss der spanischen Könige bei Madrid. Die riesige Kuppel in der Mitte ist außerdem ein Zitat vom Petersdom in Rom. Die Türme sind inspiriert durch die Giralda in Sevilla. Insgesamt ist dies eine Kombination aus sakraler und profaner Architektur, die wie ein Streifzug durch die Jahrhunderte wirkt.

Im Inneren war der Palast deutlich moderner. In der Sala Oval, einem riesigen Festsaal für 20 000 Personen, wurde die Weltausstellung von Primo de Rivera und König Alfons XIII. offiziell eröffnet. Heute noch finden hier Kongresse, Bälle und Bankette statt. Über dem Saal thront die größte Kuppel Spaniens. Das Gebäude aus den bewährten Baustoffen Eisen und Beton ließ eine immense Höhe trotz zahlreicher Glasflächen zu, ähnlich wie bei den verschiedenen Markthallen der Stadt. Die Innenraumgestaltung wurde vor Ort aus Gips und Stuck gegossen und direkt verarbeitet. Man stand unter großem Zeitdruck, denn der Palast wurde in nur drei Jahren von 1926 bis 1929 gebaut und fertiggestellt. In den 1990er-Jahren wurde das Bauwerk in großem Rahmen restauriert. Bereits seit 1929 gibt es Rolltreppen, die den gesamten Berg hinaufführen, sodass auch die beeindruckenden Treppen des Nationalpalasts keine Barriere darstellen.

Während der Weltausstellung wurden mehr als 5000 Exponate spanischer Kunst gezeigt, die aus Museen, Privatsammlungen und Kirchen zusammengetragen worden waren. Die Werke umfassten einen Zeitraum vom römischen Spanien bis hin zu

AUTORENTIPP!

REFUGÍ 307

Die Tunnelanlage aus dem Bürgerkrieg ist etwa 400 Meter lang. Sie wurde gegraben, weil Barcelona während des Bürgerkriegs erstmals mit einer Bedrohung konfrontiert war, die die Menschen in Angst und Schrecken versetzte: die Bombardierung der zivilen Bevölkerung aus der Luft. Hand in Hand arbeiteten die Menschen zusammen mit den Stadtverwaltungen, um diese Refugien zu graben, in die sie sich flüchten konnten. Die meisten Tunnel sind längst eingefallen, doch einige wenige können noch besucht werden. Das Refugí 307 ist eines der letzten authentischen Mahnmale dieser Zeit.
Die Anlage ist von Di–Fr ausschließlich für Gruppen mit Reservierung geöffnet sowie Sa und So von 10–14 Uhr. Die Plätze sind begrenzt, Reservierung ist dringend notwendig. An Feiertagen geschlossen. Der Eintritt beträgt 3,40 Euro. Mit der Metro L2 und L3 bis Para.lel zu erreichen.

Refugí 307. Carrer Nou de la Rambla, 169, 08004 Barcelona, Tel. 932 562 100, Fax 932 680 454, museuhistoria@bcn.cat, www.museuhistoria.bcn.es

Oben: Im gigantischen Palau de Congressos sind mehrere Ausstellungen des MNAC untergebracht.
Unten: Die vier Säulen von Puig i Cadalach wurden erst vor wenigen Jahren wieder aufgestellt.

Velazquez und Goya. Außerdem gab es eine Abteilung für archäologische Funde. Die moderne Kunst dagegen fand Platz in einem eigens errichteten Gebäude hinter dem Palast. Die Ausstellung soll allerdings ein Fiasko gewesen sein. Es gab weder einen Katalog noch ausreichende Beschriftungen, sodass die Besucher eher verwirrt als interessiert reagierten.

Das MNAC

Fünf Jahre nach der Weltausstellung eröffnete das Museu Nacional d'Art de Catalunya mit der bedeutendsten Sammlung katalanischer Kunst bis zum Barock. 1990 wurde es mit dem Museu d'Art Modern, das Kunst des 19. und 20. Jahrhunderts ausstellte, zum Museu Nacional d'Art de Catalunya, dem MNAC, vereint. Herzstück der Sammlung sind die romanischen Fresken, die aus insgesamt 29 Kirchen der Pyrenäen stammen und ab 1919 von dort aufgekauft, abgelöst und restauriert worden sind. Sie wurden viele Jahre lang aufbewahrt, um dann endlich eine angemessene Heimat zu finden. Sie gelten als bedeutendste Sammlung romanischer Wandmalereien weltweit.

Die gesamte Ausstellung des Museums ist chronologisch aufgebaut und umfasst heute etwa 260 000 Exponate. Nach den Fresken folgen Gemälde und Skulpturen aus der Gotik, der Renaissance, dem Barock und der Moderne. Alle berühmten spanischen und internationalen Künstler sind vertreten. Werke von Fra Angelico, El Greco, Rubens, Rodin und Picasso sind ebenso vorhanden wie die Vertreter der Moderne, unter ihnen Gaudí, Salvador Dalí oder Julio González. Neben der Sammlung gibt es regelmäßig mehrere parallel laufende temporäre Ausstellungen, Workshops und Veranstaltungen für Kinder und Familien. Infos findet man im Internet.

Infos und Adressen

MUSEUM

Museu Nacional d'Art de Catalunya (MNAC). Palau Nacional, Parc de Montjuïc s/n, 08038 Barcelona, Tel. 936 220 376, Fax 936 220 383. Geöffnet: Di–Sa 10–19 Uhr, So und Feiertage 10–14.30 Uhr. Mo, Weihnachten und Neujahr geschl. Der Eintritt beträgt 12 Euro für zwei Tage innerhalb eines Monats ab Ticketkauf. Diverse Rabatte à 30 Prozent, so z.B. für Familien. Kinder unter 16 und Senioren über 65 Jahre Eintritt frei – sowie jeden ersten Sonntag im Monat. mnac@mnac.cat, www.mnac.cat

ESSEN UND TRINKEN

Oleum MNAC. Der El Palau Nacional beherbergt auch dieses bekannte Restaurant. In fantastischem Ambiente mit schönem Ausblick genießen Sie hier kreative mediterrane Küche. Mittagsmenü wird angeboten. Parc de Montjuïc, s/n, 08038 Barcelona, Tel. 932 890 679. Geöffnet: Di–So 12.30–16 Uhr. Nach Reservierung abends auch für Gruppen. Brunch an So- und Feiertagen von 12–16 Uhr. Geschl. Mo, 25. Dezember und 1. Mai. laiemnac@laie.es

ÜBERNACHTEN

Catalonia Barcelona Plaza. Von hier aus lässt sich der Parc de Montjuïc gut erkunden. Geräumige Zimmer und ein schöner, begrünter Innenhof zeichnen dieses eindrucksvolle Hotel aus. Direkt an der Plaça España gelegen, es gibt Zimmer ab 90 Euro. Plaça d'Espanya, 6–8, 08014 Barcelona, Tel. 934 262 600, Fax 934 260 400, plaza.reservas@hoteles-catalonia.com, www.hoteles-catalonia.com

Hotel Climent. Durch die Nähe zur Messe wird das Hotel gerne von Messebesuchern als eine preisgünstige Variante gebucht. Doppelzimmer ab 65 Euro. Gran Via de les Corts Catalanes, 304, 80004 Barcelona, Tel. 934 239 807, Fax 934 268 072, info@hotelcliment.com, www.hotelcliment.com

Auch bei Nacht wird das Gelände gerne besucht.

36 Poble Espanyol

Das allseits beliebte »Spanische Dorf«

Poble Espanyol ist ein Freilichtmuseum, das den Besuchern der Weltausstellung einen Eindruck der spanischen Volksarchitektur vermitteln sollte. Ursprünglich nur für die Expo 1929 geplant ist es nun bereits über 80 Jahre alt und gehört zu den beliebtesten Ausflugszielen für Touristen und Einheimische. Während sich tagsüber die Besucher tummeln, erobern sich nachts die feierlaunigen Barceleños das spanische Dorf zurück.

Das spanische Dorf liegt am Fuße des Montjuïc, auf dem Weltausstellungsgelände von 1929, gleich beim Palau Nacional. Das Freilichtmuseum hat eine Fläche von knapp 50 000 Quadratmetern und ist eine autofreie Zone. Mit dem Bus Turístic kommt man direkt zum Poble Espanyol.

Die Entstehung des Dorfes

Das Poble Espanyol wurde zur Weltausstellung von 1929 erbaut – als Ausdruck der Einheit Spaniens. Die Militärregierung legte gesteigerten Wert auf eine harmonische Außenwirkung. So steht hinter dem Museum die Idee eines idealen spanischen Dorfes. Dazu gingen zwei Architekten und zwei Künstler für fast zwei Jahre auf die Reise und durchquerten das gesamte Festland. Sie wählten charakteristische Details und die repräsentativsten architektonischen Merkmale aus jeder Epoche und jeder Region für das Poble Espanyol aus. So entstanden 117 Bauten, Straßen und Plätze, die sich aus allen Provinzen Spaniens zusammensetzen. Der Besucher konnte hier die inte-

Mitte: Das Poble Espanyol sollte alle Regionen Spaniens mit ihren Architekturstilen repräsentieren. **Unten:** Es zeigt außerdem traditionelle Handwerkstechniken.

Die Baustile der Regionen sind sehr verschieden.

ressante Baugeschichte der Iberischen Halbinsel durchstreifen, ohne sich aus Barcelona wegzubewegen. Gleichzeitig wurde die Einheit und damit die Zugehörigkeit Kataloniens zum Rest des Landes und seiner Geschichte symbolisiert. Nach der Ausstellung sollte das Poble Espanyol eigentlich wieder eingerissen werden, doch die Begeisterung und der Einsatz der Bürger Barcelonas verhinderte dies. Während der Franco-Diktatur und der damit verbundenen Unterdrückung der katalanischen Kultur zerfiel das Dorf immer mehr. Erst in den 1990er-Jahren wurde es restauriert und wieder in Betrieb genommen.

Das Dorf heute

Man betritt das Poble Espanyol durch das Tor der kastilischen Stadt Ávila und kommt zunächst an der Touristeninformation vorbei. Hier gibt es kostenlose Pläne des Dorfes oder, als interessante Variante, einen Audio-Guide, auch in deutscher Sprache. Obwohl die Stilelemente aus ganz Spanien zusammengetragen sind, wirken die Gebäude oftmals verblüffend echt. Es gibt, neben vielen anderen Objekten, einen Patio aus Córdoba, eine Plaza Mayor aus Kastilien, eine baskische Straße und natürlich auch einen katalanischen Stadtteil zu bewundern. Außerdem kann man ein Dominikanerkloster aus Girona besuchen.

AUTORENTIPP!

LÄNGSTE EINKAUFSSTRASSE EUROPAS – CREU COBERTA

Barcelona ist bekannt als eine der beliebtesten europäischen Shopping-Metropolen. In der Stadt gibt es inzwischen 16 besonders kundenfreundliche Zonen, die sich als Einkaufsmeilen etabliert haben. Unter ihnen die längste Shoppingmeile Europas, Sants Creu Coberta. Ihre Anfänge gehen auf das Jahr 1760 zurück, als an dieser Stelle eine neue Fernstraße nach Madrid gebaut wurde. Seither entwickelte sich das Einkaufsparadies durch das Engagement der ansässigen Händler immer weiter fort. Die Creu Coberta beginnt an der Plaça Espanya und geht ab Hostafrancs in die Carrer de Sants über. Hier gibt es über 500 Geschäfte, vor allem international namhafte Marken sind vertreten.

Creu Coberta. Associacio de Comerciants i Veïns de Creu Coberta, Callao 9, baixos, 08014 Barcelona, Tel. 933 321 707, Fax 934 250 892, info@creucoberta.com, www.creucoberta.com

Oben: Selten ist das Poble Espanyol so leer.
Mitte: Es gibt verschiedene Handwerksbetriebe, deren Produkte man vor Ort erstehen kann.
Unten: Außerdem gibt es ein Museum für Moderne Kunst.

Da das gesamte Dorf frei von Verkehr ist, ist es auch ein perfekter Ort für Kinder. Um diese kümmert man sich hier besonders. Sie können an einer Schnitzeljagd teilnehmen, Werkstätten besuchen, um selbst Hand anzulegen oder an verschiedenen Spielen teilnehmen. Außerdem gibt es einen Picknickplatz mit Grillmöglichkeit. Größere Kinder auf eigene Faust losziehen zu lassen, kann man bedenkenlos erlauben. Jeden Sonntag, außer im August, gibt es ein spezielles Familienprogramm.

Architektur und Tradition

Heute ist das Dorf, ebenso wie zur Zeit der Weltausstellung, ein Museum der Tradition und Architekturgeschichte Spaniens. Es gibt 40 Handwerks- und Kunsthandwerksbetriebe mit angeschlossenen Läden, Lokale aller Art, Diskotheken und eine Flamencobühne, die allabendlich Livemusik und Tanz anbietet. Es haben sich Töpfer, Lederkünstler, Schmuck- und Textildesigner, Schmiede, Weber und vor allem Glasbläser hier niedergelassen, die ihr Handwerk so verrichten wie vor 100 Jahren – die auch nichts dagegen haben, wenn man ihnen über die Schulter schaut.

Selbstverständlich wird in den vielen Geschäften auch jede Art von Andenken und Krimskrams verkauft. Außerdem gibt es die Fundació Fran Daurel, eine Kunstausstellung moderner Kunst mit über 300 Exponaten, darunter Werke von Picasso, Dalí, Miró, Tàpies, Barceló und Saura. Eine Galerie mit temporären Ausstellungen ist ebenfalls im Dorf vorhanden. In den Straßen und auf den Plätzen werden immer wieder Veranstaltungen organisiert, die in einem Freilichtmuseum stattfinden. Kulturelle Ausstellungen, verschiedene Events, Konzerte, Theateraufführungen und Spektakel aller Art kann man hier besuchen. Einen guten Überblick bietet die Webseite des Poble Espanyol.

Infos und Adressen

MUSEUM

Poble Espanyol de Barcelona. Geöffnet: Mo 9–20 Uhr, Di–Do 9–2 Uhr, Fr und Sa 9–5 Uhr, So 9– 23 Uhr. Der Eintritt beträgt 9,50 Euro für Erwachsene und 5,60 Euro für Kinder von 4–12 Jahren. KombiTicket MNAC + Poble Espanyol 15 Euro. Es gibt eine Reihe von Vergünstigungen, lesen Sie diese am besten auf der Webseite nach. Ebenfalls kann man dort den Veranstaltungskalender ansehen. Die Webseite ist auch in englischer Sprache. www.poble-espanyol.com

Neben den Läden der Handwerker gibt es auch Trödler und Weingeschäfte.

ESSEN UND TRINKEN

Tablao de Carmen. Wo heute das Olympiagelände liegt, stand einmal ein Zigeunerdorf. Der Tablao würdigt Carmen Amaya, die große Flamencotänzerin. Hier gibt es zweimal täglich Speisen und Shows. Avda. Francesc Ferrer i Guàrdia, 13 (im Poble Espanyol), 08038 Barcelona, Tel. 933 256 895, Fax 934 254 6166, Di–So Restaurant ab 18.45 Uhr, Show 19.30–20.30 und Restaurant ab 21.45 Uhr, Show 22–23 Uhr, www.tablaodecarmen.com

La Bodeguita del Poble. Ein großes Lokal mit Terrasse, Bar und Tanzfläche. Plaça Aragonesa P E, 4 im Poble Espanyol, 08038 Barcelona, Tel. 934 246 110. Geöffnet: Mo–Sa 12–16 Uhr und 20–23 Uhr, info@laboedeguitadel poble.com, www.labodeguitadelpoble.com

La Font de Prades. Mediterrane Küche mit katalanischen Speisen als Schwerpunkt in einzigartiger Umgebung. Der Eintritt ins Restaurant beinhaltet den Eintritt ins Poble Espanyol. Plaça de la Font P E, 4–5 Ecke Avenida de Francesc Ferrer i Guàrdia, 13–27, 08038 Barcelona, Tel. 931 768 959. Geöffnet: Mo 13–16 Uhr, Di–So 13–16 Uhr und 20–22.30 Uhr, Fr und Sa bis 23.30 Uhr, lafont@chias.cat, www.lafontdeprades.cat

Außerdem finden sich allerhand Souvenirläden.

Mitte: Mit seinen offenen Räumen markierte der Pavillon auf der Expo 1929 einen Meilenstein in der Architektur des 20. Jahrhunderts. **Unten:** Die Auswahl der Materialien war zur damaligen Zeit einzigartig.

37 Pavillon Mies van der Rohe

Das unvergessene architektonische Kleinod

Die Weltausstellung war mit großem Aufwand ausgestattet worden, doch seltsamerweise wurde der kleine, etwas abseits gelegene deutsche Pavillon zum Publikumsmagneten und Meilenstein der modernen Architektur. Nach der Ausstellung wurde das Gebäude demontiert und das Material verkauft. Doch den Pavillon vergaß man nie und seit 1986, dem 100. Geburtstag des Architekten, steht er wieder am Berg Montjuïc.

Der Architekt wurde in Aachen geboren und hieß eigentlich Maria Ludwig Michael Mies (1886 bis 1969), seine Mutter war eine geborene Rohe. Er zählt zu den wichtigsten Vertretern der Moderne in Europa und den USA.

Mies van der Rohe entwickelte Tragekonstruktionen aus Stahl, die viel Raum für großflächige Verglasungen und einen weiten, schrankenlosen Innenraum ließen. Er reduzierte all seine Gebäude auf das Wesentliche und erklärte sein Konzept mit dem Ausspruch »Weniger ist mehr«, der längst zum Sprichwort geworden ist. 1928 erhielt Mies van der Rohe den Auftrag für die Konstruktion des deutschen Pavillons bei der Weltausstellung in Barcelona und entwarf auch die Möbel dazu. Der Barcelona-Sessel wurde weltberühmt. 1930 ging der Architekt als Direktor ans Bauhaus in Dessau, das allerdings 1932 geschlossen wurde. Nach der Machtübernahme der Nationalsozialisten war die Zeit der Moderne in Deutschland vorbei. Mies van der Rohe nahm einen Lehrstuhl in Chicago an und siedelte 1938 in die USA über. 1944 wurde er amerikanischer Staatsbürger.

Ein wenig abseits der Hauptwege, in der mittleren Zone des Geländes, stand der deutsche Pavillon. Er diente eigentlich keinem besonderen Zweck, sondern sollte das Prinzip der modernen Architektur verdeutlichen. Anders als bei den übrigen traditionell geplanten Ausstellungsgebäuden wurde hier ein neuartiges Raumkonzept vorgestellt. Da die Originalpläne erhalten sind, konnte der Pavillon originalgetreu wieder aufgebaut werden.

Die rechteckige Grundfläche, innen und außen, beträgt 56,62 x 18,48 Meter, also rund 1046 Quadratmeter. Der eingeschossige Bau hat eine Raumhöhe von 3,10 Metern. Er steht auf einem Sockel, der mit hellbeigem Travertin, marmorähnlichen Platten, verkleidet ist. Die Dachplatte ruht auf acht kreuzförmigen Stützen aus Stahl, sodass die Wände das Gewicht nicht tragen müssen. Damit setzte Mies van der Rohe zwei seiner Konstruktionsprinzipien um, den »freien Grundriss«, der eine flexible Raumnutzung zulässt, und den »fließenden Raum«, der den offenen Innenbereich durch große Glasfronten mit dem Außenbereich verbindet. Als Raumteiler dienen Wände aus edelsten Materialien wie gelbem Onyx, grünem Marmor und getöntem Mattglas. Letzteres enthält Lampen, die sowohl nach innen wie auch nach außen leuchten. Die homogene Gestaltung der Bodenplatte trägt ebenfalls zum fließenden Raumübergang bei, da sie sowohl die Innenräume als auch Terrasse und Innenhof bedeckt. Die Nutzung wird lediglich durch Möbel oder Teppiche definiert. Im Außenbereich gibt es an den Schmalseiten je ein Wasserbecken. In einer Ecke, von Innen sehr gut zu sehen, steht eine Kopie der Skulptur »Der Morgen«, von Georg Kolbe, deren Original 1929 hier bereits aufgestellt war.

Infos und Adressen

ESSEN UND TRINKEN

Filigrana. Das Restaurant ist im Hotel Catalonia Barcelona Plaza untergebracht, direkt neben dem Parc Joan Miró. Speisen nach Marktangebot und reichlich Gegrilltes sind hier die Spezialitäten. Ein gutes Preis-Leistungs-Verhältnis gibt es beim Mittagsmenü. Carrer de Tarragona, 99, Tel. 934 262 600,
Fax 934 260 400. Geöffnet: Mo–So 13.30–15.30 Uhr und 20.30–23 Uhr, reservas@restaurante-filigrana.com, www.restaurante-filigrana.com

ÜBERNACHTEN

Fira Palace. Ein Luxushotel mit Zimmern, die zu den geräumigsten der Stadt zählen. Rechtzeitig reservieren. Direkt neben dem neuen Einkaufszentrum »Arenas de Barcelona« gelegen. Zimmer gibt es ab 120 Euro. Avinguda de Rius i Taulet, 1–3, 08004 Barcelona, Tel. 934 262 223, Fax 934 348 679, fira@fira-palace.com, www.fira-palace.com

EINKAUFEN

Luesma-Vega. Die Glaskünstler Ester Luesma und Xavier Vega gründeten ihr Atelier 1991, um Gebrauchsobjekte aus Glas zu designen. Objekte aus dieser Werkstatt findet man beispielsweise im berühmten Restaurant »El Bulli«. Dieser Showroom ist einer von insgesamt 40, die zu einer Vereinigung von Kunsthandwerkern gehören. Avinguda de Francesc Ferrer i Guàrdia, 13 im Poble Espanyol
08038 Barcelona, Tel. 933 278 025, Geöffnet: Mo–So 10.30–19.30 Uhr, www.luesmavega.com

Mitte: In der alten Textilfabrik Casaramona erwartet das CaixaForum seine Besucher mit immer neuen und spektakulären Ausstellungen. **Unten:** Es ist das immer gleiche Spiel zwischen Alt und Neu.

38 CaixaForum

Gelungene Industrie-Architektur

Das Gebäude der ehemaligen Textilfabrik gilt als besonders gelungenes Beispiel für eine Industrie-Architektur des Modernisme. Funktionalität und Ästhetik gehen Hand in Hand. Für seinen Gebäudekomplex wurde der Architekt Josep Puig i Cadafalch (1867–1956) von der Stadt ausgezeichnet. Seit 2002 ist in dem hervorragend restaurierten Gebäude ein Kunst- und Kulturzentrum untergebracht, das unterschiedlichste Aktivitäten organisiert.

Das CaixaForum liegt am Rande des Ausstellungsgeländes von 1929, direkt gegenüber vom Pavillon von Mies van der Rohe, in der Avinguda Marquèss de Comillas, 6–8. Das modernistische Gebäude wurde 1913 als Textilfabrik eröffnet, nachdem die ursprüngliche Fabrik abgebrannt war. Auch sie hatte bereits auf dem Montjuïc gelegen.

Industrialisierung und Modernisme

Der Modernisme ging einher mit dem wirtschaftlichen Wachstum Kataloniens. Darum ist es nicht verwunderlich, dass gerade die wohlhabenden Unternehmer zu Förderern und Auftraggebern dieses Architekturstils wurden. Sie ließen sich Paläste als Wohn- und Geschäftshäuser bauen und nutzten die neuen Möglichkeiten auch für ihre Fabrikgebäude. Casimir Casarramona (1838–1913), der eine Spinnerei und Weberei betrieb, engagierte den renommierten Architekten Josep Puig i Cadafalch (1867–1956), von dem auch die Pläne für die Weltausstellung stammen. Die neue Anlage sollte sicherer sein als die erste, moderner und schöner. So entstand die Fàbrica Casarramona, die zu einem der besten Beispiele wurde für die Verschmelzung von Kunst und Funktionalität in der modernistischen Industriearchitektur.

Der Auftraggeber starb bereits 1913, als das neue Gebäude gerade fertiggestellt war. Die Produktion in den neuen Hallen wurde 1919 wieder eingestellt. Das Gebäude stand leer bis 1940 und wurde dann bis 1992 als Polizeikaserne genutzt. Bereits 1963 kaufte die Sparkasse »La Caixa« die alte Fabrik und beschloss schließlich, sie zu restaurieren und ein Kultur- und Gesellschaftszentrum zu eröffnen.

Das geschah im Jahr 2002. Seither finden im CaixaForum unterschiedliche Veranstaltungen und Kunstausstellungen statt. Die Stiftung La Caixa besitzt eine der bedeutendsten Sammlungen zeitgenössischer Kunst in Europa. Über 800 Werke internationaler Künstler wie Beuys, Anish Kapoor, Tony Cragg oder Juan Uslé können hier im CaixaForum besichtigt werden.

Die Fàbrica Casarramona

Josep Puig i Cadafalch (1867–1956) schuf einen großen, quadratischen Industriekomplex, der eindrucksvoll die Symbiose aus Funktionalität und Ästhetik dokumentiert, die im Modernisme einen Leitsatz darstellt.

Inspiriert durch mittelalterliche Burgen, sind sämtliche elf Gebäude der Anlage aus Backstein gemauert, mit Gusseisen verstärkt und mit Zinnen versehen. Die Fabrikhallen sind rechteckig und haben Flachdächer mit sogenannten katalanischen Gewölben, die in Spanien auch als »Sicht-

AUTORENTIPP!

FONT MÀGICA

Der magische Brunnen liegt an der Plaça de Carles Buïgas direkt beim CaixaForum. Tagsüber ist er eher unspektakulär, aber nach Einbruch der Dunkelheit kann man hier tatsächlich zauberhafte Stunden verbringen. Es ist ein Gesamtkunstwerk aus Musik, Wasser, Bewegung und Farbe. Über 3.000 Düsen sprühen pro Sekunde 2.600 Liter Wasser in die Höhe, wobei Säulen von bis zu 54 Metern entstehen. Nachts ist auch der nahe Nationalpalast von hinten angestrahlt. Die Musikstücke reichen von »Schwanensee« über die »Blaue Donau« und »Barcelona«, bis hin zu Weihnachtsliedern im Dezember. Die Wasserspiele finden von Mai–Sept. Do, Fr, Sa und So zur vollen und halben Stunde von 21–23 Uhr statt. Von Oktober bis April, auch an Weihnachten und Ostern, Do, Fr, Sa und So ebenfalls halbstündlich von 19–20.30 Uhr. Weihnachtsmusik wird an verschiedenen Terminen im Dezember gespielt, am 1. Januar ist von 19 – 21 Uhr geöffnet. Diese Angaben sind von 2013. Bitte erkundigen Sie sich bei der Touristeninfo über eventuelle Änderungen.

Oben: Das alte Fabrikgebäude von 1909 von Puig i Cadafalch
Mitte: Viele spektakuläre Ausstellungen waren in diesen Räumen schon zu Gast.
Unten: Der Eingang von Arata Isozaki, 1992

ziegelgewölbe« bekannt sind. Sie werden von gusseisernen Säulen getragen. Die Gewölbebögen ruhen auf aus der Außenwand hervortretenden Strebpfeilern, die als spitze Türmchen über der Dachfläche enden. Damit wird einerseits der horizontale Charakter der quadratischen Gebäude aufgehoben, andererseits sehen diese Türmchen wie Zinnen aus und unterstützen den burgähnlichen Eindruck des Komplexes. Zwischen den Strebepfeilern sind große Glasflächen im Erdgeschoss und riesige Fenster im ersten Stock eingelassen, die für ausreichend Tageslicht sorgen. Die Fabrik war zur damaligen Zeit Maßstab für den Brandschutz bei industriellen Anlagen und bot vorbildliche Arbeitsbedingungen.

Das CaixaForum

Bei der Restaurierung der Anlage Ende der 1990er-Jahre stand die Erhaltung und Wiederherstellung der ursprünglichen Struktur, der Farben und der Gesamterscheinung im Vordergrund. Trotzdem wurden durch die moderne Erweiterung des Komplexes auch neue Akzente gesetzt. Unter der Leitung von Francisco Asarta (geb. 1936), der ein ausgewiesener Experte für die Restaurierung von Jugendstilgebäuden ist, wurde ein neuer Eingang angelegt, der ins Tiefgeschoss führt, sowie ein Auditorium mit 300 Plätzen. Die Ausstellungsfläche umfasst 3000 Quadratmeter und wird mithilfe von zusätzlichen Dachluken mit Licht durchflutet. Der auffällige Eingangsbereich wurde vom japanischen Architekten Arata Isozaki (geb. 1931) entworfen. Die Überdachung besteht aus einer Stahl-Glas-Kombination, die in einfachen geometrischen Formen zusammengefügt ist und wie ein Baum wirkt. Der kompakte Eingangsbereich steht im Kontrast zur in die Höhe strebenden Architektur der Außenfassade. Der Besuch des CaixaForum ist gratis, Ausstellungen kostenpflichtig.

Infos und Adressen

SEHENSWÜRDIGKEITEN

CaixaForum. Av. del Marquès de Comillas, 08038 Barcelona. Geöffnet: tägl. 10–20 Uhr, Sa bis 22 Uhr, www.obrasocial.lacaixa.es

ESSEN UND TRINKEN

Husa Restauración im CaixaForum. Ein sehr gutes Café, das von der Husa-Gruppe geführt wird. Av. Francesc Ferrer i Guàrdia, 6–8, 08038 Barcelona, Tel. 934 768 600, Fax 934 768 635. Geöffnet: Mo–Fr 10–20 Uhr sowie Sa und So 10–21 Uhr, caixaforum@husarestaurantes.es

Cruixent. Ein recht preisgünstiges Restaurant mit mediterraner Küche – bekannt für seine reichhaltigen *croquetas* (Kroketten). Floridablanca, 30, 80015 Barcelona, Tel. 933 256 002. Geöffnet: Di–Fr 12.30–16 Uhr und 20.30–24 Uhr, www.cruixent.net

ÜBERNACHTEN

Hotel Silken Concordia. Gepflegtes, neues Haus mit Doppelzimmern ab 65 Euro. Avinguda del Paral.lel, 115B, 08004 Barcelona, Tel. 933 249 180, Fax 933 249 185, www.hotelsilkenconcordia.com

Grums Hotel. Ganz in der Nähe der Verkehrsader Paral·lel, in der sich das legendäre Theater »El Molino« befindet. In direkter Nachbarschaft zum Montjuïc und damit in einer sehr ruhigen Zone liegt dieses Hotel. Barcelona ist Kunst, Design, Avantgarde, Trend, Mode … und das Hotel Grums ist »Sehr Barcelona«. Zimmer ab 180 Euro. Palaudarias 26, 08004 Barcelona, Tel. 934 420 666, info@hotelgrums.com, www.hotelgrumsbarcelona.com

BCN Montjuïc, Aparthotel. Am Fuße des Montjuïc, ganz in der Nähe der Metro-Station Plaça Espanya, liegt dieses Hotel. Die Räume in verschiedenen Größen verfügen alle über eigene Küchen. Appartements ab 49 Euro. San Fructuoso, 64–74, 08004 Barcelona, Tel. 902 518 951, Fax 935 035 659, info@bcnmontjuic.com, www.bcnmontjuic.com

Ein gelungenes Zusammenspiel von Formen und Materialien

Der Sendeturm von Santiago Calatrava stellt einen am Boden knienden Athleten dar, der eine Fackel vor sich hält.

39 Anella Olímpica – Olympischer Ring

Die Ringstraße verbindet alle Sportstätten

Die wichtigsten Veranstaltungen der Olympischen Spiele 1992 fanden auf dem Montjuïc im Bereich des Olympischen Rings statt. Dazu gehörten das Stadion »Estadi Olímpic Lluís Companys«, die Handball- und Mehrzweckhalle »Palau Sant Jordi«, die Schwimmstadien, Sport- und Tennisplätze. Sämtliche Anlagen sind nach wie vor in Betrieb. Es werden hochwertige Sportveranstaltungen ausgetragen und Konzerte mit internationalen Stars veranstaltet.

Die olympischen Anlagen befinden sich gleich hinter dem Museu Nacional d'Art de Catalunya (MNAC). Das Olympiastadion steht am Ende einer Ringstraße, die als »Anella Olímpica«, Olympischer Ring, bezeichnet wird. Sämtliche Sportstätten auf dem Montjuïc sind über die Anella Olímpica erreichbar. Südwestlich des Stadions liegt der moderne Palau Sant Jordi, eine Sport- und Mehrzweckhalle. Weitere Sportplätze und Schwimmhallen gruppieren sich darum herum. Bis auf halbe Höhe kann man die Rolltreppe benutzen, doch dann geht der Aufstieg nur zu Fuß weiter.

Neugestaltung ganzer Stadtteile

Im Zuge der Vorbereitung der Spiele wurden in Barcelona große Veränderungen vorgenommen, vor allem in den Bereichen Infrastruktur, Stadtplanung und Telekommunikation. Kaum eine andere Stadt konnte so großen Nutzen aus der Ausrichtung der Olympischen Spiele ziehen wie die katalanische Hauptstadt. Vor allem die Umstrukturierung des Stadtteils am Meer, der zuvor ein Industriegebiet war, in ein attraktives Wohngebiet mit Strand, hat sich ausgezahlt. Hier siedelten sich Hotels und Restaurants an, es entwickelte sich schnell zum beliebten Strand- und Ausgehviertel für Einheimische und Touristen. Kurz vor den Spielen wurde eine neue Ringstraße eröffnet, die die innerstädtische Verkehrssituation wesentlich verbesserte und für eine einfachere Verbindung mit den Vororten sorgt. Auch der Ausbau des Flughafens El Prat wirkte sich sehr positiv auf den Tourismus aus.

Das Olympiastadion

Das Stadion wurde 1929 im Zuge der Weltausstellung erbaut, als Austragungsort der sportlichen Wettkämpfe. Das Motto der Ausstellung war »Industrie, Kunst und Sport« und so schuf man neben Industrie- und Kunstpalästen auch eine neue und moderne Arena. Beim Bau stieß man auf die Überreste eines jüdischen Friedhofs, der im Mittelalter hier am Montjuïc, dem Judenberg, gelegen hatte. Die Funde werden heute im Castell de Montjuïc ausgestellt. Für die Spiele 1992 wurde das Stadion von dem italienischen Architekten Vittorio Gregotti (geb. 1927), zusammen mit mehreren katalanischen Kollegen, saniert. Er ließ es völlig entkernen und das Spielfeld um elf Meter absenken.

Von der ursprünglichen Anlage blieb nur die historische, neoklassizistische Fassade erhalten. Durch die Absenkung konnte die Kapazität auf 60.000 Sitzplätze erhöht werden. Das Stadion ist nach Lluís Companys i Jover (1882–1940), dem durch die Franquisten ermordeten Präsidenten von Katalonien, benannt. Während der Spiele fan-

AUTORENTIPP!

JARDÍ BOTÀNIC DE BARCELONA

Der neue Botanische Garten, gleich neben dem Olympiastadion, wurde 2003 eingeweiht. Er zeigt avantgardistische Landschaftsgestaltung mit mediterranen Pflanzen aus allen Erdteilen. Wege und Pavillons aus Beton korrespondieren hier mit der typischen Flora Kataloniens. Da es auch für die mediterrane Pflanzenwelt nicht zum Besten steht, ist es erklärtes Ziel des Parks, diese zu erhalten, indem der Besucher informiert und unterrichtet wird. Der Botanische Garten führt durch eine Kulturgeschichte der Botanik.

Jardí Botànic de Barcelona. Dr. Font i Quer, 2. Geöffnet: Okt.–März, tägl. 10–18 Uhr, Apr., Mai und Sept. tägl.10–19 Uhr, Juni, Juli und Aug. tägl. 10–20 Uhr. Der Eintritt beträgt 3,50 Euro, Kinder und Jugendliche unter 16 Jahren haben freien Eintritt. Ermäßigt 1,70 Euro, www.jardibotanic.bnc.cat

Oben: Das Olympiastadion von 1992 verfügt über eine Kapazität von 55 000 Besuchern.
Mitte: Futuristische Beleuchtung
Unten: Die Fassade von 1929 wurde sorgfältig erhalten.

den hier die Eröffnungs- und Schlussfeier sowie die Leichtathletikwettbewerbe statt. Die XXV. Olympischen Sommerspiele wurden vom 25. Juli bis 9. August 1992 ausgetragen.

Da der Aufstieg sehr steil ist, gibt es in diesem Bereich des Montjuïc keine erdrückenden Touristenströme. Vor dem Olympiastadion liegt ein sehr schöner und weitläufiger Platz mit vielen Grünflächen und einem kleinen Wasserfall. Bänke laden zum Ausruhen ein und man hat einen wunderbaren Blick über die Stadt, der bis zum Meer reicht. Das Stadion selbst kann von Montag bis Freitag von 10–18 Uhr besichtigt werden.

Palau Sant Jordi

Der japanische Architekt Arata Isozaki (geb. 1931), der später auch am Umbau des CaixaForum beteiligt war, plante das Hallenstadion mit dem markanten Kuppeldach. 1990 wurde es eröffnet. Es hat eine Kapazität von 17 000 Sitzplätzen und wurde während der Spiele als Austragungsort für die Turnwettkämpfe und die Finale im Volleyball und Handball genutzt. Seitdem fanden noch zahlreiche andere internationale Sportveranstaltungen hier statt. 2013 wird das Finale der Handball-Weltmeisterschaft im Palau Sant Jordi ausgetragen. Die Halle ist ein beliebter Veranstaltungsort für Konzerte, an denen bis zu 20 000 Zuschauer teilnehmen können. Madonna, Leonard Cohen und Lady Gaga sind nur einige, die in letzter Zeit hier gastierten oder gastieren werden.

Neben dem Palau Sant Jordi steht die Torre Telefónica, ein 136 Meter hoher Fernmeldeturm, der durch sein futuristisches Design bekannt wurde. Weitere Sportplätze liegen rundherum. In der Olympischen Schwimmhalle, , die gleich nebenan liegt, finden 2013 die Weltmeisterschaften statt.

Infos und Adressen

ESSEN UND TRINKEN

Montjuïc El Xalet. Das im Jahr 2004 eröffnete Restaurant mit sehr schön gestalteten Speisesälen und großer Terrasse liegt in der Nähe der Schwimmbäder des Olympiageländes von 1992. Durch die Panoramafenster und von der Terrasse aus hat man einen einzigartigen Blick über die Stadt. Im Drehrestaurant wird kreative mediterrane und katalanische Küche serviert. Avinguda de Miramar, 31, Tel. 933 249 2270. Geöffnet: Mo–So 13–1 Uhr, xaletdemontjuic@gruptravi.com, www.gruptravi.com

Forestier Restaurant. Das Restaurant befindet sich im Hotel Miramar. Hier speist man in einzigartigem Ambiente. Die exklusive Küche bietet alles frisch vom Markt. Plaza Carlos Ibáñez 3, 08038 Barcelona, Tel. 932 811 600. Geöffnet: Mo und So 13–15.30 Uhr, Di und Sa 13–15.30 Uhr und 20–23 Uhr. Geschl. So und Mo abends, info@hotelmiramarbarcelona.com, www.hotelmiramarbarcelona.es

Tickets. Das neue Restaurant von Feran Adrià und seinem Bruder. Moderne Tapas, sehr raffiniert und lecker, aber natürlich nicht billig. Ohne Vorbestellung geht hier gar nichts. Avinguda Paral·lel,164, Tel. 932 892 752. Geöffnet: Di–So 19–23 Uhr und So zusätzlich 13–15 Uhr, info@ticketsbar.es, www.tickets.es

ÜBERNACHTEN

Miramar Barcelona. Dieses Fünfsternehotel der Hotel-Gruppe Husa wurde vor wenigen Jahren komplett restauriert und neu gestaltet. Von den luxuriösen Zimmern aus hat man einen hervorragenden Blick über Barcelona und den Hafen. Zimmer ab 135 Euro. Plaza Carlos Ibáñez 3, 08038 Barcelona, Tel. 932 811 600, Fax 932 811 601, info@hotelmiramarbarcelona.com, www.hotelmiramarbarcelona.es

Der Palau Sant Jordi dient heute als größte Konzerthalle Barcelonas.

40 Castell und Cementiri
Kulturstätte und bevorzugter Aussichtspunkt

Bis in die Mitte des 20. Jahrhunderts hinein wurde das Castell de Montjuïc als Militärgefängnis genutzt und war vor allem während des Franco-Regimes ein Symbol der Unterdrückung. Erst seit 2008 ist es offiziell ein Kulturzentrum, das unterschiedlichste Veranstaltungen bietet sowie einen einzigartigen Ausblick über die Stadt. Der Friedhof des Montjuïc ist ein Ort voller wunderbarer Skulpturen berühmter Bildhauer des 19. und 20. Jahrhunderts.

Mitte: Das Castell de Montjuïc war immer das Symbol der Unterdrückung der Katalanen durch die Bourbonen. Heute dient es friedlichen Zwecken, wie Kinofestivals und Open-Air-Konzerten.
Unten: Und es beherrbergt das Museu Militar.

Die erste Festung auf dem Montjuïc wurde 1640, während des Dreißigjährigen Krieges, in nur 30 Tagen errichtet. Es war eine rechteckige Anlage aus Steinen und Lehm. Damals rebellierten die Bauern und Erntehelfer gegen den König und die unerträglichen Abgaben, die sie leisten sollten. Während der Kämpfe wurde der Vizekönig ermordet. 1641 kam es zu einer Schlacht, die die kastilischen Truppen verloren. Danach wurde Ludwig XIII. von Frankreich zum Grafen von Barcelona gewählt.

Die Geschichte des Kastells

Die Festung wurde 1694 zum Schloss umgebaut, seine Mauern aber verstärkt. Während des Spanischen Erbfolgekrieges (1701–1714) wurde es mal von der einen und mal von der anderen Seite erobert, bis Barcelona und das Kastell am 11. September 1714, dem katalanischen Nationalfeiertag, von den Bourbonen eingenommen wurde. 1751 erhielt der Ingenieur Juan Martín Cermeño (gest.

1773) den Auftrag, die alte Festung einzureißen und eine neue Anlage zu erstellen.

Damals bekam das Schloss seine heutige Form mit einem großen Graben zur Stadt hin und mit riesigen Wällen in Zickzackform auf der Meerseite. Bis zum Ende des Jahrhunderts wurde das Kastell noch zweimal erweitert, denn es lebten zu Beginn des 19. Jahrhunderts 3000 Menschen auf der Festung. Bis in die Mitte des 20. Jahrhunderts wurde die Anlage als Militärgefängnis genutzt und verbreitete Angst und Schrecken – fast 35 Jahre lang durch die Truppen Napoleons, später durch den König und während des Bürgerkrieges durch Franco. Zwischen 1936 und 1938 wurden hier 173 Menschen hingerichtet, 1940 auch Lluís Companys, nach dem das Olympiastadion benannt ist. Erst 1960 wurde das Kastell an die Stadt übergeben. Teile davon werden noch immer militärisch genutzt.

Zu den Olympischen Spielen 1992 restaurierte man die Anlage und machte sie der Öffentlichkeit zugänglich. Seit 2008 hat sie eine offizielle Bestimmung als Kulturstätte sowie als Gedenkstätte zur Mahnung an Unterdrückung und Gewalt. Es finden regelmäßig Konzerte und Ausstellungen statt und viele Einheimische und Touristen kommen herauf, um die Aussicht zu genießen. Von der Zitadelle aus hat man einen einmaligen Blick auf die Stadt, den Hafen und das Meer. Heute beherbergt das Kastell auch das militärhistorische Museum.

Das Sommernachtskino

Ein sehr beliebtes Festival findet im Juli und August auf der alten Bogenschießanlage statt. Alle zwei Tage gibt es die »Sala Montjuïc«, ein Freilichtkino mit einer 35 x 35 Meter großen Lein-

AUTORENTIPP!

TEATRO DE LOS SENTIDOS

Das Theater der Sinne ist ein Projekt unterschiedlichster Disziplinen, das sich zur Aufgabe gemacht hat, die Beziehung zwischen sensorischer Sprache und theatralischer Schöpfung zu erkunden. Es geht um Kommunikation. Bereits seit 20 Jahren arbeitet die Gruppe, die aus Künstlern verschiedener Nationalitäten besteht, mit dem Anthropologen Enrique Vargas (geb. 1960) zusammen, der auch künstlerischer Direktor des Theaters ist. Die Gruppe ist oft weltweit auf Tournee, 2012 war sie einige Monate lang in Schweden, ab Juli 2012 zeigt sie ihr neues Programm in Barcelona. Sie spielt im ehemaligen Pulvermagazin des Montjuïc, el Polvorí. Um sich einen Eindruck über das Projekt zu verschaffen, lohnt sich ein Besuch der Website, die ein sehr hübsches Intro hat. Dort finden Sie auch Spielplan, Worshops und Zeiten.

Teatro de los Sentidos. Camí del Polvorí s/n., 08038 Barcelona. Tel. 678 751 788, info@teatrodelossentidos.com, www.teatrodelossentidos.com

Oben: Das Castell de Montjuïc ist ein hervorragender Aussichtspunkt über Stadt und Hafen.
Unten: Der Friedhof lohnt einen Besuch.

wand. Hier werden Kinofilme in Originalversion gezeigt und Konzerte abgehalten. Der Eintritt beträgt 5 Euro, die Miete für einen Liegestuhl 3 Euro. Essen und Trinken kann man selbst mitbringen. Pro Aufführung werden 2000 Tickets im Vorverkauf bei der ServiCaixa angeboten und zusätzlich 500 Karten ab 20.30 Uhr auf der Burg. Ein Bus fährt zu allen Aufführungen von der Plaza Espanya (bei den Türmen) um 20.30 und 21.30 Uhr und nach der Vorstellung wieder zurück. Die Filme laufen in ausgezeichneter Qualität in einer tollen, entspannten Atmosphäre. Genau das Richtige für eine laue Sommernacht.

Cementiri de Montjuïc

Der Friedhof liegt zwischen dem Kastell und dem Frachthafen. Von oben aus ist er gut zu erreichen, will man ihn jedoch aus der Stadt kommend besuchen, so sollte man besser ein Taxi nehmen. Heute ist der ehemalige Hauptfriedhof ein sehr besonderer Park. Auf dem 57 Hektar großen Gelände gibt es einen kunsthistorischen Querschnitt durch 150 Jahre Bildhauerei. Er hat Charme, aber strahlt ganz zweifellos auch eine gewisse Morbidität aus.

Die Einwohner Barcelonas kommen selten hierher, denn die Idee, einen Friedhof zur Zerstreuung zu besuchen, ist ihnen noch immer fremd. Für Touristen aber ist der Cementiri Montjuïc zu einem sehr beliebten Ausflugsziel geworden, das man unter unterschiedlichen Aspekten besuchen kann. Zunächst einmal findet man sicher Ruhe und jede Menge zu sehen. Am Haupteingang gibt es Pläne mit verschiedenen Touren: eine Kunsttour, eine historische Tour und eine Tour, die beide Themen verbindet. Jede Tour ist ein wunderbarer Spaziergang und für jedermann gut zu bewältigen. Eine Entspannung vom Großstadtrummel.

Infos und Adressen

FREILICHTKINO

Sala Montjuïc. Tel. 933 023 553, www.salamontjuic.org

FRIEDHOF

Cementiri Montjuïc. Am Haupteingang gibt es Pläne mit verschiedenen Touren. Die Rundgänge dauern etwa zwei bis drei Stunden. An jedem zweiten und vierten Sonntag um 11 Uhr wird eine kostenlose Führung angeboten. Carrer Mare de Déu del Port, 56–58. Geöffnet: tägl. 10–18 Uhr, Tel. 932 231 455

THEATER

Mercat de les Flors. Das Tanztheater in Barcelona. Karten bekommen Sie an der Abendkasse, eine Stunde vor der Aufführung. Sie ist aber nur 30 Minuten lang geöffnet. Man bekommt sie auch im Ticketladen, La Rambla 99, 08001 Barcelona, Mo–So 10– 20.30 Uhr. Das Bestellen via Webseite ist sehr kompliziert. Lleida, 59, 08004 Barcelona, Tel. 934 261 875, www.mercatflors.cat, info@mercatflors.cat

ESSEN UND TRINKEN

Elche. Seit 50 Jahren serviert die Familie Iborra leckere Reisgerichte nach Rezepten aus der Region um Elche. Vila Vilà, 71, 08004 Barcelona, Tel. 934 413 089. Geöffnet: Mo–So 13–16 Uhr und 19–24 Uhr, geschl. am 25. und 26. Dezember abends., elche@iborrarestaurants.es, www.elcherestaurant.es

La Font del Gat.
Mitten im Parc Montjuïc, in den Gärten, zwischen Fundació Miró und dem Ethnologischen Museum gelegen, ist die Terrasse das Highlight dieses kleinen und zwanglosen Café-Restaurants. Die Karte ist überraschend fantasiereich und genauso gut wie das Mittagsmenü. Passeig de Santa Madrona, 28, 08038 Barcelona, Tel. 932 890 404. Geöffnet: Di–So 13–16 Uhr. Bis 18 Uhr als Cafeteria, im Sommer bis 20 Uhr. Nachts nur für Gruppen mit Voranmeldung. Geschl. am Mo, an Weihnachten und 3 Wochen im Aug.

ÜBERNACHTEN

Hotel Apsis Sant Angelo. Auf der Grenze zur Eixample liegt dieses Hotel neben dem Parc Joan Miró. Es ist ruhig und gepflegt, Zimmer gibt es ab 90 Euro. Carrer del Consell de Cent, 74, 08015 Barcelona, Tel. 934 234 647, Fax 934 238 840, santangelo@apsishotels.com, www.apsishotels.com

Die Festung als Freilichtkino – Filmvorführung in historischer Kulisse

Oben: Auch von dieser Installation zur Weltausstellung kann man einen fantastischen Blick über Barcelona genießen.
Unten: Von Torre de San Sebastià aus sieht man den Port Vell als einen der schönsten Häfen der Welt!

41 Telefèric/Aeri del Port

Die bewegte Geschichte einer Seilbahn

Die Seilbahn »Telefèrico de Puerto« oder »Aeri del Port« verbindet die Station Miramar am Montjuïc mit dem Hafen. Dabei passiert sie den 119 Meter hohen Torre Jaume, der etwa in der Mitte der Strecke steht, und führt zum 86 Meter hohen Torre Sant Sebastià im Port Vell. Über einen Lift gelangt man zum Stadtteil La Barceloneta. Die Anlage hat eine sehr bewegte Geschichte erlebt, genauso wie die Stadt selbst.

Der Telefèric oder Aeri del Port sollte die Attraktion der Weltausstellung 1929 werden. Dazu wurde im Jahr 1926 die »Air Rail San Sebastian-Miramar, S.A.« gegründet. An dem Projekt arbeiteten Ingenieure und Architekten, die Metallarbeiten übernahm ein ansässiges Stahlbauunternehmen. Die eigentliche Seilbahn wurde von der deutschen Firma Adolf Bleichert & Co. aus Leipzig geplant und erstellt. Das Unternehmen war führender Seilbahnbauer weltweit und hielt alle Rekorde. Direkt vor dem Telefèric hatte die Firma die Zugspitzbahn in Österreich gebaut und damit ihren internationalen Ruf gefestigt. Beim Projekt am Montjuïc verschätzte man sich jedoch, sodass die Seilbahn erst nach der Weltausstellung am 12. September 1931 eröffnet werden konnte.

Zunächst gab es einen Pendelbetrieb zwischen den Stationen Hafen und Torre Jaume sowie Montjuïc und Torre Jaume, sodass man auf halbem Wege umsteigen musste. Je zwei Kabinen fuhren auf jeder Strecke. An der Endstation »Hafen«, im Torre de Sant Sebastià, gab es ein Restaurant.

Wirtschaftliches Desaster

Durch die Verzögerung beim Bau der Seilbahn konnten während der Weltausstellung keine Einnahmen erzielt werden. 1929 kam dann die Weltwirtschaftskrise und mit ihr schwand die Hoffnung auf Umsatz. Millionen Menschen verarmten und litten Hunger. Es kam zu Aufständen und 1930 zum Zusammenbruch der Militärdiktatur Primo de Riveras (1870–1930). Der König ging ins Exil. Es folgte der Bürgerkrieg (1936–1939), die Seilbahn wurde militärisch genutzt. Auf dem Torre Jaume I installierte man ein Maschinengewehr und hielt Wache. Bei einem Gefecht wurde der Turm beschossen, eine geparkte Kabine zerstört. Außerdem brach ein Seil und eine zweite Kabine stürzte ins Meer. Am Ende waren nur noch die Stahlgerippe der Türme übrig sowie zwei Kabinen in der Station Miramar. Eine davon wurde zur beschädigten Seilbahn von Montserrat gebracht, sodass diese wieder in Betrieb gehen konnte. In Barcelona vergammelte die Anlage, ohne dass sie jemals richtig gelaufen war. Schließlich kam es 1957 zum Absturz eines Hubschraubers, der sich in einem Seil verfangen hatte. Nun sollte der Telefèric endgültig abgerissen werden.

Der Neuanfang

Rettung für den Telefèric kam aus Deutschland. Friedrich Gründel, der Chefingenieur von Adolf Bleichert & Co., der den Bau geleitet hatte, setzte sich für den Erhalt der Anlage ein. 1958 gründete er die »Telefèrics de Barcelona, S.A.« und begann mit dem Wiederaufbau. 1960 wurde zunächst der Torre de Sant Sebastià mit einem Restaurant bestückt und eröffnet. 1962 folgte der modernisierte Torre Jaume I als Mittelstation. Die Durchfahrt war nun ohne Umstieg möglich. Schließlich erneuerte man die Seile und holte die Kabine vom

AUTORENTIPP!

MIRADOR DEL ALCALDE

Die Aussichtsplattform befindet sich unterhalb der Festung. Ihr Boden besteht aus einem Mosaik, in dem unterschiedliche Materialien verarbeitet sind. Es gehört zum künstlerischen Erbe der Stadt und bedeckt fast das gesamte Gebiet. Natürlich gibt es auch hier eine wunderschöne Aussicht, doch die Anlage selbst ist ebenso lohnenswert. Die Hanglage nutzend erstreckt sich der Aussichtspunkt über Terrassen auf verschiedenen Niveaus, die mit Treppen, Wegen oder durch Blumenbeete miteinander verbunden sind. In der Mitte liegt ein Teich: es gibt einen Brunnen und verschiedene Ruhezonen. Die Anlage heißt auch Jardins de Mirador, da sie um den Aussichtspunkt herum angelegt sind.

Oben: 15 Minuten braucht die Gondel vom Miramar zum Torre de Sant Sebastià.
Mitte: Alle Türme wurden jüngst restauriert.
Unten: Die ganze Maschinerie ist erneuert worden.

Montserrat zurück. 1963 ging die Seilbahn wieder in Betrieb, mit zwei Kabinen. Doch auch diesmal wollte sich kein finanzieller Erfolg einstellen. Nach dem Tod von Gründel wechselte der Telefèric noch zweimal den Besitzer, bis er 1995 wegen seines schlechten Zustands eingestellt wurde. Nun übernahm die Stadt die Bahn und restaurierte sie im Zuge der Hafensanierung. Im Jahr 2000 wurden neue Seile eingezogen und die Seilbahn wieder in Betrieb genommen.

Heute ein modernes Transportmittel

Mit dem Telefèrico de Puerto kann man heute eine Strecke von rund 1300 Metern zurücklegen. Der Höhenunterschied zwischen Hafen und Miramar am Montjuïc beträgt 84,5 Meter. Die Gondeln können pro Stunde 200 Fahrgäste befördern. Sie sind komplett verglast und erlauben eine wunderbare Rundumsicht. Wer hinab fährt, kann eine Fahrt über das Meer und einen spektakulären Blick über den Hafen, die Schiffe und das World Trade Center genießen. Der mittlere Turm, Torre Jaume I, ist wegen technischer Wartungen bis auf weiteres geschlossen. Zu- und Aussteigen ist nicht möglich. Im Turm ist ein Restaurant untergebracht. Endstation ist der Torre de Sant Sebastià, am Ende des Passeig de Joan de Borbó, im Hafen. Auch hier ist ein gutes Restaurant untergebracht. Die einfache Fahrt kostet 11 Euro, Hin und Rückfahrt 16,50 Euro.

Wer vom Hafen aus nach oben fährt, kann an der Station Miramar in eine zweite Seilbahn, den Teleferic de Montjuïc, umsteigen und gelangt zum Kastell auf einer Höhe von 173 Metern über dem Meer. 10,30 Euro für die Hin- und Rückfahrt, Kinder zahlen 7, 40 Euro. Die Seilbahnen fahren täglich.

Infos und Adressen

ESSEN UND TRINKEN

Torre de Alta Mar. Am anderen Ende der Seilbahn, auf der oberen Plattform der Torre de Sant Sebastià, liegt dieses ungewöhnliche Restaurant. Der Blick auf den Port Vell ist grandios. Tagesmenüs werden für 48 Euro angeboten. Passeig de Joan Borbó 88, 08023 Barcelona, Tel. 932 210 007. Geöffnet: Mo und So 20–23.30 Uhr, Di–Sa 13–16 Uhr und 20–23.30 Uhr, reserves@torredealtamar.com, www.torredealtamar.com

La Perla. Im Poble Sec liegt dieser kleine Schatz verborgen. La Perla gilt als eine der besseren Adressen für traditionelle katalanische Küche und ist nicht ganz billig. Passeig de l'Exposició, 62 (neben Teatre Grec), 08004 Barcelona, Tel. 933 292 052. Geöffnet: Di–So 9–16 Uhr

Xemei. Zwischen Poble Sec und Montjuïc gelegen. Man braucht sich nicht zu wundern, wenn man hier plötzlich doppelt sieht – ein Zwillingspaar serviert hier echte venezianische Küche mit vielen Fischgerichten. Passeig de l' Exposició, 85, 08004 Barcelona, Tel. 935 535 140. Geöffnet: Mo, Mi, Do und Fr 13.30–15.30 Uhr und 21–23 Uhr, Sa und So 14–16.30 und 21.30–23.30 Uhr, Info@xemei.es, www.xemei.es

ÜBERNACHTEN

Hotel Nuevo Triunfo. Dieses kleine und recht neue Hotel, das seine Gäste in 40 Zimmern unterbringt, liegt im Poble Sec, einer touristisch recht wenig besuchten Gegend. Geschmackvoll eingerichtete Zimmer, ab 64 Euro für das Einzelzimmer. Doppelzimmer gibt es ab 90 Euro. Sehr gute Tapas-Bars in der Umgebung.
Carrer de Cabanes, 34, 08004 Barcelona, Tel. 934 425 933, Fax 934 432 110, www.hotelnuevotriunfo.com

Eine zweite und modernere Seilbahn fährt von der Station Parc de Montjuïc zum Castell de Montjuïc.

42 Fundació Joan Miró

Das Lebenswerk eines großen Künstlers

Mitte: Auch die Fundació Joan Miró hat im Grünen ihr Zuhause gefunden.
Unten: Hier finden seine farbenfrohe Werke den richtigen Rahmen.

Miró (1893–1983) schuf in seinem langen Leben etwa 2000 Ölgemälde, 500 Skulpturen, 400 Keramiken, 5000 Collagen und Zeichnungen sowie etwa 3500 Lithografien und Radierungen. Dazu sagte er selbst einmal: »... Nun, ich kam spät nachts in mein Atelier [...] zurück und ging zu Bett, manchmal ohne etwas zu Abend gegessen zu haben. Ich sah Dinge, ich hielt sie in meinem Notizbuch fest. Ich sah Erscheinungen an der Decke [...]«.

Joan Miró wurde 1893 in Barcelona als Sohn eines Goldschmieds und seiner aus Mallorca stammenden Frau geboren. Er fing früh mit dem Malen an, doch sein Vater hatte andere Pläne und zwang ihn zu einer kaufmännischen Ausbildung. Bereits nach einem Jahr als Buchhalter erkrankte Miró schwer und musste zur Rekonvaleszenz aufs Land. Dort erhielt er als 20-Jähriger Kunstunterricht. Seine Bilder waren gegenständlich, sein Interesse galt dem Kubismus. Eine erste Ausstellung, 1918 in Barcelona, floppte. Anfang der 1920er-Jahre lebte Miró in Paris, lernte Picasso, Max Ernst, Hemingway und andere Künstler kennen und befasste sich mit dem Dadaismus und dem Surrealismus.

Die Winter verbrachte er noch immer in Spanien, doch als der Bürgerkrieg ausbrach, blieb er mit Ehefrau und Tochter in Paris. Zwei Einzelausstellungen waren erfolglos, Miró konnte aber immer wieder an Gruppenausstellungen teilnehmen. Ab 1932 wurde er durch Pierre Matisse in New York vertreten und war an verschiedenen Ausstellungen in den USA beteiligt.

1937 nahm er zusammen mit Picasso an der Weltausstellung in Paris teil, bei der Picasso *Guernica* präsentierte. Nach dem Einmarsch der Deutschen verließ die Familie Paris. In dieser Zeit beschäftigte sich der Künstler mit der Keramik und schuf erste kleine Plastiken. 1947 reiste er erstmals in die USA, um dort ein Wandbild zu entwerfen. 1948 nahm er in Paris erstmals mit seinen Figuren an einer Ausstellung teil.

Verwirklichung eines Traums

In den 1950er-Jahren kam endlich der Erfolg. Miró schuf zwei große Wandreliefs für das UNESCO-Gebäude in New York und gewann 1958 den Guggenheim Award, eine hochdotierte Auszeichnung. Seit 1956 lebte Miró in Cala Major auf Mallorca und richtete sich dort zwei Ateliers ein. Damit verwirklichte er seinen größten Traum. In dieser Phase arbeitete Miró meist an Plastiken. Seine Arbeit war in den USA sehr beliebt und so reiste er mehrmals zu Ausstellungen. Zum 75. Geburtstag 1968 gab es Feierlichkeiten und Ausstellungen zu seinen Ehren. In Barcelona wurde eine erste große Ausstellung gezeigt.

Seine Bilder und Plastiken waren inzwischen weltbekannt und sehr beliebt. So beliebt, dass sie in großem Umfang kopiert wurden. Miró wehrte sich zeitlebens gegen die Kommerzialisierung der Kunst . Anfang der 1970er-Jahre initiierte er eine Stiftung, die 1975 unter dem Namen Fundació Joan Miró eröffnet wurde. In seinem Spätwerk kämpfte er vor allem gegen die Kommerzialisierung. 1981 wurde eine zweite Stiftung in Cala Major eröffnet, mit Werken, die Miró der Stadt Palma de Mallorca überlassen hatte. 1983, mit 90 Jahren, starb der Künstler in Palma de Mallorca. Beigesetzt wurde er im Familiengrab auf dem Montjuïc in Barcelona.

AUTORENTIPP!

PARC JOAN MIRÓ

Der Park hieß früher »Parc de l'Escorxador«, rund um den früheren Schlachthof, im Stadtteil L'Eixample, direkt an den Metro-Stationen Tarragona und Plaça Espanya. Er hat eine Größe von vier Häuserblocks und erstreckt sich über zwei Ebenen. Der Park ist das erste Objekt der Umgestaltung Barcelonas in den 1980er-Jahren. Er verfügt über einen großen Baumbestand mit Palmen, Eukalyptus und Pinien und lädt besonders an heißen Tagen zur Rast ein. Man findet hier einen kühlen, ruhigen Ort, der Gelassenheit ausstrahlt und gerne von den Einheimischen genutzt wird. Mirós bekannte Figur, die 22 Meter hohe Skulptur »Donna i Oçell«, Frau und Vogel, ist das Wahrzeichen des Parks. Er ist täglich ab 10 Uhr bis zum späten Nachmittag geöffnet, der Eintritt ist frei.

Parc de l'Escorxador/Parc Joan Miró. Calle Aragó, 1, 08015 Barcelona, Tel. 934 132 400, Fax 934 132 424, parcsijardins@mail.bcn.es, www.bcn.es/parcsijardins

Der katalanische Künstler war ein bedeutender Vertreter des Surrealismus.

Oben: Die rationalistische Architektur des Josep Lluís Sert i López passt perfekt zu den Werken Mirós. **Unten:** Integriert in das Gebäude ist die Cafetería.

Eine Stiftung erhält die Kunstwerke

Nach dem Erfolg der Miró-Ausstellung 1968 im Hospital de la Santa Creu begann der Künstler über die Möglichkeit einer Stiftung nachzudenken, um in seiner Heimatstadt ein Museum mit seinen Werken zu schaffen. Ab 1971 wurden die Pläne umgesetzt. Die Stadt stellte das Gelände auf dem Montjuïc zur Verfügung. Das Gebäude schuf der Architekt Josep Lluís Sert i López (1902–1983) in der Tradition der rationalistischen Architektur, der auch Mies van der Rohe angehört hatte.

Die Räume sind um einen Innenhof gruppiert, ganz in der traditionellen spanischen Bauweise. Ein achteckiger Turm verkörpert die mittelalterliche katalanische Architektur. Das Museum ist nicht nur wegen seiner Ausstellung, sondern auch als gelungenes Beispiel der rationalen Architektur sehenswert. Alle Räume sind mit Tageslicht durchflutet, das durch Oberlichter und breite Fensterfronten eindringen kann. In den Jahren 1987 und 2001 wurde das Gebäude nach den Originalplänen des Architekten erweitert.

Die Ausstellung umfasste bei der Eröffnung Werke, die Miró selbst zur Verfügung stellte, dazu kamen die Sammlung seiner Frau, Pilar Juncosa Iglesias (1904–1995), die vor allem aus Frühwerken des Künstlers bestand, sowie die Sammlung seines Förderers, des Hutmachers Joan Prats i Vallès (1891–1970).

Heute sind hier über 200 Gemälde, 180 Skulpturen und rund 8000 Zeichnungen sowie textile und keramische Kunst von Joan Miró ausgestellt. Außerdem gibt es Werke von Marcel Duchamp, Max Ernst, Julio González, Henry Moore und vielen anderen zu sehen.

Infos und Adressen

SEHENSWÜRDIGKEITEN

Fundació Miró. Avinguda Miramar, 71–75, Parc de Montjuïc, 08038 Barcelona, Tel. 934 439 470. Geöffnet: Juli–Sept. Di–Sa 10–20 Uhr, Do 10–21.30 Uhr, So und Feiertage 10–14.30 Uhr, Okt.–Juni Di–Sa 10–19 Uhr, So und Feiertage 10–14.30 Uhr, Mo, außer an Feiertagen, Weihnachten und Neujahr geschl. Der Eintritt beträgt 11 Euro für Erwachsene und 7 Euro für Kinder für die Dauerausstellung. Rabatt mit der Barcelona Card. Die temporären Ausstellungen sind günstiger, Karten können auch online bestellt werden. fundaciomiro-bcn.org

ESSEN UND TRINKEN

Restaurant Cafetería Mirò. Das kleine Restaurant im Museum hat auch eine hübsche Terrasse. Es eignet sich als Ruhestätte zwischen den Attraktionen des Montjuïc. Die Küche bietet abwechslungsreiche mediterrane Speisen und hat zu denselben Zeiten geöffnet wie das Museum.

Lolita Taperia. Unser Urteil: die besten Tapas der Stadt! Das junge und dynamische Team richtet sich ebenso an ein eher jüngeres Publikum. Tamarit, 104 local 2–4, 08015 Barcelona, Tel. 934 245 231. Geöffnet: Di und Mi 19–24 Uhr, Do 19–2 Uhr, Fr 13–16 Uhr und 19–2.30 Uhr, Sa 13–16 Uhr und 19–2.30 Uhr, www.lolitataperia.com

Watatsumi. Japanische Spezialitäteninklusive Sushi gibt es auf dem Dach des Einkaufszentrums Les Arenas. Den hervorragenden Blick über die Stadt kann man gleich mitgenießen. Über die Webseite kann man auch in deutscher Sprache reservieren. Gran Via de les Corts Catalanes 373–385, 5ª Planta, Local R-1, 08015 Barcelona, Tel. 932 289 224. Geöffnet: Mo–Fr 13–23.30 Uhr sowie Sa und So 13–1 Uhr, info@watatsumi.es, www.watatsumi.es

Eine der Skulpturen im Hof der Fundació Joan Miró

Mit seinen klaren Farben macht Miró indirekt und direkt Werbung fur das Spanien am Mittelmeer.

AM MEER: HAFEN, STRAND, NACHTLEBEN

Eixample
Passeig de Gràcia
Carrer Borrell
Comte
Villarroel
Casanova
Muntaner
Carrer d'Aribau
Diputació
Balmes
Claris
Pau
Roger de Llúria
Urgell
Gran Via de les Corts
Plaça de la Universitat
Universitat
Ciudad Condal
Rambla
Comte d'Urgell
Carrer de Sepúlveda
Plaça Goya
Plaça de Castella
Ronda Universitat
Carrer de Pelai
Catalunya
Plaça de Catalunya
Ronda de Sant
Urquinaona
Sant Antoni
Carrer de Floridablanca
Carrer de Tamarit
Ronda de Sant Antoni
C. del Tigre
C. Valldonzella
C. dels Tallers
C. Fontanella
Laietana
Carrer
C. de la Lluna
C. del Lleó
C. de Joaquim Costa
C. de Ferlandina
Plaça Àngels
C. Elisabets
C. de Manso
C. de Sant Antoni Abat
C. de la Riera Alta
C. del Peu de la Creu
C. dels Àngels
C. Pintor Fortuny
Rambla dels Caputxins
C. de la Canuda
Avinguda Portal de l'Àngel
Carrer Comtal
C. Montsió
Carrer Sant Pere
C. Parlament
Rda. de Sant Pau
El Raval
Plaça Pedró
Riera Baixa
C. del Carme
C. Egipcíaques
C. Portaferrissa
Barri Gòtic
C. Sant Pere
Via
Plaça Antoni Maura
Av. Catedral
Av. F. Cambó
Plaça Santa Caterina
Carrer del Marquès de Campo Sagrado
C. del
Carrer de la Cera
Carrer de la Reina Amàlia
Carrer de les Carretes
C. de l'Aurora
Rambla del Raval
Pl. Gardunya
C. de Hospital
Liceu
C. de Boqueria
C. Lleialtat
C. de Sant Pacià
C. la Riereta
C. Robador
C. Junta de Comerç
C. Aldana
Plaça Jos. Maria Folch i Torres
Avinguda del Paral·lel
C. Espalter
Plaça Salvador Seguí
C. Sant Pau
Plaça St. Jaume
Carrer de Ferrán
Carrer Jaume I
Jaume I
Carrer de
C. de Salvà
C. del Roser
C. Fontrodona
C. de Blai
Paral·lel
Abat Safont
Barri Xinès
C. Sant Ramon
C. Nou de la Rambla
La Rambla
C. n'Aglà
C. Ciutat
Carrer Nou de la Rambla
Plaça Raquel Meller
Av. de les Drassanes
Arc del Teatre
Plaça del Teatre
C. des Escudellers
C. Nou de Sant Francesc
C. de Còdols
C. d'Avinyó
C. d'Ataülf
C. Regomir
C. d'en Gignás
C. Argenteria
Plaça St. Maria
C. de Montcada
C. de Lafont
Cabanes
Poble Sec
C. de Blesa
Passeig
C. de Mata
C. de Piquer
C. Vila i Vilà
C. de Palaudàries
C. del Portal de Santa Madrona
Drassanes
Guru Bcn
Carrer Ample
Carrer de la Mercè
Passeig d'Isabel II
Plaça Portal de la Pau
C. de Josep Anselm Clavé
Passeig de Colom
Ronda del Litoral
Moll De Bosch I Alsina
Moll
Plaça de Carles Ibáñez
Puig Xoriguer
Carrer Carrera
Montjuïc
Mirador de Colom
Miramar
Plaça de l'Armada
Carrer
Moll De La Fusta
Moll De Les Drassanes
Port Vell
Del Dipòsit
43
Hotel Marina F
La Bombe
Jardins De Mossèn Costa i Llobera
Passeig de Josep Carner
Litoral
Las Golondrinas
Moll D'Espanya
Cinturó del Litoral
Moll De Barcelona
Rambla del Mar
44
L'Aquarium
BI-EN TEPPANYAKI.
THE WOK.
Elx.
Macson.
ANTONY MORATO
Friday`s Project
Moll De Sant Bertran
Jaume I
Barceloneta
Moll de La Barceloneta
Joan de Borbó
Passeig de
C. de l'Almirall Aixada
C. Escar
Dàrsena San Beltrán
World Trade Center
Box220
Moll Del Poniente
Plaça Palmeres
Plaça del Mar
St. Sebastià
Platja de Sant Miguel
La Viblia Wine Restaurant & Showroom
Hotel W Barcelona

Passeig de Sant Joan
Plaça de Tetuán
Tetuán
Gran Via de les Corts Catalanes
Monumental
Plaça de Braus Monumental
Diputació
Avinguda Meridiana
Av. de Meridiana
Plaça de les Glòries Catalanes
Diagonal
Glòries
Carrer de Ribes
El Fort Pius
Carrer de Casp
Carrer d'Ausiàs Marc
Carrer d'Alí Bei
Arc de Triomf
Av. Vilanova
Marina
Carrer de la Marina
Carrer dels Almogàvers
Palau Justícia
Carrer de Buenaventura Muñoz
Passeig de Lluís Companys
Avinguda de la Meridiana
Passeig de Pujades
Passeig de Picasso
Parc de la Ciutadella
Plaça d'Armes
Parc Zoològic
Passeig Circumval·lació
Sant Martí
Carrer de Sancho de Ávila
Carrer de Tànger
Carrer de Bolívia
Carrer de Pere IV
Carrer de Pallars
Carrer de Pujades
Bogatell
Llacuna
Carrer de Llull
Carrer de Ramon Turró
Carrer de Doctor Trueta
Avinguda d'Icària
Cementiri del Poblenou
Parc de Mar (Vila Olímpica)
Ciutadella Vila Olímpica
Ronda del Litoral
Plaça Doctor Pont i Freixas
Hotel Arts Barcelona
Gran Casino Barcelona
Hotel Pullman Barcelona Skipper
Segeltour
Centre Municipal de Vela CMV
Moll de Gregal
Biciclot
Arenal
Agua
Passeig Marítim de la Barceloneta
Platja d la Barceloneta
Plaça de Pompeu Gener
Sal Cafe
Parc de la Barceloneta
Ptge. Gasòmetre
C. Portal de Don Carles
Ptge. Sicília
46
47
R MEDITERRÀNIA
Sehenswürdigkeit
Shopping
Restaurant, Bar, Café
Übernachtungsmöglichkeit
Information
0
200 m

Seite 226/227: Rambla de Mar
Mitte: Über den ältesten Teil des Hafens führt die Rambla del Mar zur Moll d'Espanya.
Unten: Die alten Lagerhallen beherbergen jetzt das Museu d'Història de Catalunya.

43 Port Vell und die Olympischen Spiele

Ein attraktives Viertel entstand

In Vorbereitung auf die Olympischen Spiele 1992 wurde der Hafen Port Vell restauriert und neu gestaltet. Die alten, unansehnlichen Werften verschwanden mitsamt den abgewrackten Fischkuttern, die den Anblick verunstalteten. Seit 1995 ist der Umbau abgeschlossen. Port Vell bietet nun attraktive Angebote zur Einkehr, zum Bummeln und für die Freizeit. Moll de Fusta und Moll d'Espanya sind zu beliebten Treffpunkten geworden.

Port Vell gehört zum Stadtteil Ciutat Vella. Der Küstenstreifen Barcelonas ist in drei Abschnitte unterteilt, wobei Port Vell der südlichste ist. Der große Handelshafen verfügt seit seinem Ausbau zusätzlich über Terminals für Kreuzfahrtschiffe und Fähren zu den Balearen und anderen Mittelmeerhäfen.

Barcelona besitzt den größten Hafen Spaniens, der gleichzeitig der drittgrößte Hafen des Mittelmeeres ist. In östlicher Richtung liegen die Barceloneta und die Strände, die ebenfalls zum Hafengebiet Port Vell gezählt werden. Daran schließen sich der Olympische Hafen und die Vila Olímpica an. Der Hafen liegt im Distrikt Sant Martí, der zwischen Parc de la Ciutadella, Plaça de les Glòries und Riu Besòs liegt. Auch dieser Stadtteil wurde einer totalen Umgestaltung unterzogen. Hinter der Vila Olímpica liegt, ebenfalls in Sant Martí, das Fòrum, das eine der letzten städtebaulichen Maßnahmen in Barcelona darstellt. Auch die außergewöhnliche Technologiezone 22@ zählt zum Fòrum.

Der Port Vell ist der älteste Teil des Hafens, der ab 1990 komplett umgebaut und modernisiert wurde.

Rundgang Alter Hafen

Wir beginnen unseren Rundgang am A Alten Zollamt, Aduana vieja. Es ist so riesig, dass es praktisch den gesamten Bereich zwischen Plaça del Portal de la Pau und Plaça de la Carbonera einnimmt. Das Gebäude wurde zwischen 1896 und 1902 von Enric Sagnier i Villavecchia (1858–1931) und Pere García i Fària (1858–1927) im klassizistischen Stil errichtet und beherbergt heute ein Finanzamt. Die Aduana ist in Form eines gigantischen »H« erbaut, mit einer reich in ionischer Ordnung geschmückten Monumentalfassade. Klassische Motive und viele Skulpturen von berühmten Bildhauern Barcelonas wie Eusebi Arnau (1864–1933), der auch am Palau de la Música Catalana wirkte, bereichern den riesigen Bau.

Weiter gehen wir, hinter dem Gebäude entlang, zur B Anlegestelle der Golondrinas. Die Vergnügungsboote, die bereits seit 1888 verkehren, starten gleich gegenüber vom Kolumbus-Denkmal.

Ebenfalls an der Plaça del Portal de la Pau befindet sich C die Autoridad Portuària, die sich in einem sehenswerten Gebäude im Kolonialstil befindet. Die Behörde ist zuständig für die Entwicklung des Hafens. Gleich gegenüber beginnt die Rambla

AUTORENTIPP!

GOLONDRINA-FAHRT

Auf den ersten Blick erscheint es vielleicht ein wenig seltsam, sich auf eines der kleinen Holzboote zu begeben und im Hafenbecken herumzuschippern. Doch die Rundfahrt mit den traditionellen Holzbooten, die etwa 35 Minuten dauert, bietet interessante Perspektiven auf die Stadt und schafft durch die frische Seeluft vor allem im Sommer eine echte Erholung. Die Hafentour kostet 6,90 Euro für Erwachsene und 2,70 Euro für Kinder bis 10 Jahre. Deutlich mondäner reist man aber mit den modernen Katamaranen, mit denen man zur eineinhalbstündigen Rundfahrt aufbricht – in den Sonnenuntergang hinein. Die große Fahrt kostet 14,50 Euro für Erwachsene und 5,25 Euro für Kinder bis 10 Jahre. Unter der Website gibt es weitere Infos, Abfahrtszeiten und die Möglichkeit, online Tickets zu buchen. Auch in englischer Sprache.

Las Golondrinas. Portal de la Pau, s/n, 08003 Barcelona,
Tel. 934 423 106,
LasGolondrinas@lasgolondrinas.com
www.lasgolondrinas.com

AUTORENTIPP!

MIRADOR DE COLÓN TEIL II
Man sieht die rund 60 Meter hohe Säule von überall. Ganz oben steht die Statue von Christoph Kolumbus, dem Entdecker Amerikas. Dieser ist zwar von Andalusien aus aufgebrochen, doch nach seiner Rückkehr im Jahr 1493 wurde er von König Ferdinand I. in Barcelona empfangen. Zur Weltausstellung 1888 errichtete man das Denkmal sowohl zu Ehren von Kolumbus als auch als Zeichen der Verbundenheit mit dem Meer, ohne das Barcelona sich nicht hätte entwickeln können. Die Säule wird auch »Mirador de Colón« genannt, denn sie hat eine Aussichtsplattform, einen Mirador. Hinauf kommt man per Aufzug. Der Ausblick von der Säule ist sehr schön, man muss aber mit langem Anstehen rechnen. Vom Montjuïc hat man eine ebenso gute Sicht.

Häufig legen hier Nachbauten von Zwei- und Dreimastern an.

del Mar, eine wellenförmige, hölzerne Fußgängerbrücke, die Innenstadt und Moll d'Espanya verbindet. Hier findet man das Maremàgnum, eine beliebte Shopping Mall mit vielen Läden, Kinos, Discos, Bars und Restaurants. Wir nehmen nun rechts den D Passeig d'Itaca, der parallel zur Moll d'Espanya verläuft und kommen zum Aquarium. Dieses wird ab Seite 236 vorgestellt. Wir laufen weiter auf dem Passeig d'Itaca und kommen am eigentlichen E Port Vell vorbei. Heute befinden sich hier Anlegestellen für Ausflugsboote, Sportboote und Yachten aller Kategorien. Außerdem die Docks für Fischerboote. Im Alten Hafen haben sich Bürohäuser, Freizeitzentren und Geschäfte angesiedelt.

Wir verlassen die Moll und spazieren zum F Passeig de Colón. Es ist eine breite, mit Palmen gesäumte Promenade. Als 1878 die Stadtmauer abgerissen wurde, legte man den Passeig an.

Wir gehen nach rechts und treffen auf der rechten Seite auf den H Porxos d'en Xifré, einen riesigen ehemaligen Wohnkomplex aus dem Jahr 1840. Hier lebte die Familie Ruiz-Picasso, als sie nach Barcelona kam. Der kleine Pablo malte auf dem Balkon der elterlichen Wohnung seine ersten Bilder. Das Gebäude ist im isabellinischen

Rundgang

A Aduana vieja, Alter Zoll – Eines der bedeutendsten Gebäude an der Plaza del Portal de la Pau. Auf den Türmen thronen beflügelte Sphinxen.

B Golondrinas – Schon seit 125 Jahren kann man mit den Vergnügungsbooten Ausflüge durch den Hafen oder entlang der Küste unternehmen.

C Autoridad Portuària und Rambla del Mar – Die wellenförmige Brücke führt über den Hafen bis zum »Maremàgnum«.

D Passeig d'Itaca – Führt über die Moll d'Espanya, mit einem hervorragenden gastronomischen, kulturellen und gewerblichen Angebot.

E Port Vell – Hier legen die Vergnügungsboote an. Der Hafen ist heute ein Büro- und Freizeitzentrum.

F Passeig de Colón – Der belebte Boulevard führt vom Kolumbus-Denkmal bis zum Parc de la Ciutadella.

G Llotja de Mar – Die Warenbörse wurde 1380 erbaut. Es war der Treffpunkt der Händler in mittelalterlicher Zeit. 1772 wurde die Warenbörse im neoklassizistischen Stil restauriert.

H Porxos d'en Xifré – Der riesige Gebäudekomplex wurde vom reichsten Mann der Stadt, dem Händler Josep Xifré i Cases, im 19. Jahrhundert erbaut. Heute gibt es hier jede Menge Kaufhäuser.

I Museu d'Història de Catalunya (MHC) – In der ehemaligen Lagerhalle ist heute die Geschichte Kataloniens zu entdecken.

J Barceloneta – Hier pulsiert das Leben. Rund um die neu gestaltete Markthalle gibt es in den kleinen Gassen unzählige Bars, Restaurants und Geschäfte.

K Platja de San Sebastià (Strand der Barceloneta) – Der Strand des ehemaligen Fischerviertels erstreckt sich von der Mole bis zur Vila Olímpica.

L El Peix Daurat von Ghery – Vor den Hochhäusern des Olympischen Hafens befindet sich der »Goldene Fisch« von Frank Gehry. Er ist längst eines der Wahrzeichen von Barcelona.

M Port Olímpic (Olympischer Hafen) – Ein Hafen für Segler und solche, die es werden wollen, mit vielen gastronomischen Angeboten.

Oben: Fast überall am Hafen kann man irgendwo einkehren und die Stimmung genießen.
Mitte: »La Cara de Barcelona« von Roy Lichtenstein
Unten: Die acht Bronzelöwen des Kolumbusdenkmals grenzen die Stadt vom Hafengebiet ab.

Stil errichtet, trägt aber auch Spuren des Neoklassizismus und der Romantik. Im First befindet sich eine Uhr, die umgeben ist von Allegorien für die Zeit. An den Ecken sind Statuen angebracht, die den Kommerz, die Industrie, das Meer, Merkur, Neptun und Amerika darstellen.

Genau gegenüber befindet sich G Llotja de Mar, die Warenbörse. Heute fungiert das Gebäude als Tagungsstätte. Wir biegen rechts ab in die Plaça de Palau und laufen bis zum I Museu d'Història de Catalunya (MHC).

Seit 1996 ist das historische Museum Kataloniens in dieser umgebauten Lagerhalle untergebracht. Die Ausstellung beschäftigt sich mit der Landesgeschichte, von der Altsteinzeit bis zur Gegenwart, und legt besonderen Wert auf die Erklärung der nationalen Identität. Unser Weg führt uns über J die Barceloneta, die im Highlight 45 (siehe Seite 240) vorgestellt wird.

Es geht weiter bis hinunter zum Strand, der hier K Platja de San Sebastià heißt. Dieser Bereich des Küstenabschnitts ist der traditionellste, denn hier stehen noch die typischen Fischerhäuser aus der Mitte des 18. Jahrhunderts. Wir laufen durch den Sand oder auf dem Passeig Marítim Barceloneta bis zum L Peix Daurat. Die Fisch-Skulptur schuf Frank Gehry (geb. 1929), einer der bekanntesten nordamerikanischen Architekten und Designer. Sie ist mit ihrer Höhe von 35 Metern, der Länge von 54 Metern und ihrem goldenen Glitzern praktisch nicht zu übersehen. In den Körper aus Metallgeflecht sind kupferfarbene Stahlbänder integriert, die die Sonne reflektieren. Außerdem wurden Unmengen Glas und Stein verbaut. Die Skulptur wurde 1992 errichtet. Ein wenig weiter gelangen wir zum M Olympischen Hafen. Er wird ab Seite 250 vorgestellt.

Infos und Adressen

ESSEN UND TRINKEN

Negro Carbón, Tango + Tapas. Die Aromen des argentinischen Grills sind hier allgegenwärtig, und mit Tango und mediterranen Tapas ergibt sich eine einzigartige und elegante Mischung. Pla de Palau, 16, 08003 Barcelona, Tel. 933 191 123. Geöffnet: Mi–Mo 13–23.30 Uhr, Fr 13–0.30 Uhr

Guru Bcn. Cocktails und Tapas, ergänzt durch einige einfache Gerichte, in eleganter Umgebung. Die Bar gehört zu einer Kette mit dem Restaurant »Sikkim« im Zentrum und den Bars »Bambu« und »Vai Moana« am Strand. Carrer de Josep Anselm Clavé, 19, 08003 Barcelona, Tel. 933 426 422. Geöffnet: Mo–So 17–3 Uhr, www.bargurubcn.com

ÜBERNACHTEN

Hotel Marina Folch. Obwohl in der Barceloneta recht zentral gelegen, bekommt man hier günstig Zimmer – bescheiden, aber komfortabel. Einzelzimmer ab 40 Euro, Doppelzimmer ab 60 Euro. Carrer del Mar, 16, 08003 Barcelona, Tel. 933 103 709, Fax 933 105 327, www.hotelmarinafolchbcn.com

Hotel W Barcelona. Dieses erst vor Kurzem eingeweihte Hotel des Architekten Ricardo Bofill ist auch unter dem Namen »Hotel Vela« bekannt. Es bietet neben all seinem Luxus auch noch unbezahlbare Ausblicke auf die Stadt und das Meer. Seine 473 Zimmer sind mit neuester Technologie und maximalem Komfort ausgestattet. Zimmer ab 300 Euro. Hier ist auch das Sterne-Restaurant »Bravo« von Carlos Abellán beheimatet. Plaça de la Rosa dels Vents, 1, 08039 Barcelona, Tel. 932 952 800, Fax 931 815 000, whatever whenever.wbarcelona@whotels.com, www.w-barcelona.com

Von Plaça de la Carbonera aus gelangt man an die Terminals der großen Kreuzfahrtschiffe.

Mitte und unten: Bei der Modernisierung des Hafens wurde auf der Moll d'Espanya auch das Einkaufs- und Vergnügungszentrum Maremàgnum gebaut.

44 Moll d'Espanya

Anziehungspunkte Maremàgnum und Aquarium

Maremàgnum und Aquarium sind die Attraktionen auf der Moll d'Espanya. Hier ist sogar eine eigene Anlegestelle. In dem riesigen Einkaufszentrum gibt es jede Art von Geschäften, Restaurants und Freizeiteinrichtungen sowie einen kleinen Vergnügungspark. Gleich nebenan liegt das Aquarium, eines der bedeutendsten der Welt. Ihm folgt das Großkino Imax, das das Angebot auf der Mole, im Zentrum des Hafens, komplettiert.

Die Moll d'Espanya liegt im Hafenbecken des Port Vell, gegenüber der bekannten Moll de la Fusta, der historischen Mole Barcelonas. »Moll de la Fusta« erhielt ihren Namen, weil hier Holz verladen wurde, ihr eigentlicher Name ist Moll de Bosch i Alsina, nach einem Bürgermeister. Beide Bezeichnungen sind heute noch zu finden. Vor 1992 fanden hier häufig Konzerte statt, doch die direkte Lage am Wasser machte Veranstaltungen auf der Mole zu einem gefährlichen Vergnügen. Erst die Anlage des »Ronda del Litoral«, des vorgelagerten Küstenstreifens, zu dem auch die Moll d'Espanya zählt, schützte den direkten Innenstadtbereich vor dem Meer. Von der Moll de la Fusta gelangt man auf die neu angelegte Moll d'Espanya, sowohl über den breiten Passeig d'Itaca als auch über die Rambla de Mar, die schöne, wellenförmige Holzbrücke.

Die Moll d'Espanya ragt, anders als die sie umgebenden Molen, ins Hafenbecken hinein und bildet das Zentrum von Port Vell. Sie wird umgeben von der Moll de Barcelona, die von dem bekannten Word Trade Center überragt wird, einem Bürokom-

Die Bürger Barcelonas freuten sich.

plex am Ende der Mole. Außerdem steht der Torre Jaume I, einer der Türme der Seilbahn, auf dem Gelände. Genau gegenüber der Moll d'Espanya liegt die Barceloneta, ebenfalls sehr beliebt bei Einheimischen und Besuchern. Die Moll d'Espanya verfügt über einige sehr beliebte Freizeiteinrichtungen und ist bekannt für ihre Fischrestaurants.

Maremàgnum

Das Shopping- und Vergnügungszentrum bietet alle Arten von Einkaufsmöglichkeiten. Es gibt Modeboutiquen, Schuhgeschäfte, Accessoires und Schmuck, außerdem Friseure, Parfümerien, Designläden, Einrichtungs- und Haushaltswaren, Elektronik, Spielzeug, Souvenirs und Süßigkeiten.

Zahlreiche Cafés und Restaurants im Maremàgnum haben wunderschöne Terrassen, direkt am Meer. Ein interessantes Vergnügungsangebot ist der Bubble Park mit dem Bungee Dome, in dem man an elastischen Seilen bis zu acht Meter hochspringen kann, und dem Bubble Pool, einem Becken mit überdimensionalen Wasserbällen, in die man einsteigt und sich so trockenen Fußes

AUTORENTIPP!

RAMBLA DE MAR

Die Rambla de Mar ist die Verlängerung der Rambla und unterscheidet sich sehr vom oberen Teil der Flaniermeile. Während auf der Rambla bekanntermaßen der Bär steppt, findet man am Meer eine ruhige, entspannte Atmosphäre vor, die eigentlich zu schade ist, um nur schnell vom Ufer zur Mole zu kommen. Die Meeresluft, unterschiedlichste Künstler und die Möglichkeit, ein wenig Ruhe zu tanken, machen diesen wunderschönen Abschnitt der Rambla aus.

Hier befindet sich auch eines der größten Aquarien Europas.

Oben: Es ist das wichtigste Aquarium der Welt, das sich mit dem Mittelmeer beschäftigt.
Mitte: 8000 verschiedene Lebewesen und mehr als 300 verschiedene Arten leben hier.
Unten: Der 80 m lange Tunnel im Wasser ist die große Attraktion.

über das Wasser bewegt. Diese Attraktionen gibt es inzwischen zwar auf jedem Jahrmarkt in Spanien, doch vor allem für Kinder ist der Park noch immer einen Besuch wert. Regelmäßig veranstaltet das Maremàgnum Konzerte, Theateraufführungen oder Ausstellungen.

Das Aquarium

Die größte Sehenswürdigkeit des Port Vell ist das Aquarium, eines der größten in ganz Europa. Es gibt 35 Wasserbecken mit Nachbildungen von Unterwasser-Lebensräumen: so mediterrane, ozeanische, tropische, arktische Becken und Mini-Aquarien mit außergewöhnlichen Meeresbewohnern. Insgesamt werden über 11 000 Tiere ausgestellt, die rund 450 Arten angehören. In den Meereswelten leben Haie, Rochen und Oktopusse, Moränen und jede Menge bunter Fische.

Das absolute Highlight des Aquariums ist Tank Nummer 17, ein riesiges Becken, das sechs Millionen Liter Wasser fasst und in einem 80 Meter langen gläsernen Tunnel durchquert werden kann. Es ist schon ein Erlebnis, Haie über seinem Kopf schwimmen zu sehen und Tiefseefische zu beobachten, die man sonst nur aus dem Fernsehen kennt. Ganz Mutige dürfen für einen Obolus von 300 Euro sogar mit den Haien tauchen. Obwohl das Aquarium auch als Freizeiteinrichtung ausgelegt ist, bleibt es ein Museum. Es hat den Auftrag, die Besucher über das Leben in der Tiefe zu informieren, alles Wissenswerte über die Meeresbewohner zu vermitteln und das Zusammenwirken der unterschiedlichen Biotope zu erklären. Letztendlich ist es eine wissenschaftliche Einrichtung, die sich dem Erhalt der bedrohten Lebensräume unter Wasser verpflichtet hat. Der Ausflug zum Aquarium ist ein tolles Erlebnis, sowohl für Kinder als auch für Erwachsene.

Infos und Adressen

SEHENSWÜRDIGKEITEN

Maremàgnum. Die hiesigen Geschäfte sind tägl. von 10–22 Uhr geöffnet, Restaurants tägl. bis 1 Uhr, Bars und Freizeitienrichtungen bis 4.30 Uhr. Geschl. am 25.12. und Neujahr. Infos unter www.maremagnum.es

Aquarium. Tickets können Sie auch im Voraus online unter www.aquariumbcn.com bestellen. Tauchgänge können nur mit vorheriger Anmeldung unternommen werden. Das Aquarium ist täglich ab 9.30 Uhr geöffnet. Der Eintritt kostet 18 Euro für Erwachsene und 13 Euro für Kinder zwischen 3 und 12 Jahren. Bei Buchung über die Website bekommt man Rabatte.

ESSEN UND TRINKEN

The Wok. Gehaltvolle Gerichte voller exotischer Aromen werden frisch im Wok zubereitet. Moll d'Espanya, s/n, Planta 0, Local 8, 08039 Barcelona, Tel. 935 219 056. Geöffnet: Mo–Do 12.30–23 Uhr, Fr–So 12.30–24 Uhr

Bi-EN Teppanyaki. An der Bar wird japanisches Essen vom »heißen Tisch« - teppanyaki - entweder im Espai Gust oder auf der Terrasse und den Aussichtsplattformen des Maremàgnum gereicht. Moll d'Espanya, s/n, Planta 2, Espai Gust 9, Tel. 937 361 225. Geöffnet: tägl. 11–1 Uhr, info@bienrestaurants.com, www.bienrestaurants.com

Gerade für einen Besuch mit Kindern ist das Aquarium bestens geeignet.

Es gibt eine Menge Aktivitäten, die speziell für Kinder gedacht sind.

Elx. Im Maremàgnum gelegen serviert man hier gute Meeresfrüchte-Küche und Reisgerichte. Moll d'Espanya, 5 Maremàgnum. Local 9, Tel. 932 258 117. Geöffnet: tägl. 12–24 Uhr, elx@iborrarestaurants.es, www.elxrestaurant.es

EINKAUFEN

Antony Morato. Italienische Mode und Schuhe für die männliche Kundschaft zwischen 18 und 35 Jahren. Moll d'Espanya, s/n, Planta 1, Local 141, 08039 Barcelona, Tel. 932 258 758. Geöffnet: tägl. 10–22 Uhr, www.morato.it

Friday's Project. Hier findet man junge Mode, Casual Wear, Streetwear bekannter Marken sowie Kleidung des eigenen Labels. Moll d'Espanya, s/n, Local 137–138, 08039 Barcelona, Tel. 932 258 567. Geöffnet: tägl. 10–22 Uhr, maremagnum@used21.com, www.fridaysproject.com

Macson. Bekleidung für den Mann. Alles, was nötig ist, aber ohne das Portemonnaie zu strapazieren. Moll d'Espanya, s/n, Planta 0, Local 28–29, 08039 Barcelona, Tel. 932 258 766. Geöffnet: tägl. 10–22 Uhr., www.macson.es

Mitte: Die Barceloneta entstand nach der teilweisen Zerstörung des Viertels La Ribera und wurde schnell zum Fischerviertel.
Unten: Nach der Olympiade wurden die kleinen Häuser und Wohnungen schnell zum Objekt der Spekulation.

45 Die Barceloneta
Beliebte Strandpromenade

Das ehemalige Fischerviertel ist heute ein sehr populärer Stadtteil. Das Gewirr der kleinen Gassen, die schöne Strandpromenade und die sehr modern restaurierte Markthalle auf dem großen, zentralen Platz des Viertels machen die Barceloneta zu einem viel und gerne besuchten Ort. Der Ausflug lässt sich hervorragend mit einem ausgedehnten Mittagessen und einem Besuch am beliebten Sandstrand verbinden.

Der Stadtteil Barceloneta liegt im Süden Barcelonas, direkt am Meer zwischen Port Vell, dem Alten Hafen und dem Strand Platja de Barceloneta. Nördlich bildet der Zoo die Grenze des kleinsten Stadtviertels, in dem rund 15 000 Einwohner leben. Das Zentrum bildet die Plaça de la Font mit der alten Markthalle.

Geschichte des Viertels

Während des Erbfolgekriegs ließ König Felipe 1714 einen Teil des Viertels La Ribera einreißen, um eine Festung zu bauen und die Stadt vor Überfällen zu schützen. Heute liegt auf diesem Gebiet der Parc de la Ciutadella. Die Bewohner des Stadtteils waren hauptsächlich Fischer und Fabrikarbeiter, die in das kaum bewohnte Gebiet der heutigen Barceloneta umgesiedelt wurden. Um die etwa 10 000 Menschen unterzubringen, waren einfache Baracken errichtet worden, mit denen sich die neuen Bewohner zufrieden geben mussten. 1715 begann der Bau der Zitadelle. Die Übergangsunterkünfte ersetzte man erst 1749 durch Häuser aus Stein.

Die Barceloneta

Die Barceloneta entstand auf dem Reißbrett, entworfen von George Prosper van Verboom (um 1665–1744), einem flämischen Militär-Ingenieur in Diensten des spanischen Königs. Charakteristisch sind die langen, engen Straßen, die den Stadtteil von Nord nach Süd durchziehen. Das schachbrettartige Straßenbild mit seinen gleich gestalteten Einfamilienhäusern lässt auch heute noch erkennen, dass es sich nicht um ein gewachsenes Wohnviertel handelt. Ursprünglich besaßen die Gebäude nur ein Erdgeschoss und ein Stockwerk. Zwei gegenüberliegende Eingänge sorgten für eine gute Lüftung. Insgesamt ist die Barceloneta ein gutes Beispiel für die Stadtarchitektur der Aufklärung. Durch den Niedergang der Fischerei im 19. Jahrhundert verarmten die Bewohner und die Barceloneta verfiel immer mehr. Typisch für das Viertel waren die *chiringuitos* am Strand, einfache Hütten, in denen man teilweise sehr guten Fisch essen konnte. 1991, in Vorbereitung auf die Olympischen Spiele, wurde auch dieses Stadtviertel saniert und bekam ein neues Gesicht.

Barceloneta heute

Im Laufe der Jahre verschwand die alte Struktur des Viertels – und die Immobilienspekulationen taten ihr Übriges. Die Häuser und Straßen wurden renoviert und die *chiringuitos* abgerissen, um Platz für die neue Strandpromenade zu schaffen. Heute findet man hauptsächlich deutlich höhere Gebäude als die ursprünglichen, wohingegen die Wohnungen nur noch halb oder um ein Viertel so groß sind wie vor der Sanierung. Obwohl die Barceloneta auch heute noch deutlich einfachere Wohnungen bietet als andere Stadtteile, hat das Gebiet einen immensen Aufschwung erlebt. Im Zuge der Olympischen Spiele wurde es touristisch erschlossen, was sich auch auf die Mietpreise auswirkte. Trotzdem ist die Umstrukturierung gelun-

AUTORENTIPP!

CEMENTIRI DEL POBLENOU

Früher war es Sitte, die Verstorbenen innerhalb ihrer Kirchengemeinde beizusetzen. Dass diese Praktik nicht mehr zeitgemäß war, sah der Bischof von Barcelona wohl als Erster ein. 1775 ließ er den neuen Friedhof Cementiri del Poblenou außerhalb der Stadt einrichten. Doch die Oberschicht blieb bei ihrer Tradition, sodass nur die Armen auf das neue Gräberfeld kamen. 1819 wurde die Anlage zerstört und erst 1883 wiedereröffnet. Aus dem Armenfriedhof wurde ein luxuriöser Ort der Ruhe. Hier findet man Werke von bedeutenden Künstlern. Jeden ersten und dritten Sonntag im Monat gibt es kostenlose Führungen, jeweils um 10.30 Uhr auf Spanisch und um 12.30 Uhr auf Katalanisch. Wer Glück hat, kann an einer der Nachtführungen teilnehmen, die nur im März und November veranstaltet werden. Die Termine finden Sie auf der Webseite.

Cementiri de Poblenou. Carrer del Taulat, 2, Tel. 932 251 661, www.cbsa.es. Geöffnet: tägl. von 8–18 Uhr; mit der Metro L4 bis Llacuna, Ausgang Carrer de la Ciutat de Granada zu erreichen.

Oben: Nach der Modernisierung für die Olympiade 1992 ist aus der Barceloneta ein nettes Wohnviertel geworden.
Mitte: Es lockt sowohl Einheimische als auch Touristen an.
Unten: Auch hier gibt es Freiraum für Kreativität.

gen. Das Viertel wirkt heller, die Kriminalität konnte bekämpft werden und der künstlich angelegte Sandstrand hinter der mit Palmen gesäumten Promenade ist ein echtes Highlight. Außerdem gibt es sehr gute Restaurants im Viertel.

Die Markthalle im Zentrum

Die Barceloneta ist bekannt für ihr mediterranes Flair, dem man vor allem rund um die Markthalle, den Mercat de la Barceloneta, begegnet. Hier leben die Menschen noch mit ihrem Viertel. Das Treiben ist bunt, man trifft sich in geselliger Runde und niemand stört sich an den Wäscheleinen, die über die Straßen gespannt sind.

So wird es wohl auch zu anfangs in der Barceloneta zugegangen sein. Der Markt wurde bis zum Ende des 19. Jahrhunderts auf der Plaça de San Miquel im Freien abgehalten und war ein reiner Fischmarkt, auf dem die Fischer ihren Fang verkauften. Die Markthalle wurde 1884 durch den Architekten und Städteplaner Antoni Rovira i Trias (1816–1889) als Stahlkonstruktion an der Plaça de la Font errichtet. Rovira i Trias zählt zu den wichtigsten Wegbereitern der Kunstrichtung des Modernisme in Barcelona.

Die Markthalle wurde kürzlich restauriert und will sich als Referenz für Handel, Architektur und Gastronomie verstanden wissen. Auf einer Fläche von 2670 Quadratmetern findet man je acht Fisch- und Fleischstände, vier Obst- und Gemüsestände und je einen Stand für Stockfisch, Tiefkühlware und Konserven sowie eine Bäckerei. Damit ist der Mercat de la Barceloneta ein eher kleiner Markt, doch er ist authentisch und verfügt über einige sehr gute Restaurants. Unbedingt empfehlenswert ist ein Snack direkt vor Ort.

Infos und Adressen

ESSEN UND TRINKEN

La Viblia Wine Restaurant & Showroom. Direkt am Meer gelegen, sucht dieses Restaurant das Gleichgewicht zwischen Design, Kunst, Mode und der verführerischen und sich immer wandelnden Welt des Weines. Bemerkenswert ist, dass die Preise trotz einzigartiger Lage durchaus verträglich sind. Die Küche ist mediterran und kreativ. Plaça de la Rosa dels Vents, 1, im Hotel W Barcelona, 08039 Barcelona, Tel. 933 123 575. Geöffnet: Mo–So 12–24 Uhr, restaurant@laviblia.com, www.laviblia.com

Barceloneta. Von der Terrasse des Barceloneta aus genießt man einen traumhaften Blick auf den Port Vell. Das Geheimnis für den Erfolg dieses Restaurants liegt aber vor allem in seinen Gerichten aus immer frischem Fisch und frischen Meeresfrüchten. Dazu gibt es Reisgerichte wie Paella Marinera und Arroz Negre sowie einen tadellosen Service. Das hat allerdings auch seinen Preis, ca. 50 Euro pro Menü. Reservierung empfohlen. Carrer de l'Escar, 22, Moll dels pescadors. 08039 Barcelona, Tel. und Fax 932 212 111. Geöffnet: tägl., auch an Feiertagen, 13–16 Uhr und 20.30–1 Uhr, www.rte-barceloneta.com

El Nou Ramonet. Meeresfrüchte und Tapas pur! Sozusagen der kleine Bruder des bekannten »Can Ramonet«. Wie fast alle Restaurants in der Barceloneta, ist es auf Fisch und Meeresfrüchte sowie spanische Reisgerichte spezialisiert. Es werden Zutaten bester Qualität verarbeitet. 08003 Barcelona, Carrer Carbonell, 5, Tel. 932 683 313, Fax 933 197 014. Geöffnet: tägl. 9–24 Uhr, Weihnachten geschl., www.elnouramonet.com

La Bombeta. Tapas für Einheimische! Carrer Maquinista, 3, 08003 Barcelona, Tel. 933 199 445. Geöffnet: Mo, Di, Do–So 10–24 Uhr, Mi und an Feiertagen 17–19 Uhr geschl.

Wie überall in der Stadt findet man nach engen Gassen wieder einen schönen Platz.

Mitte: Das Luxus-Hotel »W« ist die letzte Errungenschaft Barcelonas am Wasser.
Unten: Es gibt Künstler, die an den Stadtstränden die unglaublichsten Sandburgen herstellen.

46 Barcelonas Strände

Feiner Sand und beste Wasserqualität

Barcelona verfügt über einen etwa vier Kilometer langen feinen Sandstrand, dessen Infrastruktur ausgezeichnet ist. Täglich wird er gesäubert und ist dementsprechend in hervorragendem Zustand. Auch die Wasserqualität ist bestens, wie fast überall an Spaniens Küsten. Um einen ungestörten Badespaß zu garantieren, markieren Bojen die Areale, die den Schwimmern vorbehalten sind. Wegen des milden Klimas kann man in Barcelona fast das ganze Jahr über baden.

Barcelonas Strände liegen direkt bei der City und können aus dem gesamten Stadtgebiet zu Fuß, per Rad oder mit öffentlichen Verkehrsmitteln erreicht werden. Jedes Jahr kommen mehr als sieben Millionen Sonnenhungrige zu der rund 4,5 Kilometer langen Küste. Der Strandstreifen beginnt am Alten Hafen und zieht sich bis hinauf zur Playa de Llevant. Hinter Barcelona setzt er sich in Richtung Nordosten fort, bis zum rund 60 Kilometer entfernten Malgrat de Mar. Die Küste wird hier Costa del Maresme genannt und reicht bis hinauf nach Blanes. Meist wird der Abschnitt zur Costa Brava gezählt, doch das ist nicht richtig. Südlich von Barcelona schließt sich die Costa del Garraf an, die bis nach Vilanova i la Geltrú reicht. Zusammen bilden sie die Küste der Provinz Barcelona.

Gute Infrastruktur

Sämtliche Strände der Stadt verfügen über Restaurants, Strandbars, Sportangebote, Läden, Du-

Wenn das Meer zum Baden nicht geeignet ist, freuen sich vor allem die Surfer des Surfclubs Box 220.

schen und Toiletten, Umkleidekabinen sowie einige Rampen für Rollstuhlfahrer. Es gibt Schließfächer, Sonnenschirme und Liegen sowie Fahrradparkplätze. Die Strände werden von Rettungsschwimmern bewacht und gelten als sehr gepflegt. Allerdings trifft sich bei schönem Wetter scheinbar die gesamte Stadt an den Stränden. Die verschiedenen Strandabschnitte werden von unterschiedlichen Personengruppen bevorzugt, sodass man sich bereits vor dem Sonnenbaden für einen geeigneten Strand entscheiden kann. Barcelona gilt als idealer Ort für Wassersport. Die häufigsten Sportarten sind Tauchen, Windsurfen oder Segeln. Das Angebot an Kursen für die jeweiligen Sportarten ist groß, Material kann natürlich gemietet werden.

Verschiedene Strandabschnitte

Insgesamt gibt es acht Strandabschnitte, deren südlichster die Platja de Sant Sebastià ist. Sie liegt rund um den Turm der Seilbahn, Torre de Sant Sebastià, der sehr auffallend ist. Es ist der traditionellste Strand von Barcelona. In westlicher Richtung reicht die Platja de Sant Sebastià bis zum Hotel W Barcelona und im Nordosten geht sie in den Strand der Barceloneta, der Platja de la Barceloneta, über. Hier befindet sich auch das

AUTORENTIPP!

CASINO

Direkt am Meer liegt das Casino von Barcelona. Es bietet Französisches und Amerikanisches Roulette, Blackjack, Pokerrunden, diverse Spielautomaten und viele andere Kartenspiele. Es werden internationale Pokerturniere ausgerichtet und auch die Poker-Weltmeisterschaft wird hier ausgetragen. Neben den Spielangeboten gibt es eine Diskothek mit Live-Auftritten, Restaurant und Bar. Einlass ab 18 Jahren, das Vorweisen des Personalausweises oder Führerscheins genügt. Nicht-EU-Bürger müssen ihren Reisepass vorlegen. Mit Strand- oder Sportbekleidung, kurzen Hosen und Flip-Flops ist der Zutritt nicht gestattet.

Gran Casino Barcelona. Carrer de la Marina, 19–21 (Port Olímpic), 08003 Barcelona, Tel. 932 257 878, info@casino-barcelona.com, www.casino-barcelona.com

AUTORENTIPP!

BARCELONA MIT DEM RAD
Das Gebiet an den Stränden ist eigentlich der einzige Bereich in ganz Barcelona, in dem man Fahrradfahren bedenkenlos empfehlen kann. Besonders geeignet sind die Zweiräder, um einen der hinteren Strände zu besuchen, denn sie sind eine günstige Alternative zu teuren Taxifahrten und können vor Ort gut abgestellt werden. Wer sich für eine Stadtrundfahrt per Fahrrad entscheidet, sollte nicht allein losfahren. Es gibt unterschiedliche Angebote, die durchaus erschwinglich sind. Zum Beispiel bei Biciclot.

Fahrradverleih. Passeig Marítim de la Barceloneta, 33, 08003 Barcelona, Tel. 932 219 778, maritim@biciclot.net, www.biciclot.net

Die Strandabschnitte weisen gute Wege auf, so dass man sich ungestört mit dem Rad fortbewegen kann.

Strand-Informationszentrum, Centre de la Platja. Die Platja de la Barceloneta endet am Olympischen Hafen.

Mit je 1100 Metern bilden die beiden Innenstadtstrände den längsten Küstenabschnitt. Wegen der guten Lage sind sie bei schönem Wetter extrem voll, vor allem mit Touristen. Hier liegt man oft wie die sprichwörtliche Sardine in der Dose und findet keine Ruhe. Es herrscht ein ständiges Kommen und Gehen. Dazu kommen Getränkeverkäufer, die fast im Minutentakt ihre Waren lauthals anpreisen und natürlich wimmelt es von fliegenden Händlern mit jeder Art Billigware im Angebot. Obwohl der Strand täglich gereinigt wird, ist es hier nicht wirklich sauber. Man lässt seinen Müll einfach fallen und steckt die Zigarettenkippen in den Sand. Die Einheimischen meiden diesen Strandabschnitt aus verständlichen Gründen. Immerhin gibt es aber jede Menge Restaurants und Tapas-Bars.

Die schönsten Strände

Platja de la Nova Icària, der mittlere Strand, eignet sich besonders für Familien, denn er ist relativ ruhig. Er hat eine Länge von 400 Metern und liegt direkt neben dem Port Olímpic. Hier gibt es neben der üblichen Infrastruktur zusätzlich vier Volleyballfelder und Segelboote, sowie eine große Anzahl an Restaurants und Bars. Playa de Bogatell, der olympische Strand, wurde anlässlich der Olympischen Spiele 1992 angelegt. Er ist 600 Meter lang und zählt zu den schönsten Stränden der Stadt. Da er bereits ein wenig außerhalb der Innenstadt liegt, geht es hier deutlich ruhiger zu. Zumindest unter der Woche kann man sich hier sehr gut erholen.

Der FKK-Strand

Playa de la Mar Bella, der FKK-Strand, wird vor allem von jungen Leuten bevölkert. In Katalonien gibt es keine Regelung zum Thema FKK, sodass es grundsätzlich überall erlaubt ist, nackt zu baden. Wie an den meisten Stränden Spaniens hat sich aber auch in Barcelona ein FKK-Strand herausgebildet, der sowohl von nackten als auch von bekleideten Badenden genutzt wird. Wundern Sie sich also nicht, wenn sich Ihr Nachbar ganz selbstverständlich entblößt. Meistens halten sich die FKK'ler aber in dem Bereich zwischen den beiden Wellenbrechern der Sportanlage auf. Die Platja de la Mar Bella liegt rund 1500 Meter vom Port Olímpic entfernt, in nordöstlicher Richtung. Sie wurde ebenfalls für die Olympischen Spiele angelegt. Die Sportanlage am Strand bietet zwei Fußballplätze und eine Halle.

An die Platja de la Mar Bella schließt sich die Platja de la Nova Mar Bella an, ebenfalls 1992 entstanden. Dieser Strand hat eine Länge von 500 Metern und wird vornehmlich von Frauen besucht. Auch hier ist Nacktbaden durchaus üblich. Es gibt Kioske und Sportmöglichkeiten. Es folgt die Playa de Llevant, die erst im Jahr 2006 angelegt wurde und 380 Meter lang ist. Bisher allerdings auch der ruhigste.

Oben: L'Estel Ferit – der verletzte Stern – von Rebecca Horn ist nur eine von vielen Skulpturen die in Barcelona stehen.
Unten: Playa de Barceloneta

Oben: Die Strände bieten viele Möglichkeiten der Entspannung. **Mitte und Unten:** Aktivitäten sowohl für Einheimische als auch für Touristen

Von Einheimischen bevorzugt

Wenn man kein Auto hat, sind die hinteren Strände vom olympischen Hafen aus nur in einem halbstündigen Fußmarsch zu erreichen. Darum trifft man hier kaum Touristen, aber jede Menge Einheimische. In der Woche ist es eher ruhig, doch am Wochenende zieht die gesamte Familie an den Strand. Dann lassen leider auch die fliegenden Händler nicht auf sich warten. Allerdings ist es hier deutlich ruhiger, denn der Strandbesuch wird von den Katalanen zelebriert und man verbringt meist den ganzen Tag dort. Es schließt sich die »Zona de banys del Parc del Fòrum« an, ein Bereich im Park del Fórum, an dem es keinen Strand, dafür aber ein Meerwasserbecken gibt. Der Park ist ein Kultur- und Industriegebiet und schließt den Strandbereich ab. Die Fotovoltaikanlage markiert das Ende der Badezonen. Auch hier gibt es die bekannte Infrastruktur sowie verschiedene Kioske.

Strände im nahen Umland

Wenn man Barcelona besucht, sollte man sich auch die Strände ansehen. Nach einem anstrengenden Sightseeingtag in der heißen Metropole tut eine Abkühlung natürlich gut. Wer sich häufiger am Strand aufhalten möchte und dabei Erholung sucht, sollte ins nahe Umland ausweichen. Castelldefels liegt nur ein paar Kilometer außerhalb und ist mit der Bahn gut zu erreichen. Die Strände dort sind eine echte Alternative zum Trubel in Barcelona. Noch ein wenig weiter, an derselben Bahnlinie, liegt Sitges. Der beliebte Badeort verfügt über traumhafte Strände. Am besten nimmt man den Zug R2 vom Hauptbahnhof Sants in Richtung Vilanova-Sant Vicenç de Calders. Nach 20 Minuten passiert er Castelldefels Platja, zehn Minuten später kommt er in Sitges an.

Infos und Adressen

ESSEN UND TRINKEN

Cavamar. Hier isst man gut und erstaunlich preisgünstig. Im Sommer empfiehlt sich die Terrasse. Carrer de la Vila Joiosa, 54. 08003 Barcelona, Tel. 932 257 164. Geöffnet: Mo–So 12–23 Uhr, Fr und Sa 12–24 Uhr, info@cavamar.com, www.cavamar.com

La Vinya del Mar. Nur wenige Meter vom Stadtstrand entfernt, bietet dieses Restaurant (mit sehr schöner Terrasse) mediterrane Küche mit Schwerpunkt Fisch und Meeresfrüchten. Die Preise sind moderat. Carrer de l'Almirall Aixada, 21, 08003 Barcelona, Tel. 932 214 011. Geöffnet: Mo 13–16 Uhr und Mi–So 12–24 Uhr.

Xup Xup. Das Lokal liegt direkt am Strand. Sie essen sozusagen »mit den Füßen im Sand« – der ideale Ort für eine gute Paella in entspannter Atmosphäre. Passeig Marítim de la Barceloneta, Ecke Almirall Cervera, 08003 Barcelona, Mittagessen: Di–Fr 13–16.20, Sa 13–17 Uhr, So 13–17.30 Uhr; Abendessen: Mi–Sa 20.30–23 Uhr info@xupxuprestaurant.com, www.xupxuprestaurant.com

Sal Cafe. Direkt an der Promenade gelegen und mit einer sehr schönen Terrasse ausgestattet. Fusionsküche, ohne dabei die traditionellen Rezepte der Umgebung zu vernachlässigen. Passeig Marítim de la Barceloneta, s/n vor dem Espigón de Gas. 08003 Barcelona, Tel. 932 240 707. Geöffnet: Mo–So 13–16 Uhr, Fr und Sa 20.30–23 Uhr, sonst nur für Gruppen mit Reservierung, salcafe@salcafe.com, www.salcafe.com

Box 220°. Nur wenige Meter vom Strand der Barceloneta entfernt befindet sich dieser Surfer-Club. Carrer de Pontevedra, 51–53 Ecke Passeig Marítim de la Barceloneta, 08003 Barcelona, Tel. 932 214 702. Geöffnet: Ab Apr. Di–So 12–20 Uhr

Die Länge der Strände und ihre Qualität zeichnen sie aus.

Der Olympische Hafen und seine Promenade

47 Port Olímpic und der Wassersport

Auch für Nachtschwärmer ein Eldorado

Port Olímpic, der Olympische Hafen, liegt gleich bei der Vila Olímpica, dem Olympischen Dorf. Das 25 Hektar umfassende Gebiet wurde dem Meer abgewonnen. Es ist ein sehr beliebter Seglerhafen und wartet mit einer großen Anzahl an Bars und Restaurants auf. Das Olympische Dorf ist zum Wohngebiet geworden, das in den Komplex des Port Olímpic eingefügt wurde. Sowohl am Tage als auch in der Nacht lohnt sich der Besuch.

Der Olympische Hafen liegt im Distrikt Sant Martí, dessen völlige Umgestaltung noch immer nicht abgeschlossen ist. Zwischen Parc de la Ciutadella und Parc del Poblenou wurden für die Olympischen Spiele 1992 alte Fabrikgebäude und Lagerhallen abgerissen. An ihrer Stelle wurden die Hafenanlage mit dem Strandabschnitt und das Olympische Dorf errichtet. Heute ist Port Olímpic einer der beliebtesten Treffpunkte für Nachtschwärmer und eine hervorragende Adresse für Wassersportler. Weithin sichtbar sind der Fisch von Frank Gehry und die beiden Hochhäuser, das Luxushotel Arts und das preisgekrönte Bürohaus Mapfre Tower, die zu den höchsten Bauten Spaniens zählen.

Ausgehen in Barcelona

Der Olympische Hafen wurde 1988 erbaut. Hier fanden während der Spiele 1992 die Segelwettbewerbe statt. Der Hafen wurde anschließend in einen Jachthafen umgewandelt, und das umliegen-

»Marc« von Robert Limós vor dem Hotel Arts am Port Olímpic

de Gelände ist heute ein Freizeitgebiet mit Hunderten von Diskotheken, Restaurants und Bars. Allabendlich finden sich Tausende von Nachtschwärmern ein. Einen sehr schönen Spaziergang kann man entlang des Hafens unternehmen, der nachts in wunderschönes Licht getaucht ist. Doch wundern Sie sich nicht, wenn Ihnen alle paar Meter ein Restaurant angepriesen wird und man Sie direkt dorthin komplementieren möchte. Es gibt viele gute Adressen rund um den Port Olímpic, aber es gibt auch die typischen Touristenläden, in die man sich nur ungern verirrt. Seien Sie auf der Hut.

Bar-Hopping und Clubbing

Das spanische Nachtleben beginnt im Allgemeinen erst sehr spät. In Barcelona muss man vor zwei Uhr nachts eigentlich nirgends erscheinen, dafür aber Durchhaltevermögen bis in den Vormittag hinein beweisen. Um die Zeit zu überbrücken, geht man zunächst einmal gut essen und zieht danach um die Häuser. »Ir de copas«, auf ein paar Gläschen gehen, heißt es in Spanien, wenn man von Bar zu Bar zieht und auf ein Getränk oder zwei bleibt. Eine andere beliebte Beschäftigung ist die Tapas-Tour, bei der zum Getränk noch hier und da eine leckere Kleinigkeit verzehrt wird.

AUTORENTIPP!

SEGELTOUR

Die Stadt Barcelona betreibt im Port Olímpic ein Zentrum für Segeln und Windsurfing. Alle nötigen Utensilien für das Windsurfing sowie Selgelboote kann man hier mieten, für 35 Euro pro Person. Im Preis inbegriffen sind ein Instrukteur sowie Rettungswesten. Wer segeln möchte, ohne es selbst zu tun, kann eine zweistündige Segeltour für 30 Euro pro Person buchen. Kinder bis 14 Jahre zahlen 16 Euro. Die Mitarbeiter versprechen, Barcelona von einer ganz neuen Seite zu erleben – und dass sie ihren Kunden die schönsten Blicke auf die Metropole zeigen können. Eine Anmeldung ist erforderlich. Die Website gibt es auch in englischer Sprache.

Centre Municipal de Vela (CMV).
Moll de Gregal, s/n, Port Olímpic, 08005 Barcelona, Tel. 932 257 940 oder 41, info@velabarcelona.com, www.velabarcelona.com

Oben/Mitte: Die Hafenpromenade verfügt über ausreichende Ausgehmöglichkeiten.
Unten: Viele Restaurants laden hier zu Fisch und Meeresfrüchten ein.

Viele Diskotheken bieten zwischen 2 und 4 Uhr morgens freien Eintritt, sodass in dieser Zeit die Möglichkeit besteht, sich seinen Lieblingsclub auszusuchen. Im Port Olímpic gibt es 14 Diskotheken, da kann die Wahl schon mal schwerfallen. Am liebsten geht man in Barcelona von Dienstag bis Samstag aus, Werktag hin oder her. Man sollte aber wissen, dass praktisch vor jedem angesagten Club ein Türsteher postiert ist. Turnschuhe, Latschen und ausgewaschene Jeans sind bei vielen ein No-Go. Ebenfalls schwierig wird es, wenn die Diskco sehr voll ist, dann wird nur noch eingelassen, wer auf der Gästeliste steht. Melden Sie sich per E-Mail an oder besuchen Sie das Lokal bei Facebook und tragen sich vorsichtshalber ein.

Vila Olímpica

Hinter dem Olympischen Hafen liegt das Olympische Dorf, Vila Olímpica, das gebaut wurde, um 15 000 Athleten während der Spiele zu beherbergen. Es war aber bereits geplant, danach ein Wohnviertel aus der Anlage zu machen, in dem eine bunte Mischung von Menschen leben sollte. Bereits im Vorfeld der Spiele wurden die Wohnungen zum Kauf angeboten und konnten schnell vermittelt werden. Insgesamt standen rund 2000 Wohnungen zur Verfügung, die ab 1993 bezogen werden konnten. Heute leben hier über 5000 Menschen. In den übrigen Gebäuden sind Büros untergebracht. Die Vila Olímpica ist eine moderne Anlage, doch sie weist auch Schwächen auf. So war die Kriminalitätsrate zu Anfang des neuen Jahrtausends überdurchschnittlich hoch, was sich inzwischen aber wieder normalisiert hat. Aus dem künstlichen Dorf ist inzwischen ein kleiner Stadtteil gewachsen, der auch wegen seiner hervorragenden Lage, direkt am Strand, zu einer sehr guten Adresse im Stadtgefüge geworden ist.

Infos und Adressen

ESSEN UND TRINKEN

Arenal. Nicht am, sondern auf dem Strand werden hier Meeresfrüchte und mediterrane Küche serviert. Im Winter sitzt man geschützt hinter Panoramafenstern. Passeig Marítim de la Barceloneta, s/n, 08003 Barcelona, Tel. 932 210 810. Geöffnet: Mo und So 13–16.30 Uhr, Mi–Sa 13–16.30 und 20.30–23.30 Uhr, info@arenalrestaurant.com, www.arenalrestaurant.com

Agua. Ebenfalls direkt am Strand gelegen und entsprechend dekoriert bietet das Agua ein angenehmes und frisches Ambiente, um einfache aber gute Gerichte zu genießen. Reservierung wird empfohlen. Passeig Marítim de la Barceloneta, 30, 08003 Barcelona, Tel. 932 251 272. Geöffnet: Mo–Do 13–15.45 und 20–23.30 Uhr, Fr und Sa 13–16.30 und 10–0.30, So 13–16.30 und 20–23.30 Uhr, www.grupotragaluz.com

ÜBERNACHTEN

Hotel Pullman Barcelona Skipper. Am Strand, zwischen Barceloneta und Port Olimpíco gelegen und damit ganz in der Nähe des »Pez Dorado« von Gehry, bringt dieses Hotel seine Gäste in geschmackvoll eingerichteten Zimmern unter und beherbergt das bekannte Restaurant Syrah. Zimmer ab 160 Euro. Avinguda del Litoral, 10, 08005 Barcelona, Tel. 932 216 565, Fax 932 213 600, H7341@accor.com, www.pullman-barcelona-skipper.com

Hotel Arts Barcelona. Das Hotel Arts ist nach wie vor eine verlässliche Referenz zum Thema Design. Alles ist top hier – die Lage, die Einrichtung und auch der Service. Zimmer bekommt man hier ab 300 Euro. Das bekannte Restaurant Arola befindet sich im Hotel Arts. Moll de Marina, 19–21, 08005 Barcelona, Tel. 932 211 000, Fax 932 211 070, www.hotelartsbarcelona.com

AUSGEHEN

Bars und Clubs. Auf der Webseite des Hafens findet man Auflistungen mit allen Bars und Clubs, außerdem auf www.pobasa.es und auf www.guiadelociobcn.com (nur in spanischer Sprache).

Im Olympischen Sporthafen kann man sein Geld auf viele Arten anlegen.

AUSSERHALB DES ZENTRUMS

Seite 254/255: Torre Agbar
Mitte: Torre Agbar das Wahrzeichen des Technologiebezirks 22@
Unten: Weite Anlagen wie der Parc del Poblenou laden zum Entspannen ein.

48 Der neue Technologiebezirk 22@

Das Gesicht der Zukunft

22@ ist ein High-Tech-Business-Bezirk mit einer Größe von 200 Hektar. Dieses umfangreiche städtebauliche Projekt verabschiedete die Stadt im Jahr 2000. Ein altes und tristes Industriegelände wurde modernisiert und zukunftsweisend umgestaltet. International bekannte Architekten wie Jean Nouvel, Cloud 9, Zaha Hadid und andere entwarfen die Gebäude. Gern wird 22@ auch als das »Gesicht der Zukunft« bezeichnet.

Das Gebiet umfasst 115 Häuserblocks und liegt zwischen der Plaça de les Glòries Catalanes und dem Meer. Die Avinguda Diagonal bildet die zentrale Achse des Technologiebezirks. Mit der Metro gelangt man auf der gelben Linie 4 zum 22@. Es siedelten sich fast 5000 Unternehmen aus den Bereichen Technologie, Informatik, Kommunikation und Biomedizin an. Sie schufen Arbeitsplätze und es wurden Wohnblocks, Universitätsgebäude und viele weitere Serviceeinrichtungen gebaut.

Torre Agbar und Parc del Centre del Poblenou

Mit 142 Metern ist die Torre Agbar das dritthöchste Gebäude der Stadt und längst ihr modernes Wahrzeichen. Es ist ein Bürokomplex mit 32 Stockwerken und 39 000 Quadratmetern Nutzfläche, der von dem französischen Architekten Jean Nouvel (geb. 1945) entworfen wurde. Nouvel wollte den berühmten Architekten Antoni Gaudí (1852–1926) mit diesem Bauwerk ehren. Die elliptische Form des Gebäudes übernahm er von Gau-

Der zentrale Gang des Cosmocaixa

dí, der diese außergewöhnliche Konstruktion für ein Hotelprojekt in New York vorgesehen hatte, das jedoch nicht umgesetzt wurde. Der Turm Torre Agbar symbolisiert einen Geysir, der den Himmel berührt und sich gleichzeitig auf die Berge von Montserrat bezieht, die auch Gaudí zu seinen organischen Formen inspirierten. Bauherr waren die Wasserwerke von Barcelona, Aguas de Barcelona, aus deren ersten zwei und drei Buchstaben sich der Name »Ag Bar« zusammensetzt. Die Fassade ist ausgesprochen bunt und vor allem bei Nacht erstrahlt er durch 4500 beleuchtete Paneele in wunderbarer Farbigkeit. Zu Festtagen wird die ganze zur Verfügung stehende Bandbreite der Lichtspiele genutzt. Die Umgebung des Gebäudes wurde so angelegt, als stünde es inmitten einer Wasserfläche. Die Konstruktion selbst besteht aus zwei zylinderförmigen Elementen, einem inneren für die Aufzüge, Installationen und Treppen sowie dem äußeren, dessen Außenhaut aus Glas und Aluminiumplatten besteht. Je nach Lichteinfall ändern sich ihre Farben. Die Bauarbeiten begannen Anfang 2001, die Einweihung fand im September 2005 in Gegenwart von König und Königin statt. Im Foyer des Turms kann man eine Ausstellung zum Thema Wasseraufbereitung besuchen. Weiter hinauf kommt man aber leider nicht.

Der Parc del Centre del Poblenou ist der jüngste Park Barcelonas und wurde ebenfalls von Jean

AUTORENTIPP!

COSMOCAIXA – DAS WISSENSCHAFTSMUSEUM UND PLANETARIUM

Das Museum genießt einen sehr guten Ruf in ganz Europa. Hier haben Kinder und Erwachsene gleichermaßen Freude am Begreifen von naturwissenschaftlichen Phänomenen. Mit einer Ausstellungsfläche von über 30 000 Quadratmetern zählt das im Jahr 2005 eröffnete Museum zu den größten und glücklicherweise auch zu den spannendsten in ganz Spanien. Hier heißt es anfassen, ausprobieren, mitmachen und forschen, sodass selbst der trockene Stoff des Physikunterrichts zu einem großen Erlebnis wird. Das Planetarium ist angeschlossen.

Museu de la Sciència de Barcelona. Isaac Newton, 26, 08022 Barcelona, Tel. 932 537 488. Geöffnet: Di–So 10–20 Uhr; der Eintritt kostet 3 Euro, ermäßigt 2 Euro. Ein Ticket für das Planetarium kostet 2 Euro. Die Metro L7 bringt Sie bis zur Avenida del Tibidabo, von dort geht es 800 Meter zu Fuß oder mit Bus Nr. 196 bis CosmoCaixa. www.fundaciolacaixa.es

Oben: Büroflächen in bester Lage: Diagonal123
Mitte: Die preisgekrönte Fassadenverkleidung des Media-TIC reguliert die Beleuchtung, was viel CO_2 einspart.
Unten: Im L'Auditorio: Musikgenuss vom Feinsten

Nouvel geplant und im Frühjahr 2008 eröffnet. Er ist eine Oase der Ruhe, mitten in der Stadt, an der Avinguda Diagonal 130. Die Rundwege sind geschmückt mit Bildern und Skulpturen und der Architekt fügte zahlreiche Schattenplätze ein, die nicht nur zur Rast in der Mittagspause einladen. Nach Einbruch der Dunkelheit wird die Anlage kunstvoll beleuchtet.

Konzerthalle L'Auditori

Die moderne Konzerthalle wurde 1999 eingeweiht. Sie stammt von dem renommierten spanischen Architekten Rafael Moneo (geb. 1937). Das Gebäude verfügt über drei Konzertsäle mit 2200, 600 und 400 Sitzplätzen und bietet ein reichhaltiges musikalisches Programm. Die Musikhochschule von Katalonien, das Sinfonieorchester und das Musikmuseum sind hier untergebracht. Von außen wirkt das Gebäude schroff und kantig, doch in seinem Inneren verbirgt sich einer der schönsten Konzertsäle Europas. Ebenso wie die Fassade, liegt im Foyer die Betonstruktur offen, kontrastreich gedämpft durch Holzpaneele. Für die Akustik war der katalanische Spezialist Higini Arau zuständig.

Hightechbau Media TIC

Dieses Gebäude wurde 2010 fertiggestellt und hat bereits weltweit Aufsehen erregt. Denn es ist ein hervorragendes Beispiel für nachhaltige Architektur. Enric Ruiz Geli (geb. 1968), Gründer des interdisziplinären Architekturteams Cloud9, entwarf diesen Hightechbau und widmete ihn Antoni Gaudí, der ihn durch seine Casa Milà inspiriert hatte. Die Gebäudefassade ist mit aufblasbaren Blasen bedeckt. Diese sehen nicht nur sehr innovativ und schick aus, sie bedeuten auch eine Ersparnis von 20 Prozent Energie bei der Klimatisierung des Gebäudes..

Infos und Adressen

SEHENSWÜRDIGKEITEN

Torre Agbar. Per Metro gelangt man mit der roten Linie 1 bis Glòries hierher. Die Illumination findet im Winter von Fr–So von 20–23 Uhr und im Sommer von Fr–So 21–24 Uhr statt. Zu dicht sollte man aber nicht vor dem Gebäude stehen. Avinguda Diagonal, 211, 08018 Barcelona

Media TIC. Am Carrer Roc Boronat 117.

KONZERTE

L'Auditori. Das Programm finden Sie unter www.auditori.cat, auch in englischer Sprache.

ESSEN UND TRINKEN

Sala Razzmatazz. Ein Tanztempel mit mehr als 3700 Quadratmetern Fläche. Hier legen die besten DJs der Welt auf, und es finden regelmäßig Konzerte von Stars und Sternchen statt. Dem Sala Razzmatazz ist ein Hotel angeschlossen. Die Veranstaltungen beginnen je nach Ereignis ab 20–0 Uhr, Open End, Carrer de Pamplona, 88, 08018 Barcelona, Tel. 933 208 200, inforazz@salarazzmatazz.com, www. salarazzmatazz.com

Alles ist trendy im neuen Technologiebezirk, selbst die Wohnhäuser.

Den District 22@ haben auch mehrere Hotels als Standort auserwählt.

Escola Superior d'Hostaleria de Barcelona (ESHOB). Im @22 liegt auch die Hotelfachschule. Hier kann man für wenig Geld fürstlich speisen. Ein großes Menü kostet 24 Euro. Es bedient und kocht die kommende Generation des gehobenen Restaurantfachs. Passeig del Taulat, 243, 08019 Barcelona, Tel. 934 532 904. Geöffnet: Mo–Fr 13.30–15.30 Uhr und 20–22.30 Uhr.

Els Tres Porquets. Ein Ableger des bekannten Can Pineda. Es ist eine Weinbar/Taparia, die ziemlich bescheiden daherkommt, doch mit allerhöchster Qualität brilliert. Rambla del Poblenou, 165, 08018 Barcelona, Tel. 933 008 750. Geöffnet: Mo–Fr 10–16 Uhr, Sa 13.30–16 Uhr und 20.30–23 Uhr, Info@elstresporquts.es, www.elstresporquets.es

Bambu Beach Bar. Mitten auf dem neuen Strand »Platja de Llevant« im neuen Viertel Diagonal Mar liegt dieses Kleinod. Essen, Trinken, Cocktails, Meer und gute Musik. Am besten zu erreichen mit der Metro L4, Selva de Mar /el Maresme oder der Buslinie 36 bis Forum. 08014 Barcelona. Geöffnet: tägl. 10–21 Uhr, im Sommer: 10 Uhr bis der letzte geht, Reservierungen über www.bambubcn.com

Christusstatue auf der Spitze der Kirche auf dem Tibidabo

49 Auf den Tibidabo

Der beliebte Freizeit- und Vergnügungspark

Seit über 100 Jahren zieht es die Menschen aus der Stadt hinauf zum Hausberg Tibidabo mit seinen Attraktionen. Um den Weg dorthin zu erleichtern, wurden bei der Eröffnung des Vergnügungsparks auch eine Straßenbahnlinie, die Tramvia Blau, sowie eine Seilbahn, der Funicular, in Betrieb genommen. Heute noch sind sämtliche Geräte in Betrieb und selbst die Fahrgeschäfte im Park stammen teilweise noch aus dieser Zeit.

Die »blaue Straßenbahn« verkehrt schon seit 1901 zwischen der Plaça Kennedy und der Talstation der Seilbahn am Tibidabo. Am Ende der Metrolinie L7, Avinguda Tibidabo, kann man in die historische Bahn umsteigen, die mit den Originalzügen unterwegs ist. »Tramvia Blau« ist eine reine Touristenbahn. Sie bringt die Besucher des Freizeitparks mit einer Höchstgeschwindigkeit von 24 Stundenkilometern zum Ziel. Die Bahn fährt durch ein Villenviertel, wobei der Hinweg über 1200 Meter stetig bergan führt. Dabei überwindet sie 93 Höhenmeter. Ihre Durchschnittsgeschwindigkeit beträgt 13 Kilometer in der Stunde. Von der Talstation geht es per Seilbahn weiter zum Tibidabo. Zurück geht es mit der »Tramvia Blau« deutlich langsamer, denn bergab ist sie lediglich mit 9,5 Stundenkilometern unterwegs.

El Tibidabo

Der Berg liegt im Nordosten Barcelonas und gehört zur Bergkette Serra de Collserola. Mit seiner Höhe von 512 Metern ist er von jeder Stelle des

Stadtgebietes aus sichtbar. Dementsprechend gut ist die Sicht vom Berg aus über die Metropole. Besonders schön sind auch die Sonnenuntergänge. Neben dem bekannten Freizeitpark gibt es auf dem Tibidabo die Kirche Sagrat Cor, das Heilige Herz, und den Fernsehturm Torre de Collserola zu besichtigen.

Die Kirche Sagrat Cor ist auf dem Gipfel des Berges errichtet. Sie wurde zwischen 1902 und 1961 in neugotischem Stil nach Plänen des Architekten Enric Sagnier i Villavecchia (1858–1931) erbaut. Ihr Vorbild ist die gleichnamige Kirche Sacré-Cœur auf dem Montmartre in Paris. Bekannt ist die Kirche durch den bronzenen Jesus, der mit ausgebreiteten Armen in Richtung Barcelona blickt und auf dem Hauptturm des Gebäudes angebracht ist. Im Erdgeschoss gibt es einen Raum aus der Zeit um 1900. Eine Ebene darüber befindet sich die eigentliche Basilika mit einem kleinen Vorplatz. Mit einem Aufzug und über Treppen können zwei Türme der Kirche bestiegen werden. Sie ist ganzjährig geöffnet.

Torre de Collserola

Der Fernsehturm Torre de Collserola kann ebenfalls das ganze Jahr über besichtigt werden. Von seiner Aussichtsplattform, die einen gläsernen Boden hat, reicht die Sicht an klaren Tagen bis zum Montserrat. Der Turm wurde für die Olympischen Spiele 1992 errichtet und hat eine Höhe von 268 Metern. Die Konstruktion besteht aus Stahl, Beton und Glas. Man erreicht den Turm an den Wochenenden von der Seilbahnstation aus mit einem kleinen Touristenzug. Während der Woche fährt der Bus Linie 111 vom Tibidabo zum Turm Torre de Collserola, der ganzjährig geöffnet ist, zu sehr unterschiedlichen Zeiten. Informieren Sie sich am besten vor Ort.

AUTORENTIPP!

RUTA DEL CISTER

Die Route der Zisterzienserklöster führt durch die drei Landkreise Tarragona, Barcelona und Lleida zu den Klöstern Santes Creus, Santa Maria de Vallbona und Santa Maria de Poblet. Sie wurden sämtlich in der ersten Hälfte des 12. Jahrhunderts unter Graf Ramon Berenuer IV. gegründet, als Zeichen des Triumphs bei der Vertreibung der Muslime. Über 300 Jahre lang dienten sie als Grabstätte für die Könige von Aragón. Seit 1989 sind sie durch den Fernwanderweg GR175 miteinander verbunden. Der Ausflug kann zu Fuß oder mit dem Fahrrad unternommen werden, doch das dauert Tage. Mit dem Auto fahren Sie aus Richtung Barcelona über die A7 in Richtung Tarragona bis zur Abzweigung auf die A2, Ausfahrt 11 Santes Creus in Richtung Valls nach Vila-Rodona. Ausfahrt 10 Santes Creus nach El Pla de Sta. Maria und Valls. Ausfahrt 9 Poblet nach Valbona de les Monges nach Montblanc und Tarrega.

Die Bahn war ursprünglich Privateigentum und gehörte zum Vergnügungspark.

Infos und Adressen

TRAM

Tramvia Blau. Die Straßenbahn verkehrt vom 24. Okt. bis zur Osterwoche, der Semana Santa, am Sa, So und an Feiertagen von 10–18 Uhr. Während der Semana Santa tägl. von 10–20 Uhr und danach bis zum 23. Juni Sa, So und an Feiertagen von 10–20 Uhr. Vom 24. Juni–11. Sept. tägl. 10–20 Uhr, vom 12 Sept.–23. Okt. Sa, So und an Feiertagen von 10–20 Uhr. Am 25. Dez. und an Neujahr bleibt die Bahn im Depot. Tickets müssen beim Schaffner gelöst werden. Die einfache Fahrt kostet 3 Euro, Hin- und Rückfahrt 4,70 Euro. Die Seilbahnfahrt für hin und zurück schlägt mit 3,25 Euro zu Buche.

FERNSEHTURM

Torre de Collserola. Der Eintritt kostet 5 Euro, für Kinder und Senioren 3 Euro. Mit der Barcelona Card ist er frei. Es ist empfehlenswert, sich vor einem Besuch auf der Webseite www.torredecollserola.com zu informieren.

VERGNÜGUNGSPARK

Parc d'atraccions Tibidabo. Der Vergnügungspark, Parc d'atraccions Tibidabo, nimmt eine Fläche von sieben Hektar ein. Er wurde 1901 von einem privaten Betreiber eröffnet und ist inzwischen in städtischer Hand. Zu den modernen Attraktionen zählen Achterbahn und Wasserrutsche, insgesamt gibt es mehr als 25 Fahrgeschäfte, deren Lage auf einem Berg mit gigantischer Aussicht wirklich einzigartig ist.

Plaça del Tibidabo. 08035 Barcelona, Der Eintritt beträgt für Erwachsene 25,20 Euro, für Senioren und Kleinkinder (bis 1,20 Meter) 9 Euro. Mit der Barcelona Card gibt es Rabatt. Geöffnet: Von Anfang März–Ende Okt. Fr, Sa und an Feiertagen, im Juli und Aug. auch Di–Sa, ab Juni von 12–21 Uhr, während des restlichen Jahres von 12–20 Uhr.

Camí del Cel del Tibidabo. Der Himmelsweg gehört auch zum Park und ist ganzjährig geöffnet. Es ist ein Rundgang mit sehr schöner Aussicht, auf dem es einige Fahrgeschäfte gibt. Carreterra de Vallvidrera al Tibidabo, 71, 08035 Barcelona, Eine günstigere Variante für einen Besuch des Parks, denn der Eintritt kostet 11,10 Euro, für Kleinkinder 7 Euro und für Senioren 6 Euro. Weitere Informationen: www.tibidabo.net (auch in englischer Sprache)

Aussicht vom Vergnügungspark

Kirche auf dem Tibidabo

ESSEN UND TRINKEN

La Venta. In einem Gebäude des Modernisme, am Fuße des Tibidabo. Mediterrane Küche, marktfrisch nach Angebot. Plaça del Doctor Andreu, s/n, 08835 Barcelona, Tel. 932 126 455, Fax 932 125 144. Geöffnet: Mo–Sa 13.30–15.15 Uhr und 21–23.15 Uhr, geschl. So, 25. Dez und Neujahr, laventa@restaurantlaventa.com, www.restaurantelaventa.com

El Asador de Aranda. Das Restaurant für Fleischliebhaber. Alles vom Grill, in klassischem Ambiente. Es gehört zu einer Kette aus Zentralspanien, die ihre Filialen im ganzen Land betreibt. Avinguda del Tibidabo, 31, 08022 Barcelona, Tel. 934 170 115, Fax 932 122 482. Geöffnet: Mo–Sa 13–16 Uhr und 21–24 Uhr, So 13–16 Uhr, barcelona@asadordearanda.com, www.asadordearanda.com

L'Orangerie. Dieses hochexklusive Restaurant mit einer sehr schönen Terrasse ist im Grand Hotel La Florida untergebracht. Kreative mediterrane Küche. Carretera Vallvidrera al Tibidabo 83–93, 08035 Barcelona, Tel. 932 593 000. Geöffnet: Mo–Sa 13–15.30 und 20.30–23 Uhr. Fr und Sa bis 23.30 Uhr. So 13.30–16 Uhr. Mo und So werden abends nur Tapas serviert. www.hotellaflorida.com

ÜBERNACHTEN

Grand Hotel Florida. Eines der luxuriösesten Hotels von Barcelona, mit spektakulärer Aussicht auf Barcelona und den Hafen. Zimmer ab 525 Euro. Carretera Vallvidrera al Tibidabo 83–93, 08035 Barcelona, Tel. 932 593 000, Fax 932 593 002, reservations@hotellaflorida.com, www.hotellaflorida.com

Die Tramvia Blau ist heute eine reine Touristenlinie

Mitte: Das Koster Pedralbes wurde von der Königin gestiftet. Es ist ein rein gotisches Kloster, eines der wenigen, das überhaupt noch erhalten ist.
Unten: Ausstellung im Kloster Pedralbes

50 Monestir de Pedralbes

Einzigartige historische Stätte

Das »Real Monasterio de Santa María de Pedralbes« zählt zu den schönsten Bauwerken der katalanischen Gotik. Es wurde im Jahr 1326 von Königin Elisenda de Montcada, der vierten Ehefrau König Jaume II. (1267–1327), beauftragt und hoch über der Stadt errichtet. Der Name des Klosters geht auf das weiße Gestein, Petras Albas, zurück, mit dem das Gebäude erbaut und der Grundstein für die Apsis gelegt wurde.

Das königliche Kloster, das heute zum Museu Historico de Barcelona (MUHBA) gehört, liegt im Westen des ehemaligen Dorfes Serrià. Heute ist es der Stadtteil Les Cortes, eine Wohngegend außerhalb des Zentrums. Mit dem Bus Turístic erreicht man das Monestir de Pedralbes am besten. Es liegt an der Baixada del Monestir, 9.

Geschichte des Klosters

Wegen seines einheitlichen, harmonischen Stils gilt das Kloster als eines der schönsten Beispiele für die katalanische Gotik. Diese Einheit verdankt das Gebäude zwei Umständen. Zum einen der Kürze der Zeit, nämlich gerade einmal 13 Monate, die für seinen Bau benötigt wurde, und zum anderen der Tatsache, dass bis heute an dem Gemäuer keine bemerkenswerten Veränderungen vorgenommen worden sind. Seine Bewohnerinnen, der Orden der Klarissen, bewirtschaften es seit 1327 und kümmerten sich über Jahrhunderte hinweg hervorragend um den Erhalt der Anlage. Die Klarissen gehören zu den Franziskanern. Im Jahr 1412 wurde dem zweigeschossigen Kreuzgang ein

Außenansicht vom Palau de Reial

drittes, niedrigeres Stockwerk hinzugefügt, was wohl als größte bauliche Umbaumaßnahme bezeichnet werden kann. Das Kloster wird heute noch von Nonnen der Klarissen bewirtschaftet, die jedoch in einem moderneren Nebengebäude des Klosters leben.

Nach dem Tod des Königs ließ sich seine Witwe in dem der Anlage angeschlossenen Palast nieder, wo sie im Jahr 1364 verstarb. Ihre Überreste ruhen im Kreuzgang des Klosters.

Rundgang durch das Kloster

Wir beginnen mit der Kirche des Klosters. Sie befindet sich an der östlichen Seite der quadratischen Anlage und ist, wie das gesamte Kloster, in rein gotischem Stil erbaut. Auffallend an der einschiffigen Kirche ist ihre Nüchternheit, die aber nicht langweilig wirkt. Ihre horizontale Ausrichtung ist charakteristisch für die katalanische Gotik. Die Kirche besitzt ein Kreuzrippengewölbe, das in sieben Joche geteilt ist. Der Raum zwischen dem Strebewerk wird von Kapellen eingenommen. Neben dem Chorraum, der dem Orden vorbehalten war, befindet sich auf der rechten Seite das Grab der Königin Elisenda.

AUTORENTIPP!

CAMP NOU

Das Stadion des FC Barcelona bietet 99 000 Sitzplätze und ist damit eines der größten Fußballstadien der Welt. Es wurde 1957 eingeweiht und ist seitdem ein Pilgerort für Fußballfans. Dem Stadion angeschlossen ist das »Museum der Emotionen« des FC Barca, in dem die zahlreichen Trophäen des Vereins ausgestellt werden und ein Überblick über seine Geschichte vermittelt wird. Vor Ort gibt es selbstverständlich auch einen Fanshop.
Die Anlage kann vom 2. April bis 7. Oktober Mo–Sa von 10–20 Uhr besichtigt werden. Während des restlichen Jahres Mo–Sa von 10–18.30 Uhr. Ganzjährig So und an Feiertagen von 10–14.30 Uhr. Am 25. Dezember und an Neujahr geschlossen. Der Eintritt, der die Besichtigung des Stadions, die Multimedia-Ausstellung und den Besuch des Museums beinhaltet, kostet 22 Euro pro Person. Kinder von 6 bis 13 Jahren zahlen 16,50 Euro.

Camp Nou. Avinguda Joan XXIII, s/n, 08028 Barcelona, Tel. 902 189 900 und Museum: 934 963 600, museu@fcbarcelona.cat, www.fcbarcelona.cat

Alltag im Kloster, die Nonnen lebten in kargen Zellen.

AUTORENTIPP!

PAVILLON GÜELL

Das Tor zur Finca Güell ist weltweit bekannt und gilt als fantastischste Arbeit von Antoni Gaudí. Ursprünglich war der dargestellte Drache bunt und bewegte sich mithilfe einer Mechanik beim Öffnen der Pforte. Auf dem Gelände kommt man zunächst am Pförtnerhäuschen vorbei und gelangt dann zu den Reitställen. Sie waren jahrelang Sitz der Cátedra Gaudí, dem Lehrstuhl für Architektur. Außerdem stammt auch die Umfriedungsmauer der Anlage von dem berühmten Architekten, der zwischen 1884 und 1887 an dem Projekt gearbeitet hat.

Die Anlage kann im Rahmen einer Führung samstags und sonntags besucht werden. Sie finden jeweils um 10.15 Uhr auf Englisch, um 11.15 Uhr auf Katalanisch, um 12.15 Uhr auf Englisch und um 13.15 Uhr auf Spanisch statt. In deutscher Sprache gibt es keine Führungen. Der Eintritt beträgt 6 Euro. Jugendliche bis 18 Jahre und Rentner ab 65 Jahre zahlen 3 Euro.

Pavillon Güell. Avinguda de Pedralbes, 7, 08034 Barcelona, Tel. Anmeldung für Gruppen: 932 562 504, cultura-impuqv@bcn.cat

Es liegt genau zwischen Kirche und Kreuzgang. Auf der Kirchenseite steht eine Terrakottastatue der Klostergründerin in einer Franziskanertracht. Diese Seite des Grabmals konnte nur von den Nonnen gesehen werden. Im Kreuzgang dagegen ist die Königin als liegende Statue in königlichem Gewand und mit Krone dargestellt. Die Kirche besitzt eine polygonale Apsis sowie ein sehr schönes Rosettenfenster. Außerdem gibt es einen gotischen Altaraufsatz des Malers Jaime el Huguet (1412–1492).

Wir verlassen die Kirche, denn von hier aus gibt es keinen Zugang zum Kloster. Dessen Eingang befindet sich gleich neben der Kirche. Von dort aus betreten wir den Kreuzgang, das Herz der Anlage. Wir folgen dem ausgeschilderten Rundgang. Der Kreuzgang hat eine Seitenlänge von jeweils 40 Metern und ist dreistöckig. Die beiden älteren Stockwerke, aus dem 14. Jahrhundert, werden von breiten Spitzbögen getragen, die sich auf zahlreiche Säulen stützen. Die Kapitelle sind mit den Wappen der Könige von Aragón und der Familie Casa de Moncada verziert. Das dritte Geschoss aus dem 15. Jahrhundert ist deutlich niedriger und lediglich mit achteckigen Säulen, auf denen Querbalken und ein Satteldach ruhen, ausgestattet.

Auf der rechten Seite, an der Kirchenmauer, kommen wir zur Kapelle des heiligen Michael. Sie ist völlig mit Fresken ausgemalt, die die Passion und das Leben der Jungfrau Maria darstellen. Die Malerei fällt besonders durch ihre plastische Darstellung auf. Ferrer Bassa (ca. 1285–1348), der die Wandbilder 1343 malte, eiferte in seinem Stil dem italienischen Maler Giotto (1266–1327) nach, dem Erfinder der Perspektive in der Malerei. Bassa befand sich seit 1316 im Dienste des Königshauses.

Im nächsten Raum befindet sich die dem Kreuzgang zugewandte Seite des Grabes der Königin Elisenda. Ihm schließen sich weitere Gräber, von Oberinnen des Klosters, an. Nachdem wir einige Wirtschaftsräume und Zellen passiert haben, gelangen wir zum Aufgang in das zweite Geschoss, das zur Hälfte zugänglich ist.

Im ehemaligen Schlafsaal des Klosters ist das Museum untergebracht. Hier werden sakrale Kunst und Alltagsgegenstände des Klosters vom 14. bis zum 20. Jahrhundert ausgestellt. Zu sehen gibt es Gemälde, Gold- und Silberschmiedekunst, Keramik und Möbel. Zurück im Kreuzgang sehen wir uns noch die winzigen Gebetszellen an, die es auf

Blick auf den Kreuzgang

Oben: Musterbeispiel der katalanischen Gotik
Unten: Grab der Königin Elisenda

Oben: Liturgische Gegenstände und Möbel
Mitte: Die Klosterküche
Unten: Im Kloster wurde schon immer sakrale Kunst ausgestellt. Ein Großteil der Sammlung befindet sich jetzt im MNAC.

dieser Etage so zahlreich gibt. Dann geht es wieder hinunter ins Erdgeschoss. Wir kommen zu den Wirtschaftsräumen, dem Speisesaal und der Küche. Im Untergeschoss befinden sich die Vorratsräume. Hier gibt es auch eine Dioramenschau, dreidimensionale Dias, die das Leben Jesu erzählen.

Ein weiterer Höhepunkt ist der Garten des Klosters, im Innenhof. Hohe Palmen und Zypressen spenden Schatten, in ihren Ästen zwitschern Vögel und ein Brunnen plätschert. Am diesem Ort der Ruhe kann man sich hervorragend vor der mittäglichen Sommerhitze zurückziehen. Es gibt keinen schöneren Platz zur Erholung. Vom Kreuzgang aus gibt es mehrere Zugänge zum Garten.

El Conventet

Außerhalb der Klosteranlage befindet sich das sogenannte El Conventet, ein kleiner Konvent aus dem 15. Jahrhundert. Hier waren die Mönche untergebracht, die sich als Beichtväter um die Nonnen des Klosters kümmern sollten. Das Gebäude wurde 1920 durch Enric Sagnier i Villavecchia (1858–1931) restauriert, von dem auch die Pläne für die besondere Kirche Sagrat Cor auf dem Tibidabo stammen.

Der Konvent war zu diesem Zeitpunkt in privatem Besitz und wurde auch innen umgebaut. Der Architekt fügte einen Turm der ehemaligen Befestigungsmauer des Klosters an, den er mit romanischen Elementen aus der eingerissenen Kirche Maria de Besalú dekorierte. Das etwa 150 Kilometer entfernte Besalú gehörte zur Grafschaft Barcelona. Die Kirche war 1835 enteignet worden und seitdem dem Verfall preisgegeben. Die Elemente fügen sich harmonisch in das Gebäude ein, man erkennt sie aber auf den ersten Blick.

Infos und Adressen

KLOSTER

Real Monasterio de Santa María de Pedralbes. Monestir. 9, 08034 Barcelona. Geöffnet: Apr.–Sept. Di–Fr von 10–17 Uhr sowie Sa von 10–19 Uhr und So 10–20 Uhr. Okt.–März Di–Fr von 10–14 Uhr und Sa und So von 10–17 Uhr. An den Feiertagen 6. Jan., 28. Mai, 15. Aug., 12. Okt., 1. Nov. sowie 6. und 26. Dez. von 10–14 Uhr. An Neujahr, 1. Mai, 24. Juni und 25. Dez. geschl. Der Eintritt beträgt 7 Euro für Erwachsene und ermäßigt 5 Euro. Dies gilt für Gruppen ab 10 Personen, Senioren über 65 Jahre und Jugendliche unter 25 Jahre. Kinder und Jugendliche bis 16 Jahre sowie Inhaber der Barcelona Card haben freien Eintritt. Weitere Infos unter: www.bcn.ca (allerdings nur auf Spanisch und Katalanisch)

ESSEN UND TRINKEN

Tritón. Klassisch eingerichtet, hat das Tritón ein reichhaltiges Angebot an Fisch und Meeresfrüchten. Die kann man hier nicht nur nach Art, sondern auch nach Menge kaufen. Fleischgerichte kommen auf der Karte nicht zu kurz. Das Restaurant besitzt eine schöne Terrasse. Carrer de l'Alfambra, 16, 08034 Barcelona, Tel. 932 033 085, Fax 932 044 190. Geöffnet: Mo–Sa 13–15.30 Uhr und 20.45–23.15 Uhr, info@restaurantriton.com, www.restaurantriton.com

Biergarten. Für diejenigen, die auch am Mittelmeer nicht auf die Heimat verzichten wollen: Der Biergarten im Hotel Princesa Sofia öffnet am 12. April die Pforten und schließt im Oktober, nach dem eigenen Oktoberfest. Plaça de Pius XII, 4, 08028 Barcelona, Tel. 676 477 094. Geöffnet: Apr.–Okt. tägl. 13–24 Uhr.

Aire. Ein angenehmes Lokal, dessen Besitzer in den besten Restaurants der Stadt gelernt hat. Es bietet sehr gute Küche zu einem vernünftigen Preis-Leistungs-Verhältnis. Carrer de Sabino Arana, 28–30, 08028 Barcelona, Tel. 934 118 886. Geöffnet: Mo–Fr 13–16 Uhr. Am Abend nur für Gruppen geöffnet. Betriebsferien zwei Wochen im August.

ÜBERNACHTEN

Hotel Husa Pedralbes. Dieses Hotel ist komfortabel und modern und liegt in der ruhigen Wohngegend von Pedralbes, oberhalb der Avenida Diagonal. Dank seiner guten Verkehrsanbindung ist man schnell im Zentrum. Es ist eine angenehm ruhige Alternative zum lebendigen Zentrum. Zimmer ganzjährig ab 65 Euro. Carrer de Fontcoberta, 4, 08034 Barcelona, Tel. 932 037 112, Fax 932 057 065, hotelpedralbes@husa.es, www.hotelhusapedralbes.com

Ausstellung im Kloster Pedralbes

REISEINFOS

Seite 270/271: Palau Nacional
Oben: Die Plaza Catalunya ist der größte Platz im Zentrum.
Mitte: Die Tramvia Blue, die alte Straßenbahn, ist ein rein touristisches Verkehrsmittel …
Unten: … im Gegensatz zu Barcelonas gut ausgebautem Metronetz.

Anreise – mit dem Flugzeug

Barcelona ist aus allen Richtungen und mit sämtlichen Verkehrsmitteln gut zu erreichen. Zur Einreise nach Spanien von Deutschland, Österreich und der Schweiz genügt der Personalausweis oder Reisepass.

In und um Barcelona gibt es insgesamt drei Flughäfen: Aeroport del Prat-Barcelona, Aeroport de Girona und Aeroport Reus. Meistens landen die Flugzeuge in Prat–Barcelona, nur 12 Kilometer vom Zentrum entfernt. Mit dem Aerobus A1 ab Terminal T1 kommt man in 35 Minuten in die Stadt. Die Busse fahren zwischen 5.30 Uhr und 1.05 Uhr im Fünf-Minuten-Rhythmus ab. Der Aerobus A2 verkehrt ab Terminal T2B und T2C alle 10 Minuten, zwischen 5.30 Uhr und 1.00 Uhr. Die Fahrzeit zum Zentrum beträgt ebenfalls 35 Minuten. Die einfache Fahrt kostet 5,65 Euro.
Unter www.aerobusbcn.com gibt es alle Informationen auch in deutscher Sprache.

Gute Bahnanbindung

Der Bahnhof liegt im Bereich von T2. Mit der Linie R2 Nord sind Sie in weniger als 30 Minuten in der Innenstadt. Zwischen Terminal T1 und T2 verkehrt ein kostenloser Shuttlebus. Die Fahrt mit dem Taxi dauert etwa 30 Minuten und sollte bis zum Zentrum etwa 30 Euro kosten. Handeln Sie den Preis besser vor Fahrtantritt aus. Die Taxizentrale erreichen Sie unter Tel. 902 240 202, es stehen aber auch Fahrzeuge am Flughafen. Vor allem Billigfluggesellschaften fliegen das 80 Kilometer entfernte Girona an. Von hier aus fahren auf den Flugplan abgestimmte Busse nach Barcelona, die Fahrt dauert etwa 70 Minuten. Unter www.sagales.com gibt es dazu Informationen auch in englischer Sprache. Ebenfalls circa 80 Kilometer entfernt liegt der Flughafen Reus. Auch von hier aus fahren Busse nach Barcelona. Informationen unter www.igualadina.com (auf Englisch).

Anreise – mit dem Auto

Mit dem eigenen Wagen lohnt sich die Anreise oft nicht. Allein die Autobahngebühren sind teurer als die Flugtickets, und die Spritpreise in Spanien und Frankreich unterscheiden sich kaum von denen in Deutschland. Innerhalb Spaniens kann man Mautgebühren sparen, indem man die Nationalstraßen nutzt, die oft parallel zu den Autobahnen verlaufen, aber gewöhnlich deutlich mehr Verkehr aufweisen. Eine Alternative für die Reise durch Frankreich, auch mit dem Motorrad, bietet der Autozug der Deutschen Bahn, der bis Narbonne an der spanischen Grenze fährt. Informationen gibt es unter: www.dbautozug.de

In Barcelona fährt man am besten direkt in ein Parkhaus und erkundet die Stadt mit öffentlichen Verkehrsmitteln. Vorsicht beim Parken auf der Straße, die Polizei schleppt selbst bei kleinsten Vergehen ab. Wer mit dem Wohnmobil oder Caravan anreist, sollte wissen, dass es in Barcelona keine Campingplätze, jedoch einige Caravan-Parkplätze gibt:

Wellington, Ramón Tias Fargas, 19, von 7.30–21.30 Uhr
Consell de Cent, Consell de Cent/Cartagena, 24 Stunden geöffnet
Foc, Carrer Foc, 66, 24 Stunden geöffnet
Moll d´Espanya, Plaça de L'Ictínco, 24 Stunden geöffnet
Garcia Faria, Garcia Faria, 1, 24 Stunden geöffnet

Anreise – mit der Bahn

Die meisten Bahnlinien aus Spanien und Europa fahren in Barcelona zum Bahnhof Sants. Viele

Oben: Alt und Modern in perfekter Harmonie – der neue Mercat Sta Caterina im Viertel La Ribera
Mitte: Bei dem dichten Verkehr und den wenigen Parkplätzen ist man als Tourist schnell überfordert.
Unten: Die Tram verkehrt entlang der Avinguda Diagonal.

Oben: Zu Fuß ist man im Zentrum fast am besten aufgehoben …
Mitte: … oder man nutzt den »Bus turistic«.
Unten: Souvenirs bekommt man überall in Barcelona.

Strecken nach und ab Barcelona werden mit Hochgeschwindigkeitszügen befahren. Betreiber ist die renfe. Nähere Auskünfte über Bahnverbindungen der renfe unter www.renfe.com.

Anreise – mit dem Bus

Barcelonas Busbahnhof für Fernbusse liegt an der Ectació del Nord sowie an der Estació de Sants. Informationen über Busverbindungen finden Sie unter www.barcelonanord.com (leider nur auf Spanisch), www.eurolines.es (auch auf Englisch) und www.alsa.es (auch auf Deutsch).

Autofahren und Mietwagen

Zum Autofahren in Spanien genügt von Staaten der EU und der Schweiz aus ein gültiger nationaler Führerschein. Autofahren ist in Spanien erst nach Vollendung des 18. Lebensjahres erlaubt. Innerhalb geschlossener Ortschaften beträgt die Höchstgeschwindigkeit 50 km/h, auf Landstraßen 80 km/h, auf Schnellstraßen 100 km/h und auf der Autobahn 120 km/h. Bei einer Panne bzw. beim Aussteigen außerhalb einer Ortschaft muss eine Signalweste angelegt werden. Das Mitführen ist Pflicht. Parkverbote werden durch entsprechende Schilder oder durch eine gelbe Linie am Bürgersteig angezeigt. Blau bedeutet, dass ein Parkschein gezogen werden muss. Die Promillegrenze in Spanien beträgt 0,5. Für Fahranfänger und Berufskraftfahrer allerdings nur 0,3 Promille. Strafen zahlt man für Telefonieren ohne Freisprechanlage, Nichtanschnallen, Transport von Kindern ohne Kindersitz, überhöhte Geschwindigkeit und Falschparken. Besonders hoch wird das Falschparken mit dem Wohnmobil geahndet.

Vor Ort ein Fahrzeug zu mieten ist sinnvoll, um das Umland zu entdecken. Es gibt zahlreiche Broker im Internet, die meistens Fahrzeuge in gutem Zustand anbieten. Eine Kreditkarte ist aber fast immer Voraussetzung für die Anmietung. Wenn Sie keine Kreditkarte besitzen, kommen Sie mit einer Debitkarte ebenfalls gut zurecht. Diese wird aufgeladen und dann wie jede andere Kreditkarte benutzt. Debitkarten bekommen Sie bei Ihrer Bank oder im Internet. Sehr beliebt und durchaus empfehlenswert ist der Internetvermieter: www.doyouspain.com. Das Mindestalter für die Anmietung eines Fahrzeugs beträgt 21 Jahre.

Diebstähle

Direkt an der Rambla, 43, befindet sich die Wache der Touristenpolizei. Sie ist 24 Stunden geöffnet und kümmert sich im Falle eines Diebstahls oder Überfalls um Betroffene: Tel. 932 562 430. Neuerdings können Diebstähle auch in jedem Hotel gemeldet werden.

Einkaufen

Barcelona zählt zu den Einkaufsparadiesen Europas. Etliche Shoppingcenter laden zum Bummel ein, sämtliche großen Konsumtempel Spa-

Der Passeig de Gràcia ist eine der wenigen Zonen, in denen es nicht erlaubt ist, das Rad zu nutzen.

Oben: Das Fahrrad erobert sich seit wenigen Jahren immer mehr Terrain in der Stadt ...
Mitte: ... auch für den täglichen Einkauf.
Unten: Es gibt Geschäfte die so manches Hez höher schlagen lassen.

Oben: Geld ausgeben ist ein Leichtes in Barcelona, etwa …
Mitte: … im Café Zürich an der Plaça Catalunya …
Unten: … oder beim Essen in einem Familienbetrieb, wie im »La Palmera«.

niens haben hier ihre Niederlassungen, und natürlich gibt es auch die Boutiquen der bekannten Modedesigner und Marken. Doch Barcelona ist auch ein Ort der kleinen, unabhängigen Designerläden. Vor allem in der und um die Calle Montcada haben sich junge, einheimische Modemacher angesiedelt, bei denen man für kleines Geld exklusive Kleidung kaufen kann.

Die Barcelona Shopping Line erstreckt sich über fünf Kilometer durch die Altstadt, über die Plaça Catalunya bis hin zur Avinguada Diagonal. Mehr als 35 000 Geschäfte liegen an dieser Strecke, darunter Armani, Versace, Burberry, Calvin Klein und viele mehr. Informationen finden Sie unter www.barcelonaturisme.cat/bsl.

Die längste Einkaufsstraße Europas soll aber die zwischen den Stadtteilen Sants und Creu Coberta sein. Zumindest behaupten das die ansässigen Händlervereinigungen. Man findet sie unter www.eixosbcn.net. Insgesamt gibt es in den verschiedenen Distrikten inzwischen 16 große Einkaufsstraßen.

Elektrizität

220 Volt Wechselstrom

Essen und Trinken

In Barcelona, so wie überall in Spanien, wird später gegessen als in Mitteleuropa. Mittagessen gibt es zwischen 14 und 15 Uhr, Abendessen nicht vor 21 Uhr. Restaurants sind gewöhnlich von 13–16 Uhr zur Mittagszeit und ab 20 Uhr zum Abendessen geöffnet, vorausgesetzt, sie haben nicht durchgehend geöffnet. Gewöhnlich gibt es einen Ruhetag in der Woche, und Betriebsferien fallen häufig in den August. Cafeterias und Bars öffnen oft schon gegen 7.30 Uhr und bieten Frühstück an, häufig schließen sie gegen 14 Uhr oder machen Pause bis abends.

Fährverkehr

Zwischen Barcelona und den Balearen gibt es regelmäßigen Fährverkehr. Die Fahrpläne finden Sie unter www.transmediterranea.es (auch in deutscher Sprache) oder unter www.balearia.com.

Feiertage

In Barcelona gibt es folgende gesetzliche und städtische Feiertage:
01. Januar: Neujahr
06. Januar: Heilige Drei Könige
Karfreitag (Karwoche von Montag bis Sonntag)
Ostermontag
01. Mai: Tag der Arbeit
24. Juni: Johannistag
15. August: Mariä Himmelfahrt
11. September: Katalanischer Nationalfeiertag
24. September: La Mercè, Stadtfest
12. Oktober: spanischer Nationalfeiertag
01. November: Allerheiligen
06. Dezember: Tag der Verfassung
08. Dezember: Maria Empfängnis
25. Dezember: Weihnachten
26. Dezember: Weihnachten

Festivals

Im Laufe eines jeden Jahres finden in Barcelona Hunderte von Festivals statt. Kunst, Theater, Musik, Tanz und Film, um nur einige aufzuzählen. Zu den bekanntesten Veranstaltungen zählt Primavera Sound, ein Rock- und Pop-Festival, das von Ende Mai bis Anfang Juni an verschiedenen Orten und mit verschiedenen Events aufwartet. Hier tre-

Oben: Gefeiert wird in Barcelona viel und mit vielen: Der Feuerlauf »Correfoc« findet ebenfalls anlässlich der Mercè statt, genau wie …
Unten: … die klassischen »Castellers«, die Menschentürme.

ten international erfolgreiche Gruppen und Einzelkünstler auf (www.primaverasound.com).
Festival Grec: findet seit 30 Jahren von Juni bis August statt. Es bietet Neues und Ausgefallenes aus den Bereichen Klassik, Theater, Tanz, Musik und Zirkus (www.barcelonafestival.com).
Sónar: Das renommierteste Festival für elektronische Musik und multimediale Kunst findet im Juni statt (www.sonar.es).
BAM: ist ein Festival während des großen Stadtfestes La Mercé im September. Auf verschiedenen Bühnen in der Stadt finden hochwertige Konzerte statt (www.bcn.cat/bam).
Festival International de Jazz: findet im Oktober und November statt. Bekannte nationale und internationale Jazzmusiker spielen an unterschiedlichen Orten, darunter auch im Palau de Música Catalana und im Park Poble Nou (www.theproject.es).

Fremdenverkehrsämter

Eine Liste der Fremdenverkehrsämter finden Sie im Internet unter:
www.fremdenverkehrsamt.com/spanien.html
Spanisches Fremdenverkehrsamt Berlin
Kurfürstendamm 63
10707 Berlin
Tel.: 0180-300 2647 und 030-88 26 661
E-Mail: berlin@tourspain.es
Turespaña Düsseldorf
Grafenberger Allée 100, Kutscherhaus
40237 Düsseldorf
Tel.: 0211-6803981 und 0211-6803985
E-Mail: duesseldorf@tourspain.es
Turespaña Frankfurt
Myliusstrasse 14
60323 Frankfurt
Tel.: 069-725038 und 069-725313
E-Mail: frankfurt@tourspain.es

Oben: Auf dem Dach des Ayuntamientos wehen die Fahnen von Spanien, Katalonien und von Barcelona selbst.
Mitte: Die Plaça Catalunya lädt zu einem Spaziergang ein.
Unten: In den »Jardinets« am Ende des Passeig de Gràcia

Turespaña München
Postfach 151940
80051 München
Tel.: 089-53 07 460 und 089-53 074 620
E-Mail: munich@tourspain.es

Österreich
Spanisches Fremdenverkehrsamt Wien
Turespaña Österreich
Walfischgasse 8
1010-1 Wien
Tel.: 0043-15 129 580 und 0043-15 129 581
E-Mail: viena@tourspain.es

Schweiz
Spanisches Fremdenverkehrsamt Zürich
Turespaña Schweiz
Seefeldstraße 19
8008 Zürich
Tel.: 0041-442 536 050 und 0041-442 526 204
E-Mail: zurich@tourspain.es

Die offizielle Seite des spanischen Fremdenverkehrsamtes finden Sie unter: www.spain.info

Katalonien
Turisme de Catalunya
Calle Passeig de Gràcia, 107
08008 Barcelona
Tel.: 0034-932 384 000 und 0034-932 384 010

Die offizielle Seite des Katalanischen Fremdenverkehrsamtes finden Sie unter: www.gencat.cat/turistex_nou/home_de.htm. Leider gibt es keine empfehlenswerte Seite in deutscher Sprache.

Geld

Eigentlich kann man mit der EC-Karte an jedem Bankautomaten Bargeld abheben. Manche Sparkassen, Cajas und Caixa tun sich allerdings schwer mit deutschen Maestro-Karten. Kreditkarten funk-

Oben: Auch bei Nacht ist Barcelona sehenswert.
Mitte: Im Hotel Casa Fuster ist das historische Café Vienés ein Treffpunkt für Gäste, Künstler und Intellektuelle …
Unten: . . . und von der Dachterrasse genießt man das Panorama.

Oben: Im Sommer sollte man sich ab und zu einen Strandtag gönnen.
Mitte: Meeresfrüchte in Hülle und Fülle – wie es sich für eine Stadt am Meer gehört!
Unten: Der Kater von Botero auf der Rambla del Raval.

tionieren einwandfrei und sind sehr stark verbreitet. Im Falle des Verlustes kann die Karte unter der Nummer 0049 116 116 gesperrt werden. Allerdings gilt dies nur, wenn Ihr Geldinstitut angeschlossen ist. Unter www.sperr-notruf.de können Sie sich informieren.

Gesundheit

Mit Ihrer Krankenkassenkarte werden Sie in Barcelona problemlos behandelt. Sollten Sie ein akutes Problem haben, fahren Sie direkt zur Notaufnahme in eines der Krankenhäuser:
Hospital de Sant Pau: Carrer Sant Antoni M. Claret, 167, Tel. 932 019 000
Hospital Clinic: Carrer Villarroel, 170, Tel. 932 275 400
Hospital Dos de Maig: Carrer Dos de Maig, 301, Tel. 935 072 700
Hospital de la Vall d´Hebron: Passeig de la Vall d´Hebron, 119–129, Tel. 934 893 000
Hospital del Mar: Passeig Marítim, 25–29, Tel. 932 483 000

Den Krankenwagen erreichen Sie unter 061. Apotheken sind gewöhnlich von Mo–Fr von 9–14 Uhr und 16–20 Uhr geöffnet. An allen Apotheken gibt es einen Aushang über den Apotheken-Notdienst.

Haustiere

Vögel dürfen wegen der Vogelgrippe nicht nach Spanien einreisen. Für alle anderen Haustiere gilt, sie benötigen den vorgeschriebenen Impfschutz und einen EU-Heimtierpass. Die Tiere müssen in Begleitung ihres Halters oder dessen Vertreters reisen, ordnungsgemäß identifiziert sein, und das Gesundheitszertifikat muss den Wortlaut auch auf Spanisch umfassen. Die Einreise von Hunden, Katzen oder Frettchen, die jünger als drei Monate und deshalb nicht gegen Tollwut geimpft sind, ist nicht erlaubt. Klären Sie vor der Buchung ab, ob Ihr Tier in Ihrem Hotel willkommen ist, oft ist das nicht der Fall. Hunde dürfen nicht in Restaurants mitgebracht werden, eventuell darf man sich mit dem Tier auf der Terrasse aufhalten. In Bussen werden Hunde nicht befördert. Als gefährliche Rasse eingestufte Hunde müssen einen Maulkorb tragen. Wenn es irgend geht, sollte man »Bello« lieber zu Hause lassen.

Klima und Reisezeit

In Barcelona herrscht mediterranes Klima. Im Sommer klettert das Thermometer auf durchschnittlich 28 °C, wobei es im August am wärmsten ist und hohe Luftfeuchtigkeit herrscht. Da dies auch der traditionelle Ferienmonat in Spanien ist, wird es dann sehr voll in der Stadt. Man sollte sich also gut überlegen, ob man mit Hitze und Menschenmassen zurechtkommt oder seinen Aufenthalt lieber auf einen anderen Monat legt. Anfang Juli und Mitte September empfehlen sich für Sonnenhungrige, baden kann man bis in den Oktober hinein. Wer mit ein paar Regentagen keine Probleme hat, kommt am besten im Frühling oder Herbst. Dann liegt die Durchschnittstemperatur bei 21 °C, und es blüht und grünt unter wolkenlos blauem Himmel. Doch

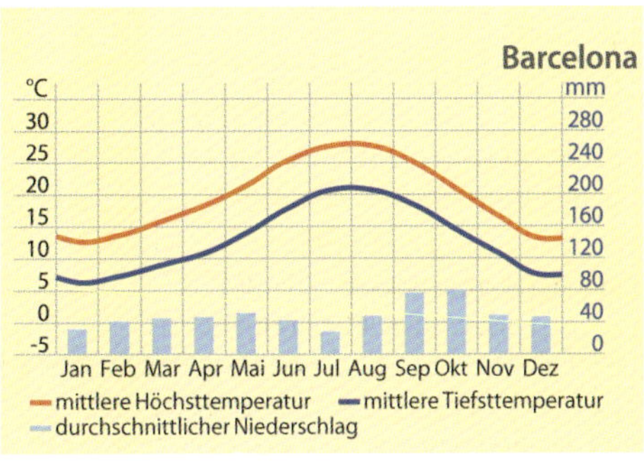

Oben: Die Sagrada Família soll bis 2025 fertiggestellt sein.
Mitte: Der Parc Güell hat bereits mehrere Restaurierungen hinter sich.
Unten: Brunnen und Trinkbrunnen gibt es überall in der Stadt, etwa an der Plaça Reial.

Oben: Die Fassade des Mercat de Santa Caterina ist gestapelten Obst- und Gemüsekisten nachempfunden. **Mitte:** Immer wider frisch und in unendlicher Formenvielfalt: Tapas **Unten:** Es lohnt sich, bei den Spaziergängen auch mal in offene Hauseingänge zu schauen …

Vorsicht, wenn im April/Mai die Platanen blühen, sind Allergiker und Asthmatiker verloren. Wer Probleme damit hat, sollte in dieser Zeit einen Bogen um die Stadt machen. In Barcelona gibt es hin und wieder auch mal Schnee. Darum sollte, wer zwischen November und März reist, geeignete Kleidung einpacken und darauf achten, dass seine Unterkunft eine funktionierende Heizung besitzt. Ein Ölradiator kommt da schon mal an seine Grenzen. Die Durchschnittstemperatur im Winter beträgt 13 °C, und nachts muss mit Frost gerechnet werden.

Medien

Große deutsche Tages- und Wochenzeitungen können Sie an größeren Kiosken kaufen. Deutsches Fernsehen wird praktisch in allen Hotels und Wohnanlagen geboten, und WiFi ist inzwischen Standard. Deutsche Radiosender können über das Internet empfangen werden. Eine spezielle deutsche Zeitung für Katalonien gibt es aber nicht.

Notruf

In ganz Europa gilt die Notrufnummer 112. Sie erreichen damit Polizei, Feuerwehr und Krankenwagen. Die Einsatzzentralen verstehen Spanisch, Katalanisch, Englisch und Französisch. Es gibt aber auch Übersetzungsdienste für andere Sprachen.

Die Polizei von Katalonien, Mossos d'Esquadra, erreichen Sie unter der Notrufnummer 088, die Nationale Polizei unter 091 und die lokale Polizei, Guàrdia Urbana, unter der 92.

Öffnungszeiten

Alle angegebenen Zeiten in diesem Buch können varriieren. Erkundigen Sie sich bitte vor dem Besuch noch einmal vor Ort.

Postämter

Die Post heißt in Spanien »Correos« und ist an einem blauen Posthorn mit Krone auf gelbem Untergrund zu erkennen. Die Postämter sind vormittags geöffnet.

Telefonieren

Spanien hat die Ländervorwahl 0034, die Vorwahl für Barcelona ist 93. Diese Vorwahl wird grundsätzlich mitgewählt, auch bei Gesprächen innerhalb der Stadt.

Von Spanien nach Deutschland wählt man die 0049, nach Österreich die 0043 und in die Schweiz die 0041. Telefonkarten für öffentliche Fernsprecher kann man in Tabakwarenläden kaufen. Das Telefonieren mit dem Handy ist inzwischen einigermaßen erschwinglich. Eine gute Alternative sind Internettelefonate.

Trinkgeld

In der Gruppe legen alle zusammen oder rechnen hinterher untereinander ab. Das Trinkgeld lässt man auf dem Tellerchen liegen, auf dem das Wechselgeld kommt. Mit 10 Prozent liegen Sie sehr gut.

Hin und wieder trifft man in der Altstadt wirklich talentierte Straßenmusiker.

Oben: Bis heute ist man sich nicht einig, wohin der Zeigefinger des Kolumbus zeigt.
Mitte: Wer mit offenen Augen durch die Stadt läuft, entdeckt immer wieder reizende Details.
Unten: Die Blumenstände auf den Ramblas

Kleiner Sprachführer

(deutsch kastilisch = spanisch / katalanisch)

ALLGEMEIN

o.k.! ¡vale!
Entschuldigung perdón / perdó
ja sí
nein no
wie geht's? ¿Qué tal?
seit desde hace / fa
Kollege compañero / company
wo dónde / on
hübsch guapo, a / maco, a
später luego /despres
bis bald hasta luego / fins aviat
wer quién /qui
Kunde cliente / client
großartig estupendo / grandiós, magnífic
Chef jefe / cap
weiter, mehr más / més
bitte por favor / si us plau
wie schade! ¡Qué lástima! / quina llàstima
mit mir conmigo / amb mi
halb medio / mig
einverstanden de acuerdo / d'acord
müde sein tener sueño / tenir son
ich bin müde tengo sueño / tinc son
ich möchte quiero / vull
ich liebe dich te quiero / t'estimo
offen abierto / obert
geschlossen cerrado / tancat
frei libre / lliure
Arzt medico / metge
Krankenhaus hospital

rot rojo / vermell
gelb amarillo / groc
blau azul / blau
grün verde / vert
braun marron / marró
grau gris
weiß blanco / blanc
schwarz negro / negre
hell claro / clar
dunkel oscuro / fosc

UNTERWEGS

Tagesanbruch amanecer / alba
Tagesende anochecer / tarde
Ticket billete /tiquet
Cafeteria cafetería
Ausflug excursión /excursió
Hinweg ida / anada
Rückweg vuelta / retorn
laufen caminar /anar
Karte mapa
Museum museo / museu
Büro oficina
Haltestelle parada
entschuldigen Sie perdone / perdona
Kunst arte / art
Bus autobús
Bahn tren
Auto coche / cotxe
Fahrrad bicicleta
Pool piscina
Waschraum/Toiletten servicio-lavabo / seveis-lavabo
Damen señoras / dones
Herren caballeros / homes
Kind niño / nen
Straße calle / carrer
Platz plaza / plaça
Promenade passeo / passeig

ZAHLEN

1 uno / un
2 dos / dos, dues
3 tres
4 cuatro / quatre
5 cinco / cinq
6 seis / sis
7 siete / sept
8 ocho / vuit
9 nueve / nou
10 diez / deu
11 once / onze
20 veinte / vint
21 veintiuno / vint i u
22 veintidos... vinti dos
30 treinta
40 cuarenta / quaranta
50 cincuenta / cinquanta
60 sesenta
70 setenta
80 ochenta / vuitanta

90 noventa / nouranta
100 cien / cent

ZEITEN

Jahr año
Monat mes
Tag día
Stunde hora
Minute minuto
Sekunde segundo / segon
früher Morgen madrugada / matinada
morgen/der Morgen mañana / demà
Mittag mediodía / migdia
nachmittags/abends por la tarde / per la tarda oder vespre
die Nacht la noche / la nit
gute Nacht buenas noches / bona nit
Montag lunes / dilluns
Dienstag martes / dimarts
Mittwoch miércoles / dimercres
Donnerstag jueves / dijous
Freitag viernes / divendres
Samstag sabado / dissabte
Sonntag domingo / diumenge
Feiertag fiesta / festa
Urlaub vacançes
Nacht noche / nit
Woche semana / setmana
Frühling primavera
Sommer verano / estiu
Herbst ótoño / tardor
Winter invierno / hivern

ESSEN UND TRINKEN

Bar/Kneipe bar
Brauerei cervecería / cerveseria
Kellner/in camarero/-a
Hallo hola
guten Tag (bis 12 Uhr) buenos días / bon dia
guten Nachmittag/Abend (ab 12 Uhr) buenas tardes / bona tarda
bis bald hasta luego / fins aviat
Getränke bebidas / begudas
(Orangen-)Saft zumo (de naranja) / suc (de taronja)
Apfel manzana / poma
Bier cerveza / cervesa
Glas (Bier) copa
Glas (Wein) vino tinto / ví negre
Rotwein secco / sec
trocken/halbtrocken semi seco / semi sec
süß dulce / dolç
stilles Wasser agua sin gas / aigua sense gas
Mineralwasser agua con gas / aigua amb gas
auf Deutsch en alemán / en alemany
die Karte la carta
Vorspeise entrada
Oliven aceituna / oliva
Salat ensalada / amanida
Brot pan / pa
Brot mit Tomate pan con tomate / pa amb tomaquet
Schinken jamón / pernil
Käse queso / formatge
Butter mantequilla / manteca
als erste Speise de primero / de primer
außerdem además / a més
bestellen/bitten pedir / demanar
als zweiter Gang de segundo / de segon
Portion ración / ració
Fleisch carne / carn
Fisch pescado / peix
Lamm cordero / xai
Huhn pollo / pollastre
Rippe costilla / costella
Filet solomillo / llom
Gemüse verdura
Reis arroz
Nachtisch postre
Keks galleta / gallet
dick gordo / gruixut, gras
Kaffee mit Milch café con leche
Zucker azúcar / sucre
voll lleno / ple
leer vacio / buit

Produktmanagement: Annemarie Heinel, Joachim Hellmuth, Stephanie Iber
Lektorat: Petra Sparrer, Köln
Korrektorat: Anke Höhne, München
Layout: graphitecture book, Rosenheim
Bildauswahl: Joachim Hellmuth
Umschlaggestaltung: Fuchs-Design, Sabine Fuchs, München
Repro: Repro Ludwig, Zell am See
Kartografie: Kartographie Huber, Heike Block, München
Herstellung: Bettina Schippel
Printed in Slovenia by Korotan, Ljubljana

Für Hinweise und Anregungen sind wir jederzeit dankbar. Bitte richten Sie diese an:
Bruckmann Verlag
Postfach 40 02 09
80702 München
E-Mail: lektorat@verlagshaus.de

Bildnachweis:
Alle Bilder des Innenteils und des Umschlags stammen von Alexander Minkoff, außer:

Fotolia (www.fotolia.de): S. 250 u. (Menzl, G.); Hotel Fuster, Barcelona: S. 279 M. und u.; istockPhoto (www.istockphoto.com) Cover VS l. (ramplett); Stephan Mitsch: S. 256 u., 258 o. und M., 259 (2), 265 o.; Restaurant La Dama, Barcelona: S. 162;

Shutterstock (www.shutterstock.com): Cover VS o. (Todorovic, A.) und u. (nagy) S. 258 u. (Bertrand, C.), 280 o. (Ertekin, C.), 99 u.l., 100, 216 o. (nito), 215 (piotrwzk), 10 o., 224 o. (rubiphoto), 170 o. (Tupungato).

Succession Picasso/VG Bild-Kunst, Bonn 2013: S. 89 u.,90 M

VG Bild-Kunst, Bonn 2013: S. 204

Successió Miró/VG Bild-Kunst, Bonn 2013: S. 6,222 u., 223, 225

Der Dank des Fotografen gilt www.wimdu.de

Umschlag:

Vorderseite:
Oben: Mosaikkunst im Parc Güell
Mitte links: Musik in einer Tapasbar
Mitte rechts: Das Olympiastadion
Unten: Im Parc Güell

Rückseite:
Links: Train Bleu zum Tibidabo.
Rechts: Blick über die Stadt und die Sagrada Família.

Die Deutsche Nationalbibliothek verzeichnet diese Publikation in der Deutschen Nationalbibliografie; detaillierte bibliografische Daten sind im Internet über http://dnb.d-nb.de abrufbar.

2. aktualisierte Nachauflage 2013

ISBN 978-3-7654-5815-6